Dinosaurs Drawing

단계별로 쉽게 완성하는

공룡 드로잉
300

리즈 헤르조그 지음

Mes 300 modèles à dessiner en pas à pas - Dinosaures
by Lise Herzog

© First published in French by Editions 365, Paris, France, 2023
Korean translation copyright © 2024, REDBEAN Publishing co.,
All rights reserved

단계별로 쉽게 완성하는
공룡 드로잉 300
© 리즈 헤르조그, 2024

1판 1쇄 펴낸날 2024년 4월 25일

지은이 리즈 헤르조그
펴낸이 이은영 **총괄** 이정욱 **출판팀** 이지선·이정아·이지수 **디자인** Design ET
펴낸곳 빨간콩 **등록** 2020년 7월 9일(제25100-2020-000042)
주소 서울시 노원구 동일로 242길 87 2F **전화** 02) 933-8050
전자우편 reddot2019@naver.com **블로그** blog.naver.com/reddot2019
ISBN 979-11-91864-37-3 13650

이 책의 한국어판 저작권은 북마루코리아를 통해 Editions 365와의 독점 계약한 빨간콩에 있습니다.
신저작권법에 따라 한국 내에서 보호를 받는 저작물이므로 무단 전재와 무단 복제, 전송, 배포 등을 금합니다.

공룡의 세계에 오신 것을 환영합니다!

공룡이 멸종된 지 오랜 시간이 지났지만,
이 매력적인 친구들은 지금까지도 우리의 마음을 사로잡습니다.
보기만 했던 공룡을 직접 그려보고 싶지 않았나요?
공룡을 드로잉하며 아벨리사우루스와 주파이사우루스를 구별할 수 있고,
티라노사우루스와 벨로키랍토르를 재발견할 수 있을 것입니다!
비늘이나 깃털이 있는 공룡, 다양한 발톱이나 뿔이 있는 공룡들은
그림 실력을 키우는 데도 이상적인 모델들입니다.
물론 이미 멸종된 공룡들을 단계별로 재현하려면
정확성과 인내가 필요합니다.
하지만 이 책만 있으면 어떻게 시작해야 할지 몰랐던
공룡 그리기를 마스터할 수 있어요!

자, 이제 공룡의 세계로 모험을 떠나봅시다!

Lise Herzog

이 책에 실린 공룡들 (번호)

- 아벨리사우루스 1-3
- 아브릭토사우루스 4-5
- 아브로사우루스 6-7
- 아켈로우사우루스 8-9
- 알로사우루스 10-13
- 아마르가사우루스 14-16
- 안키케라톱스 17-19
- 안킬로사우루스 20-21
- 시조새 22-24
- 아르젠티노사우루스 25-26
- 아스트로돈 27-28
- 드워프알로사우어 29-31
- 밤비랍토르 32-34
- 바로사우루스 35-37
- 바리오닉스 38-40
- 베이피아오사우루스 41-42
- 비센테나리아 43-44
- 브라키트라켈로판 45-47
- 브론토사우루스 48-50
- 부이트레랍토르 51-52
- 기로노디우루스 53-55
- 케라토사우루스 56-59
- 키티파티 60-62
- 콤프소그나투스 63-65
- 코리토사우루스 66-69
- 데모노사우루스 70-71
- 데이노케이루스 72-74
- 데이노니쿠스 75-76
- 델타드로메우스 77-79
- 디플로도쿠스 80-82
- 돌로돈 83-84
- 두브레우일로사우루스 85-87
- 에드몬토사우루스 88-90
- 에이니오사우루스 91-93
- 에오랍토르 94-97
- 유오플로케팔루스 98-100
- 에우로파사우루스 101-103
- 후탈롱코사우루스 104-106
- 갈리미무스 107-109
- 기가노토사우루스 110-111
- 기라파티탄 112-113
- 고르고사우루스 114-116
- 구안롱 117-118
- 히포드라코 119-120
- 이크티오베나토르 121-123
- 이구아노돈 124-126
- 이사노사우루스 127-129
- 제야와티 130-131
- 조바리아 132-134
- 켄트로사우루스 135-136
- 쿨린다드로메우스 137-139
- 람베오사우루스 140-143
- 렙토케라톱스 144-146
- 리라이노사우루스 147
- 루펜고사우루스 148-149
- 메갈로사우루스 150-152
- 마이아사우라 153-157
- 마멘키사우루스 158-160
- 마시아카사우루스 161-162
- 미크로랍토르 163-166
- 미라가이아 167-170
- 니제르사우루스 171-173
- 노도사우루스 174-175
- 노트로니쿠스 176-177
- 올로로티탄 178-180
- 오르니토미무스 181-184
- 오우라노사우루스 185-187
- 오비랍토르 188-190
- 파키케팔로사우루스 191-193
- 파키리노사우루스 194-197
- 파라사우롤로푸스 198-200
- 펠레카니미무스 201-203
- 플라테오사우루스 204-206
- 폴라칸투스 207-209
- 프로토케라톱스 210-214
- 프시타코사우루스 215-217
- 첸저우사우루스 218-219
- 라자사우루스 220-221
- 라페토사우루스 222-224
- 라브도돈 225-226
- 루곱스 227-228
- 살타사우루스 229-230
- 살토푸스 231-233
- 사우롤로푸스 234-236
- 사우로펠타 237-238
- 세기사우루스 239-240
- 슈노사우루스 241-243
- 시노케라톱스 244-246
- 스피노사우루스 247-248
- 스테고사우루스 249-252
- 스티기몰로크 253-255
- 타르보사우루스 256-257
- 테리지노사우루스 258-260
- 토로사우루스 261-263
- 트리케라톱스 264-265
- 친타오사우루스 266-267
- 투라노케라톱스 268-269
- 티라노사우루스 270-272
- 티라노티탄 273-275
- 우다노케라톱스 276-278
- 우넨라기아 279-280
- 유타랍토르 281-282
- 벨로키랍토르 283-285
- 불카노돈 286-287
- 샤오팅기아 288-290
- 이 291-292
- 주첸고사우루스 293
- 주청티라누스 294-296
- 주니케라톱스 297-298
- 주파이사우루스 299-300

아벨리사우루스

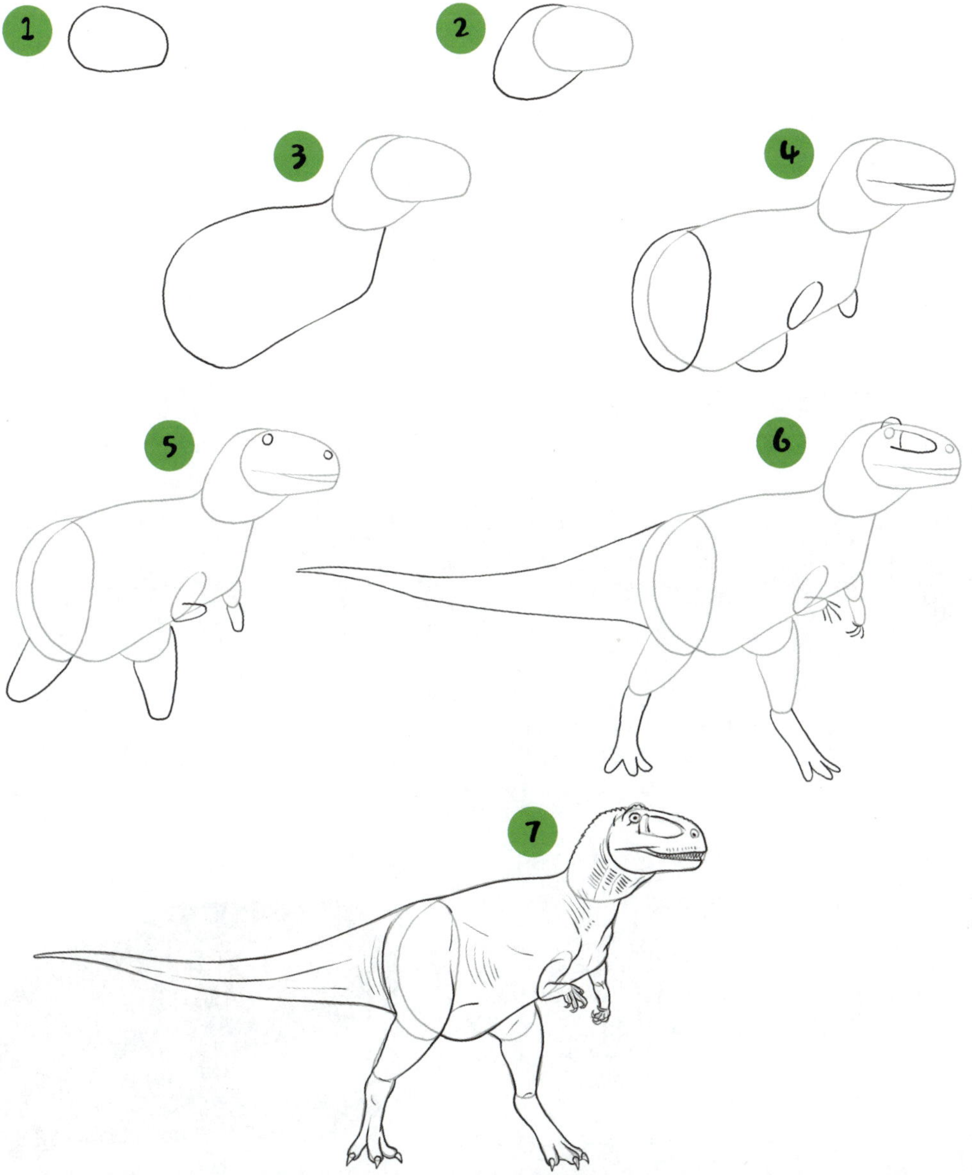

아벨리사우루스

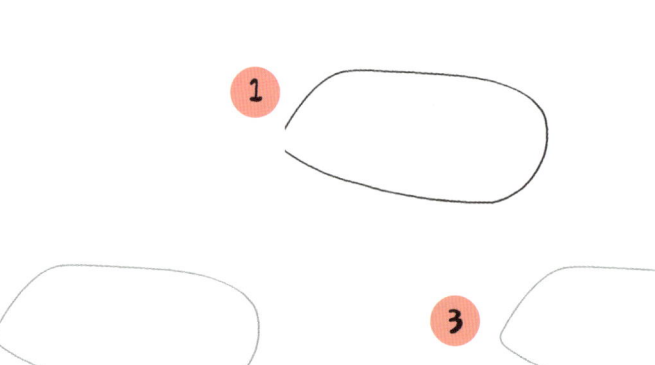
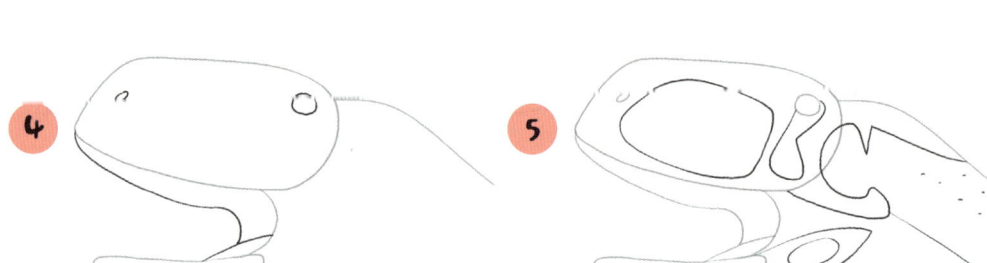

 # 아벨리사우루스

아브릭토사우루스

아브릭토사우루스

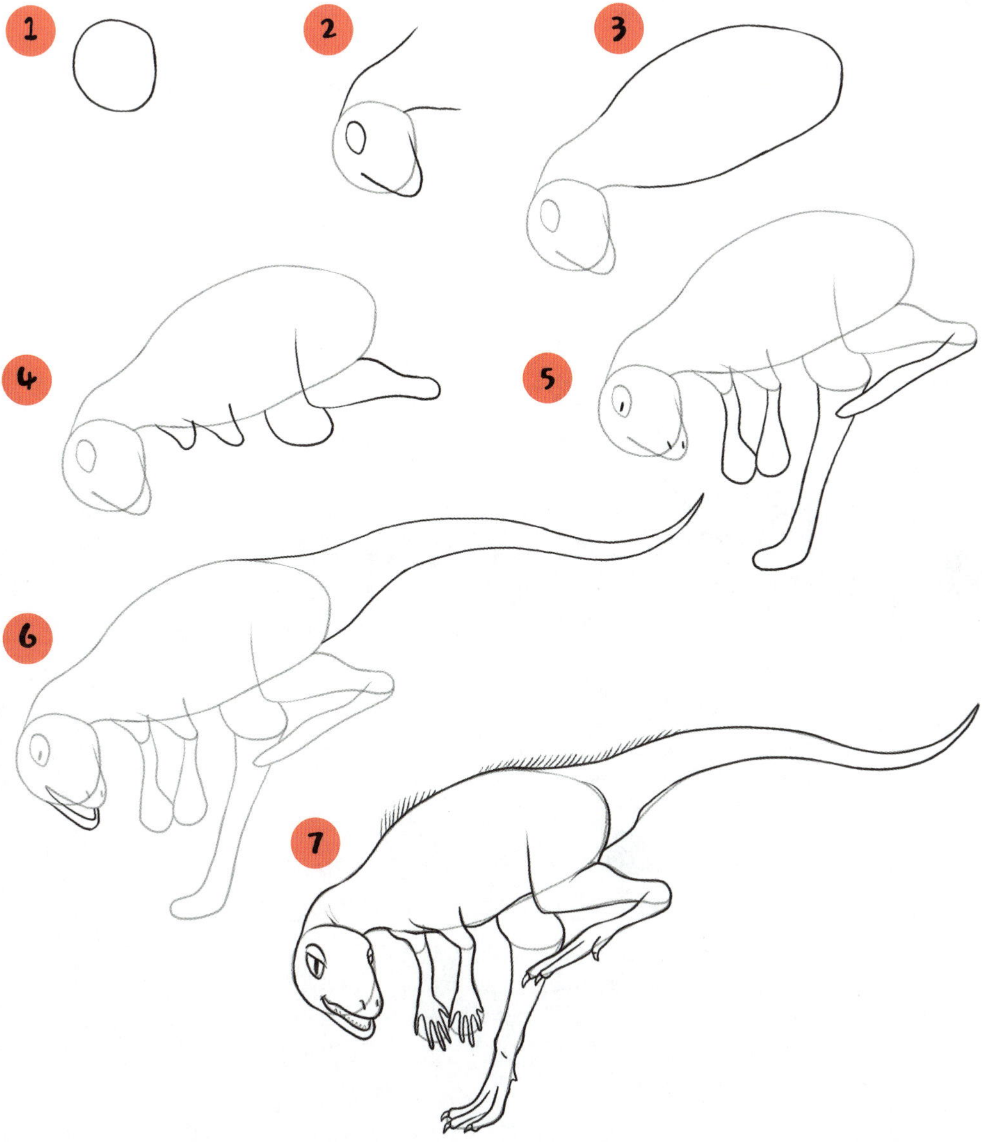

6 아브로사우루스

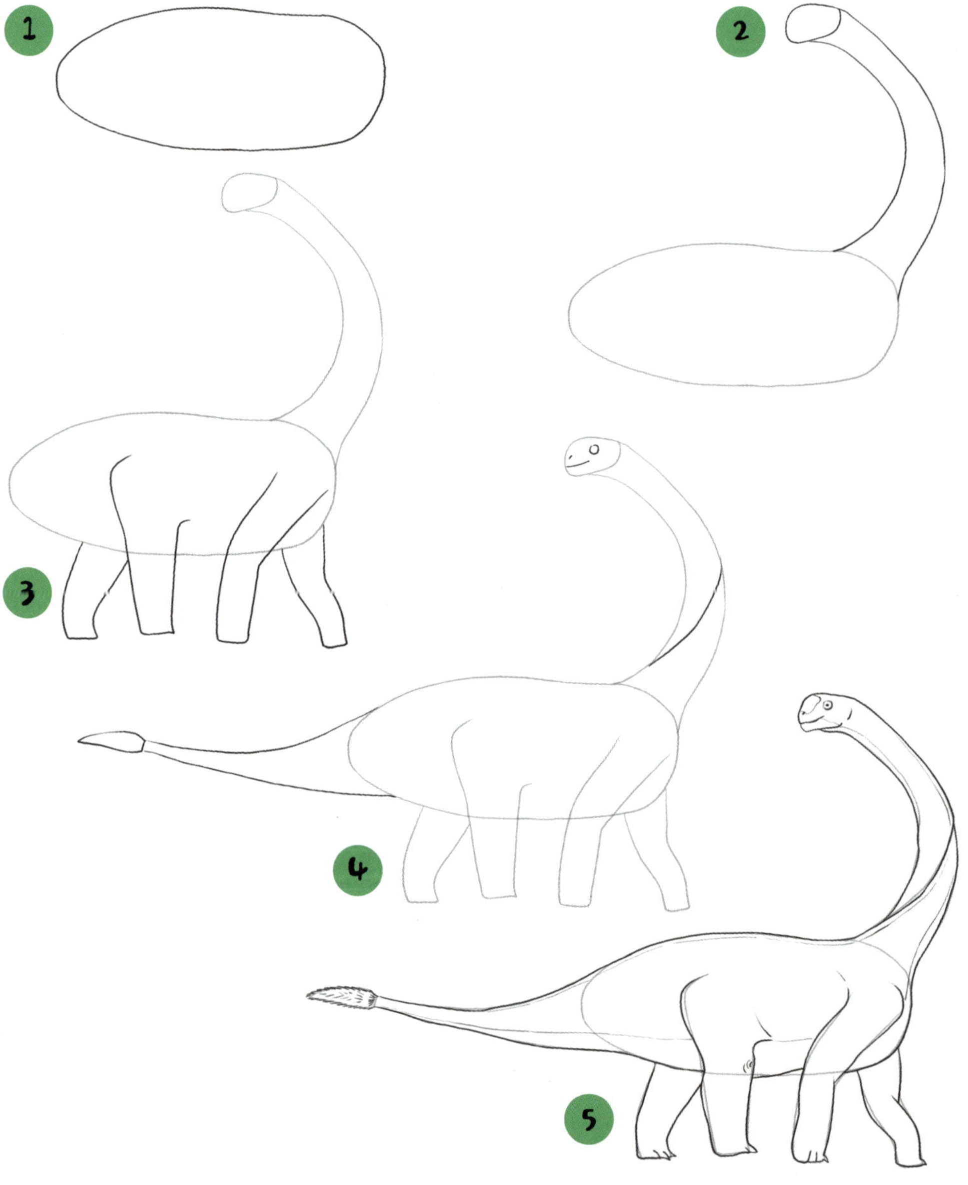

 # 아브로사우루스

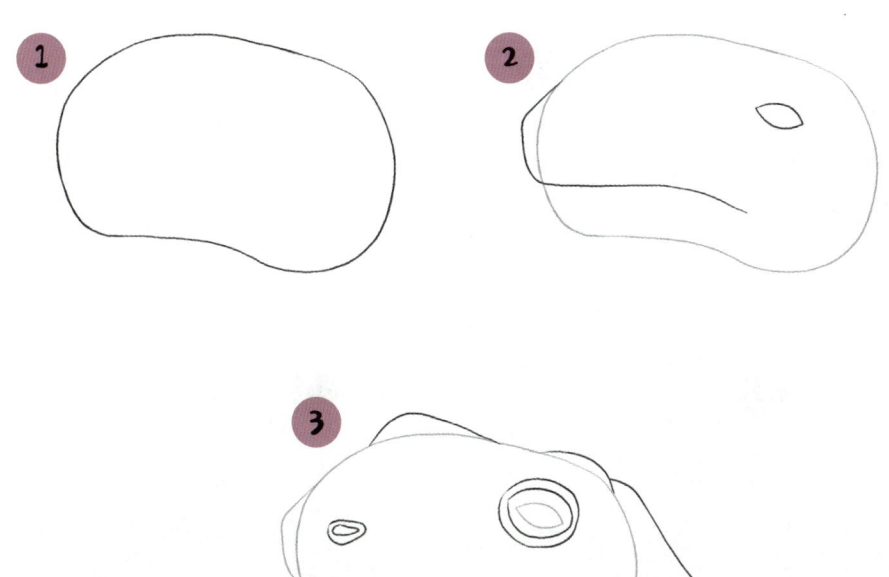

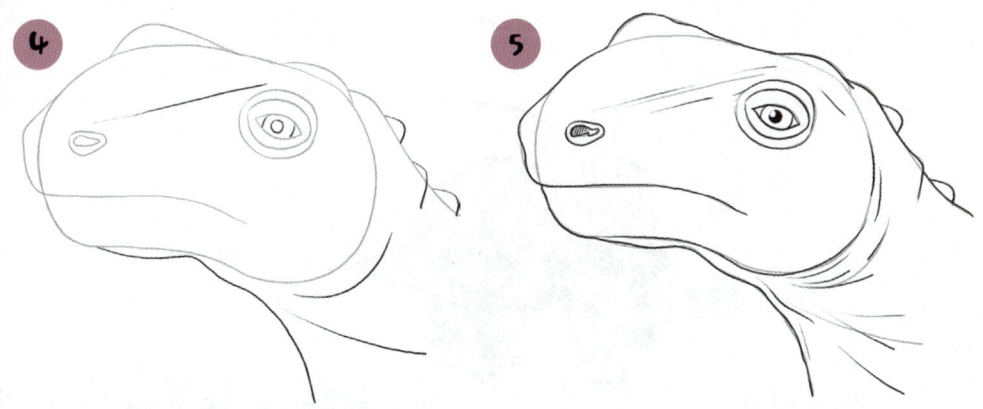

아켈로우사우루스

1 
2 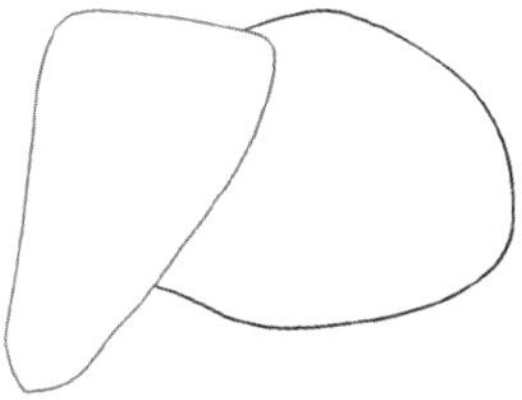
3 
4 
5 
6 
7

아켈로우사우루스

1
2
3
4
5
6
7

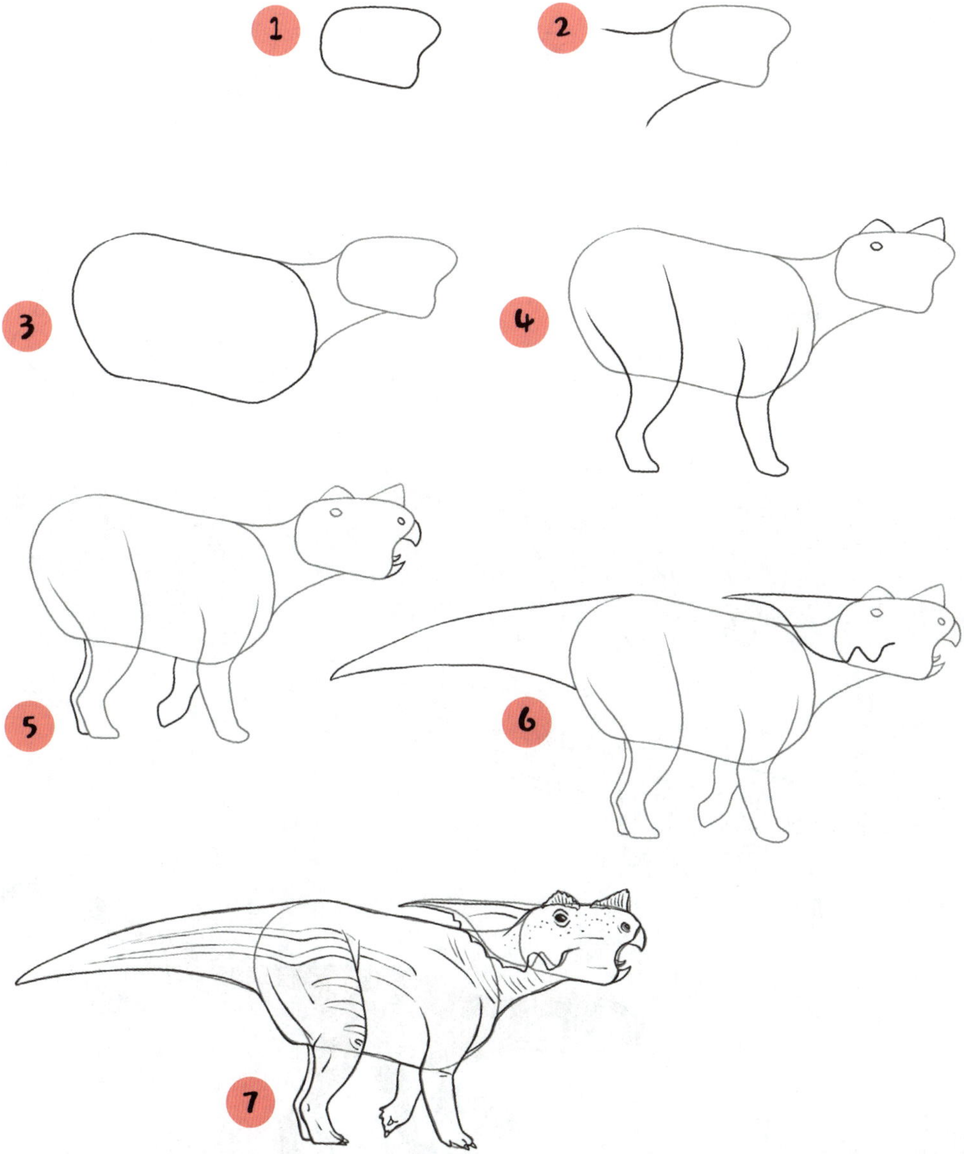

 10 알로사우루스

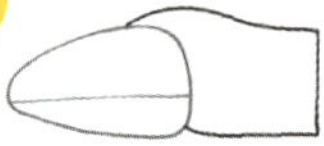

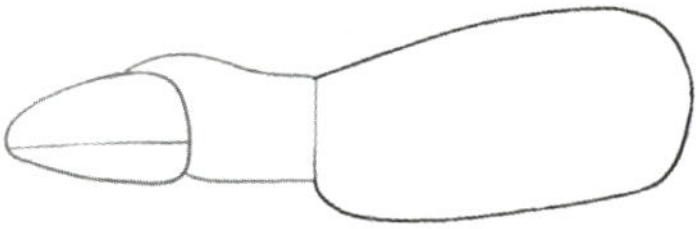

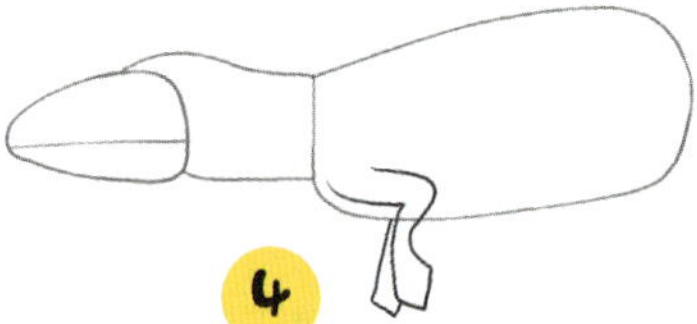

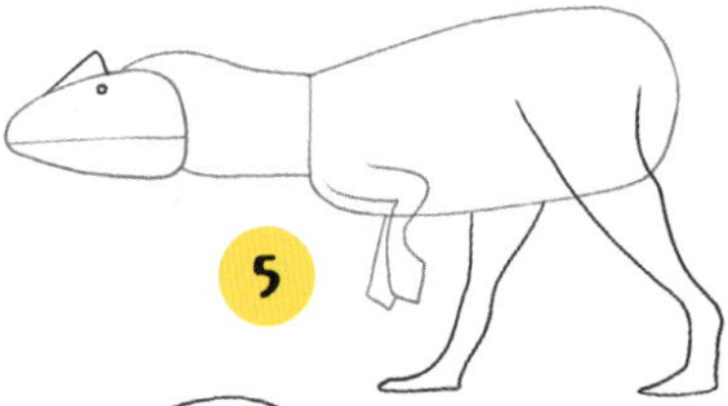

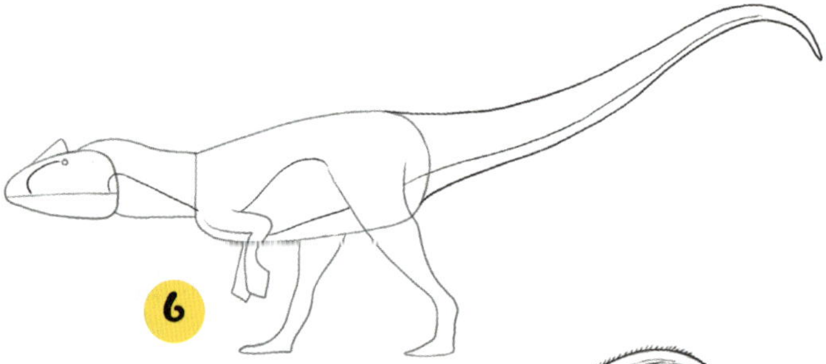

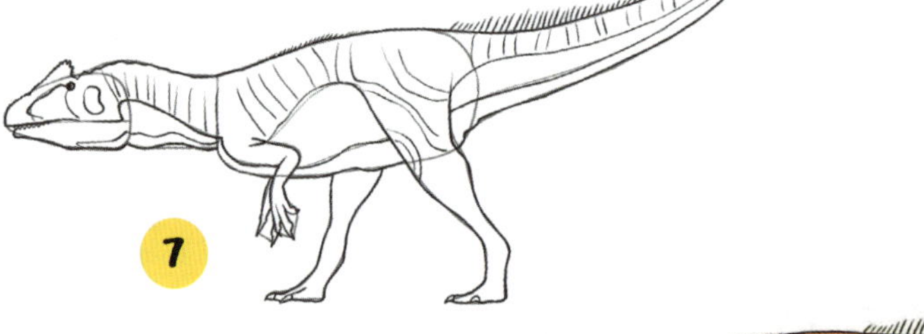

11 알로사우루스

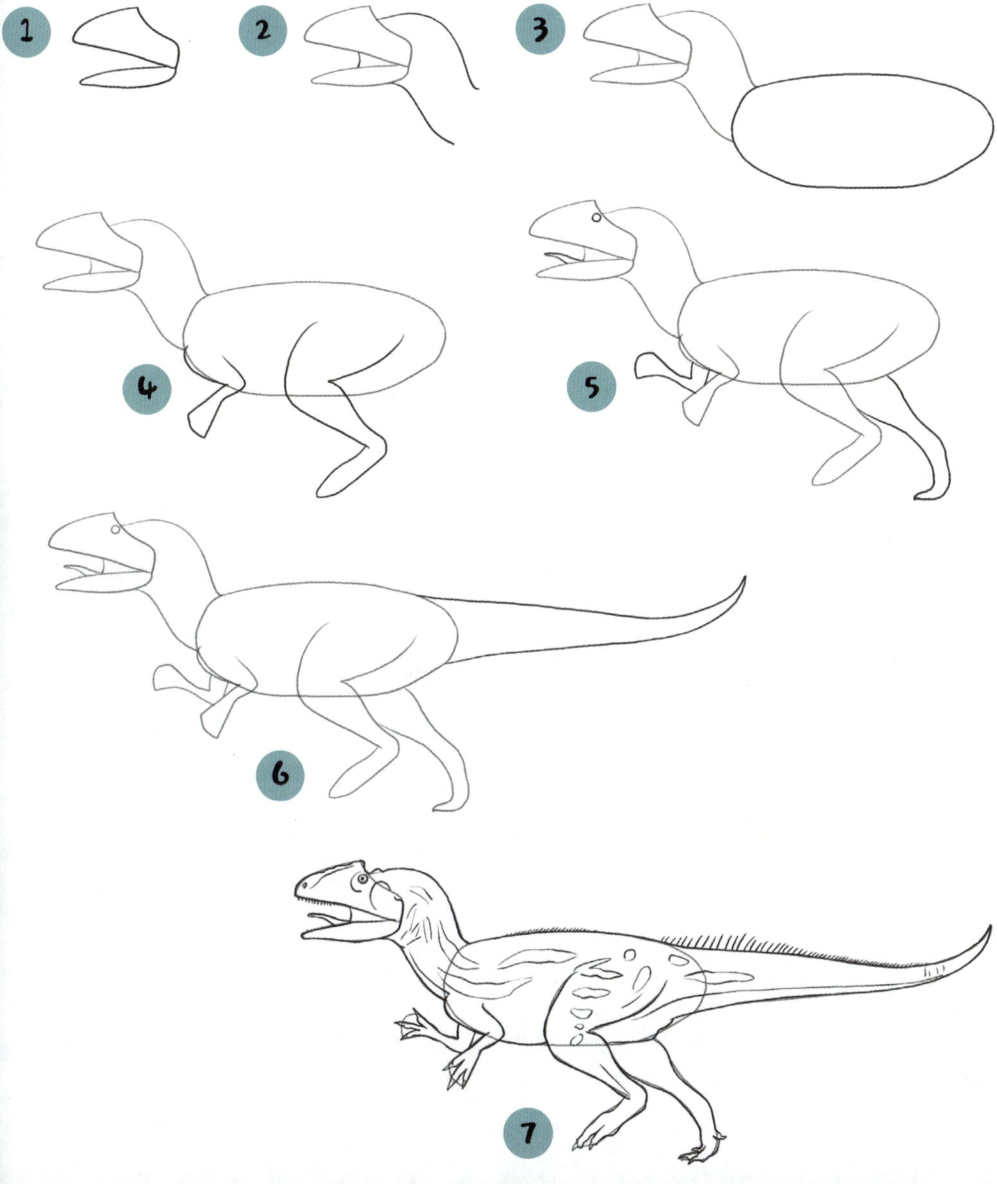

 # 알로사우루스

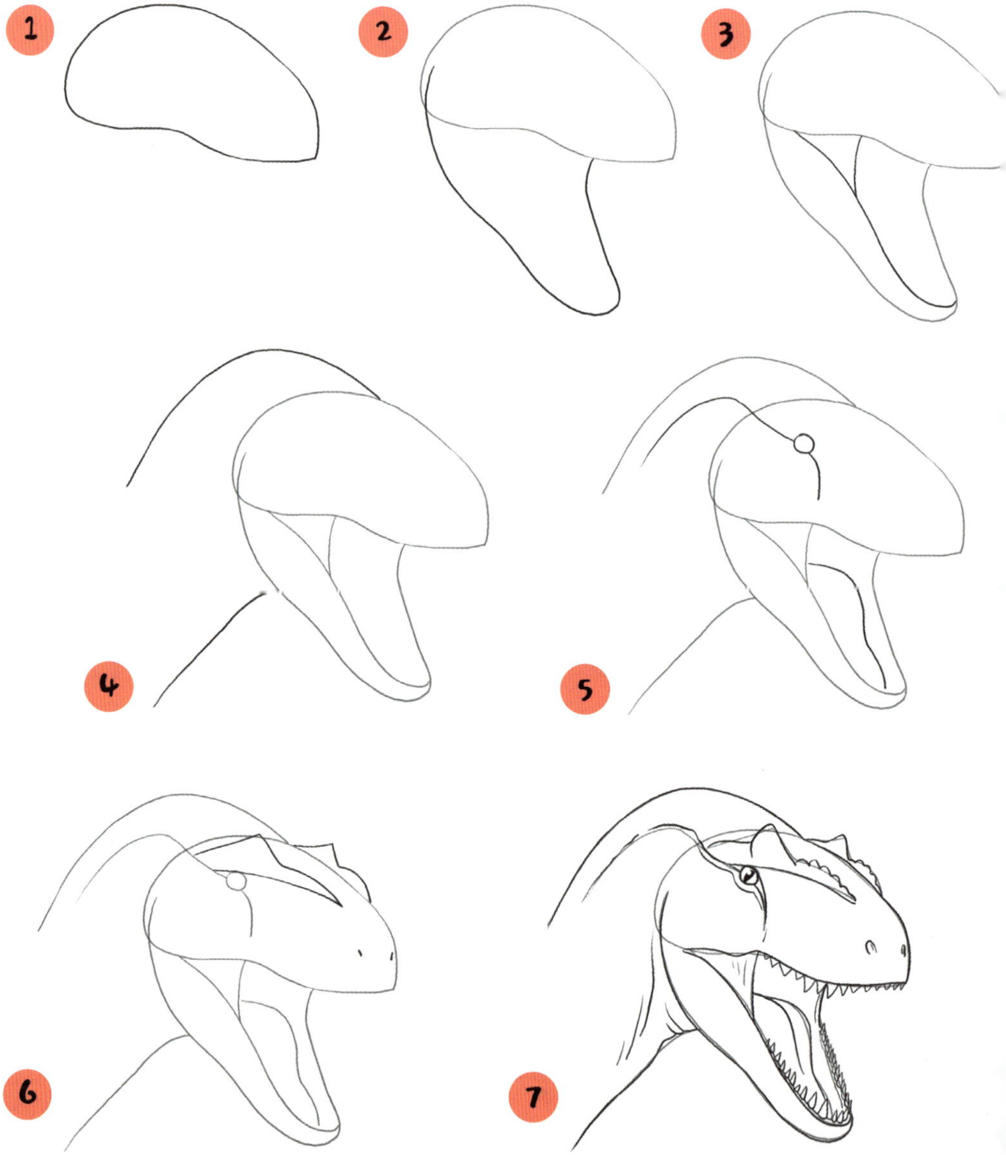

 **알로사우루스**

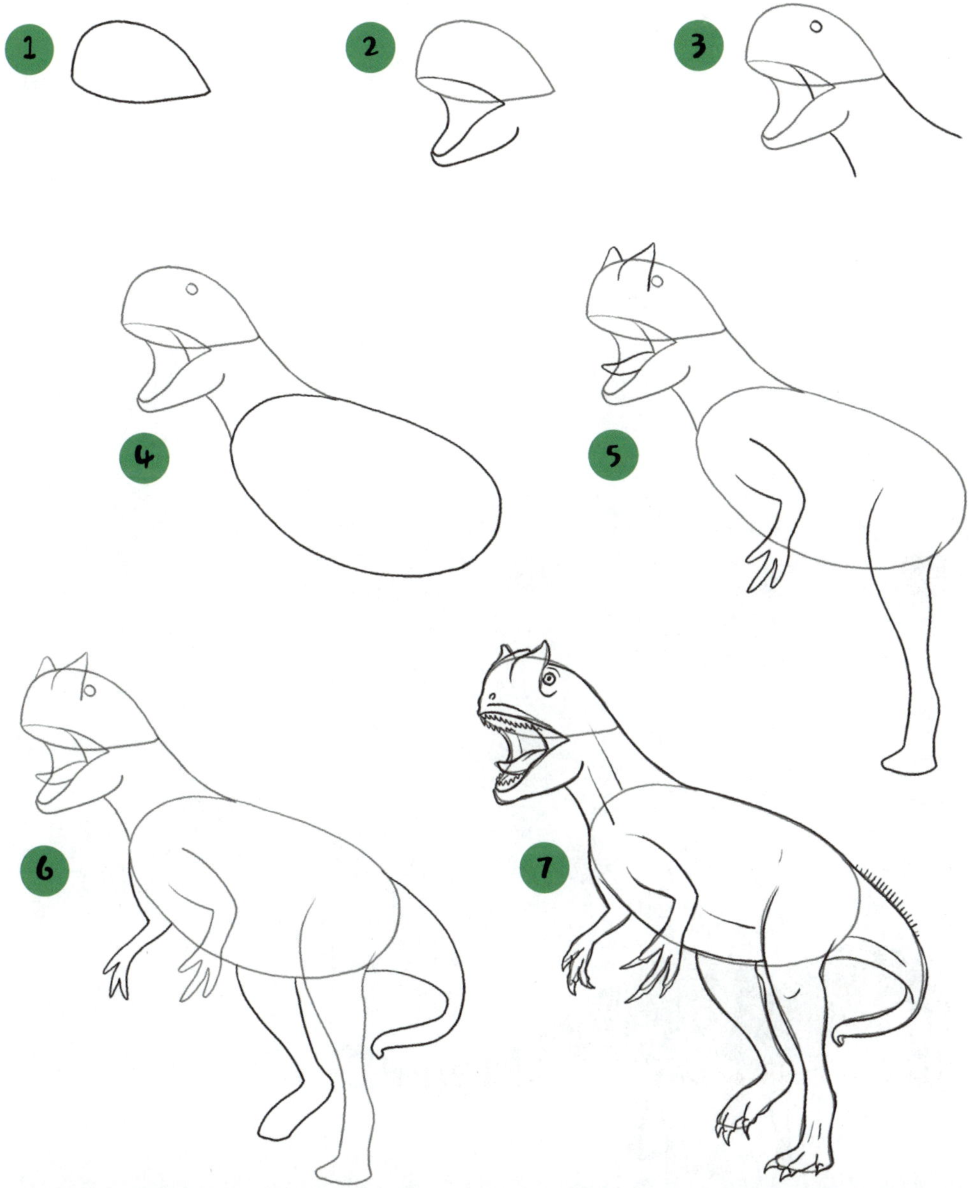

 아마르가사우루스

아마르가사우루스

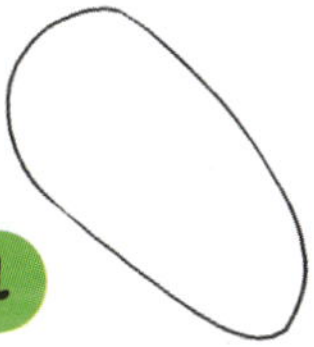

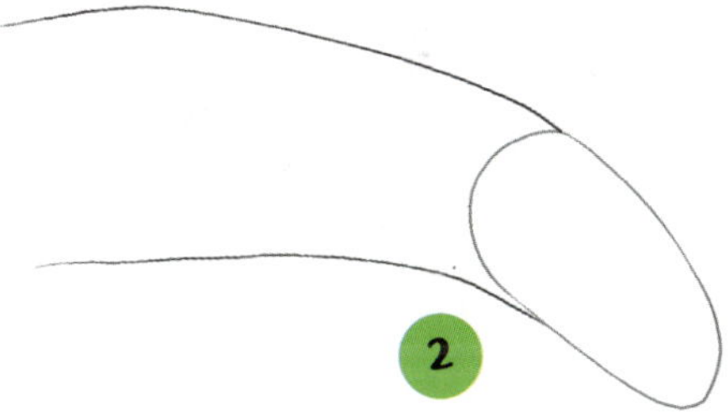

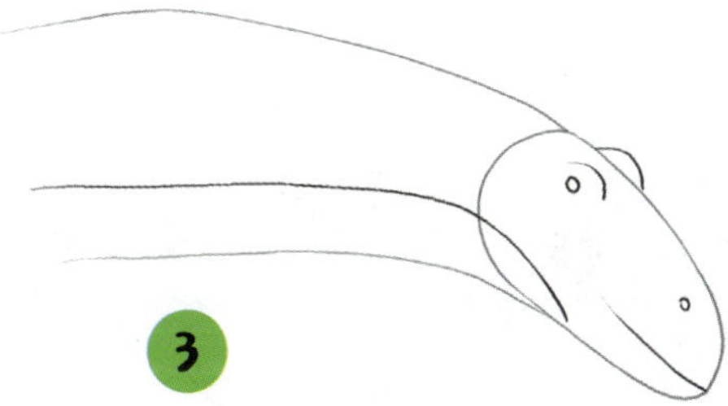

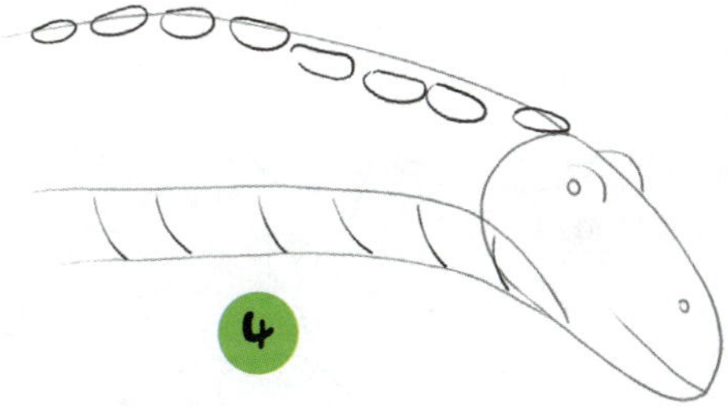

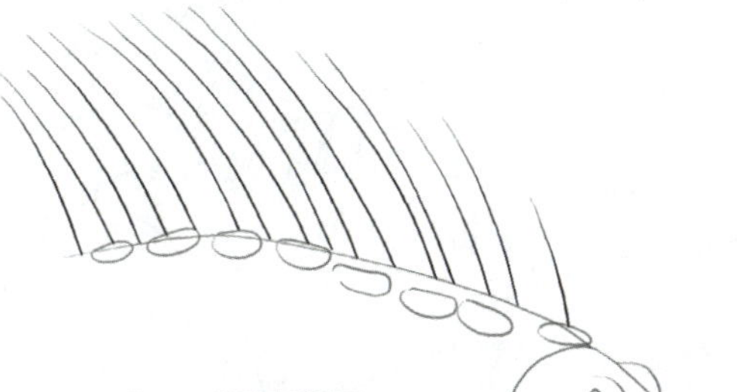

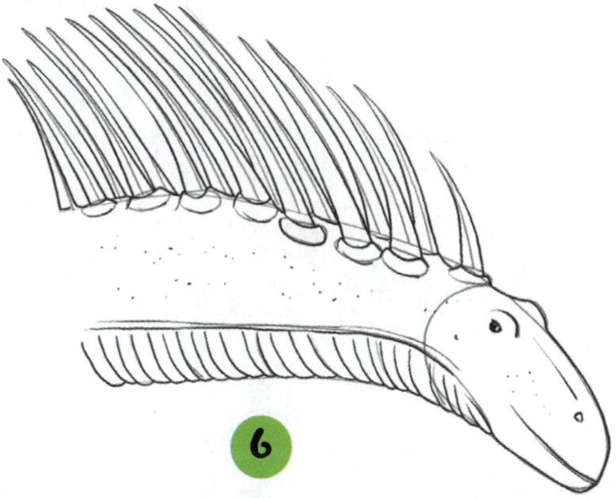

16 아마르가사우루스

 # 안키케라톱스

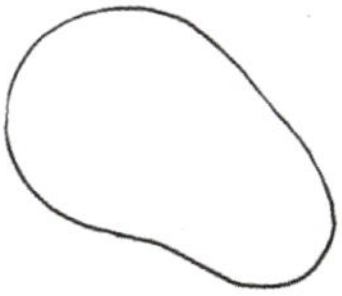

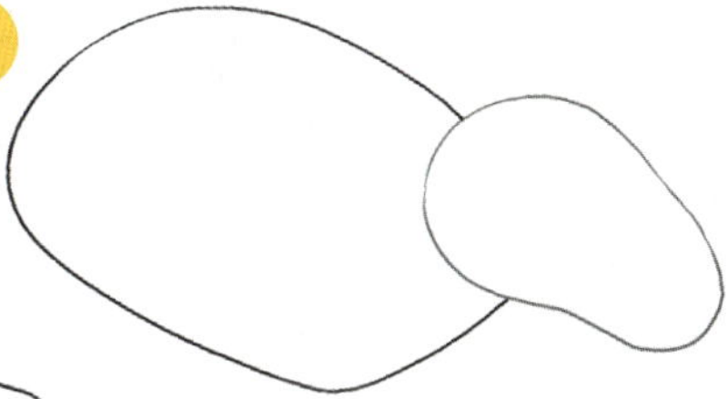

# 안키케라톱스

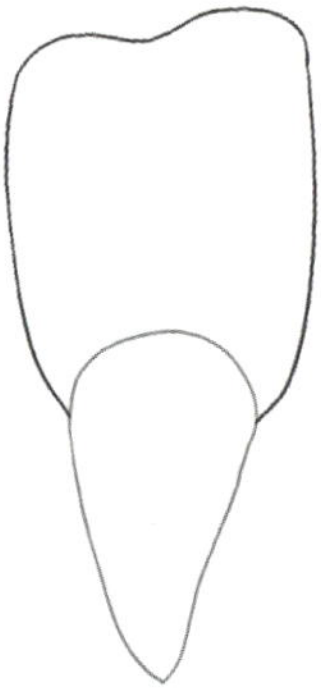

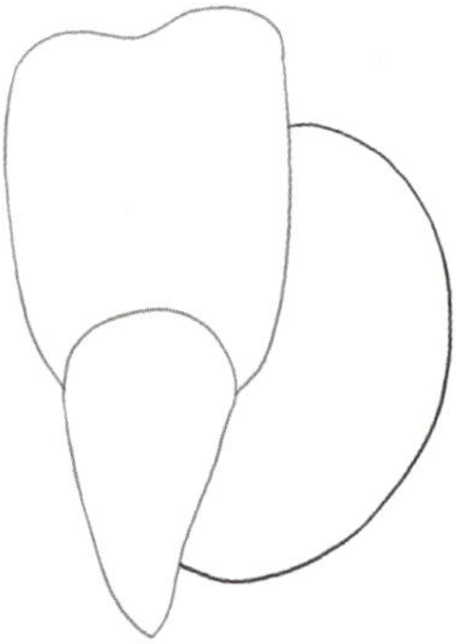

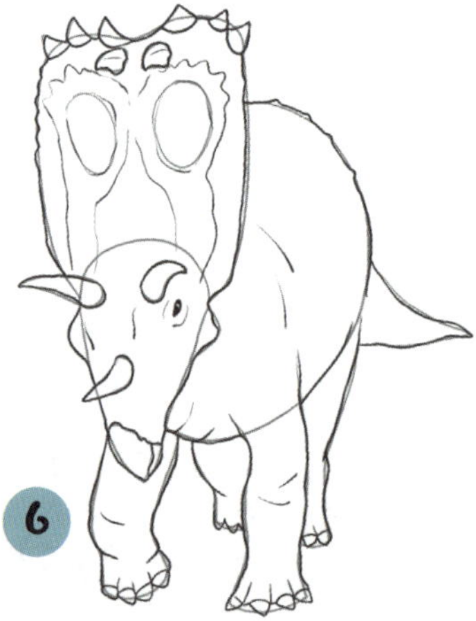

19 안키케라톱스

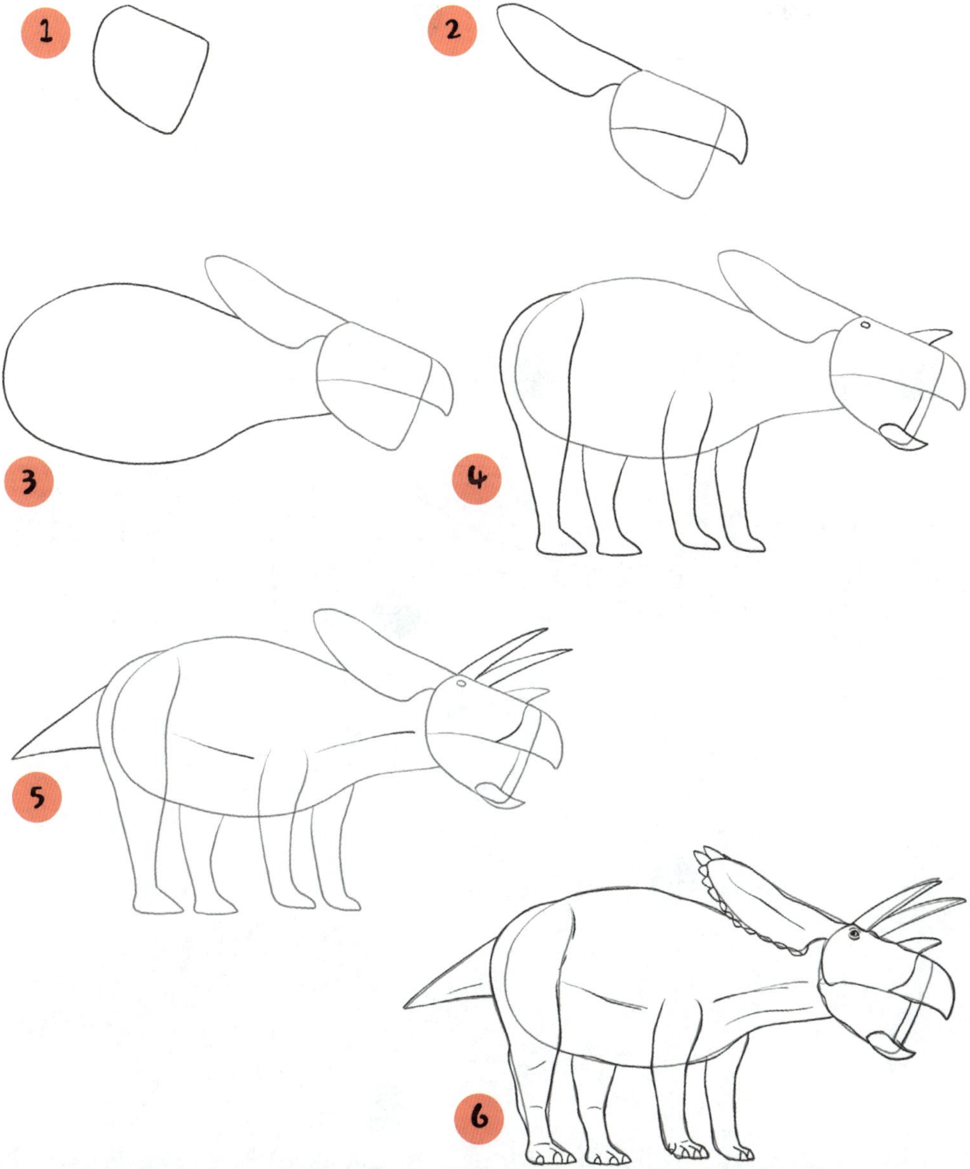

1. 2. 3. 4. 5. 6.

# 안킬로사우루스

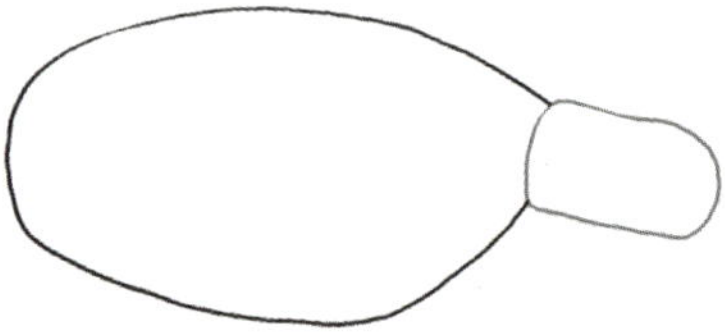

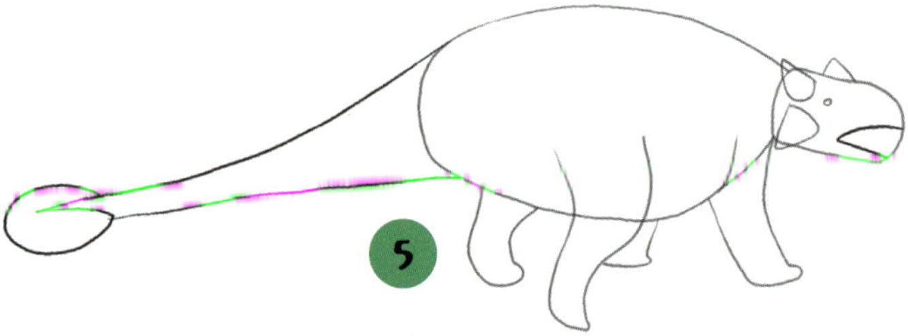

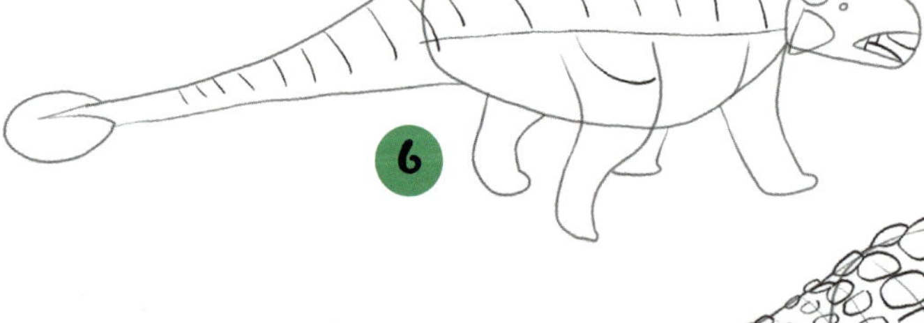

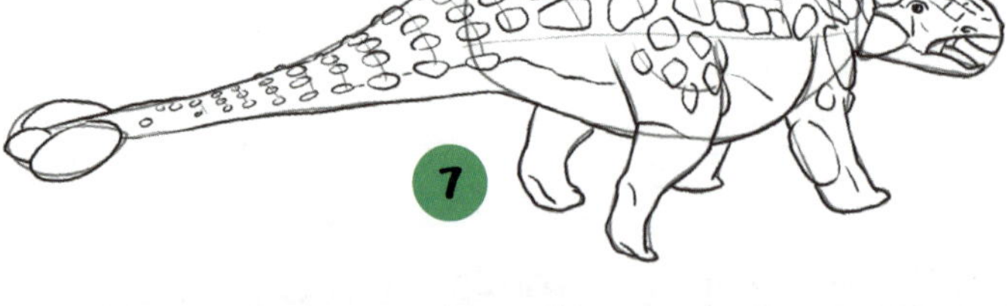

21 안킬로사우루스

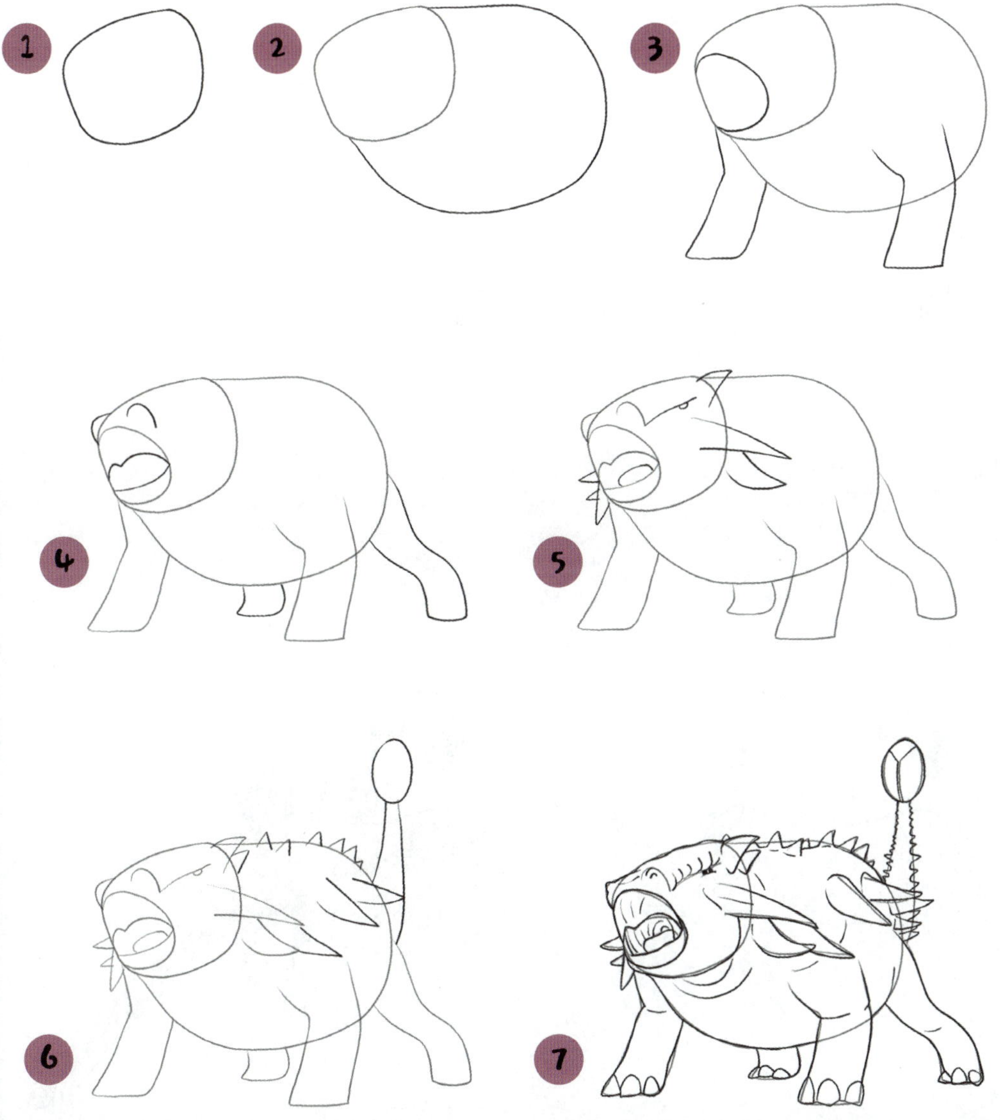

22 시조새

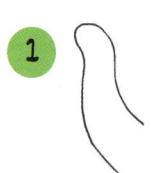

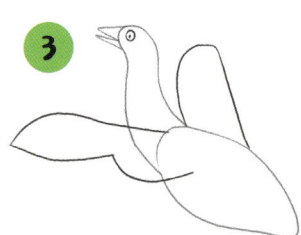

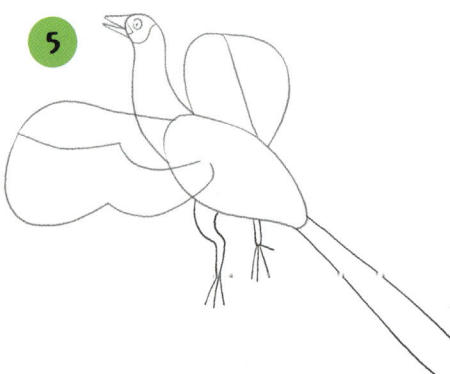

23 시조새

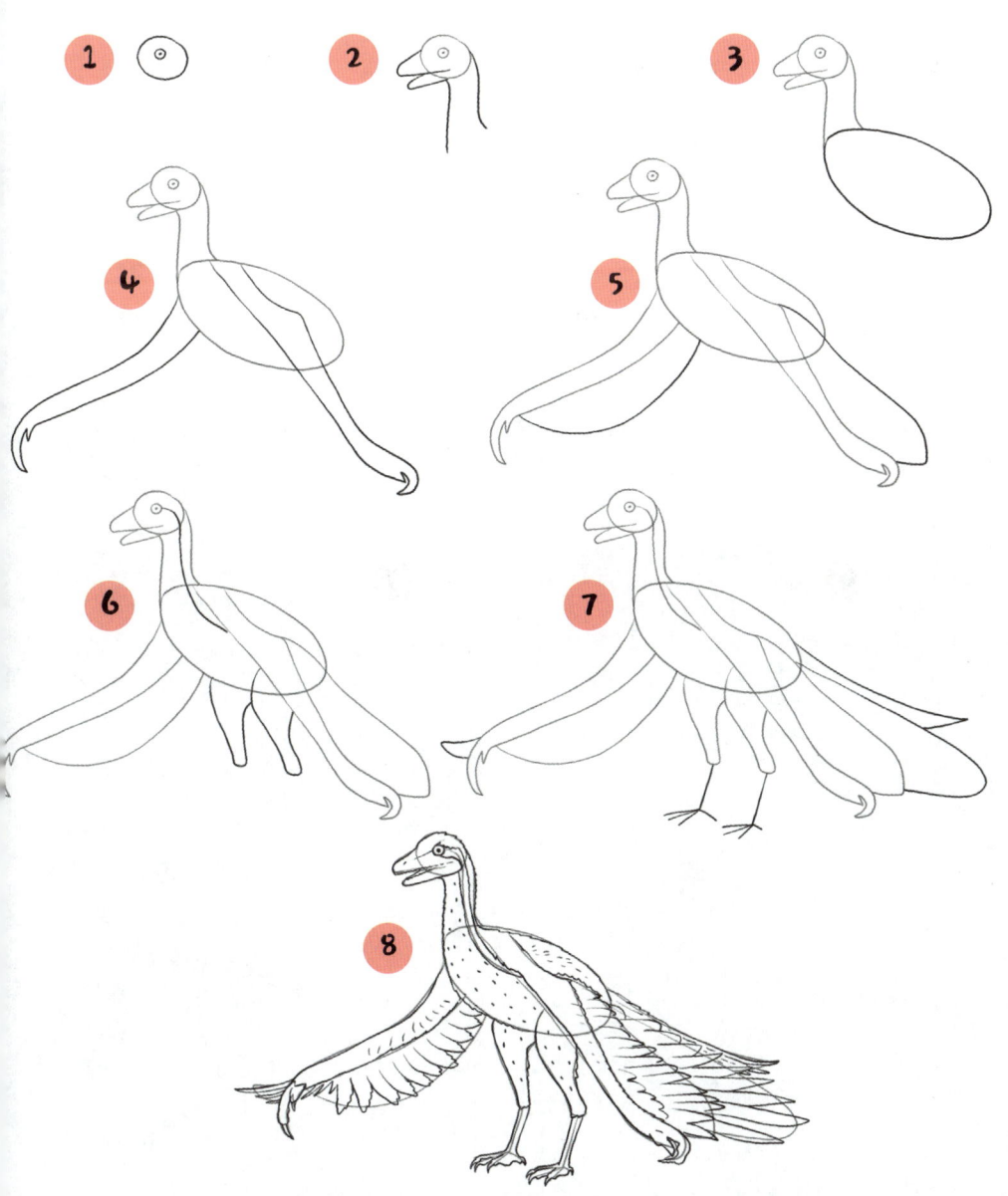

 아르젠티노사우루스

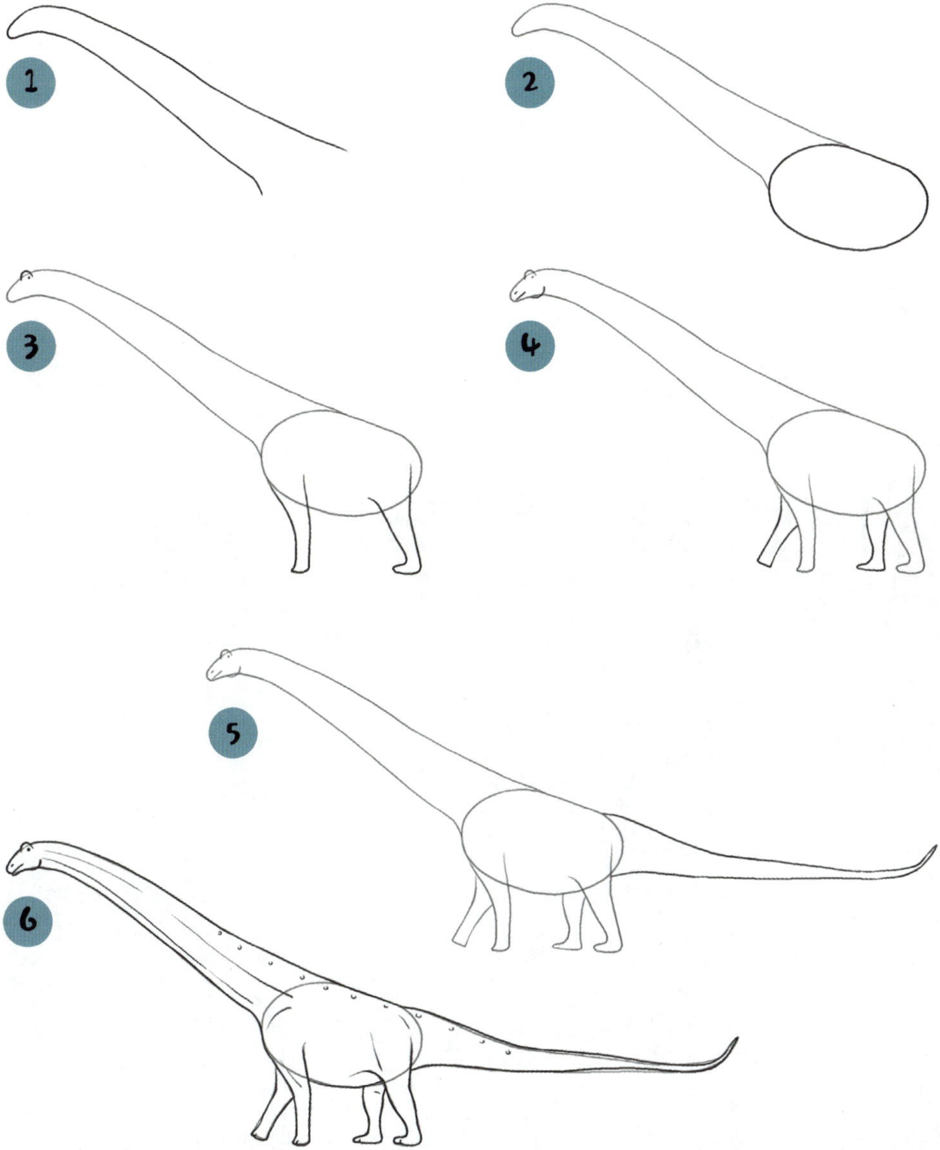

26 아르젠티노사우루스

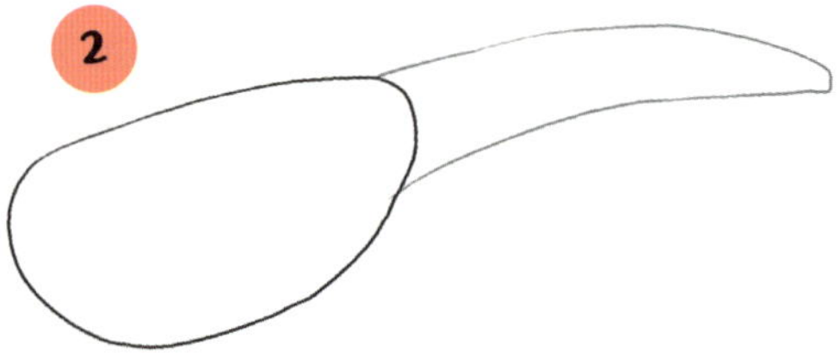

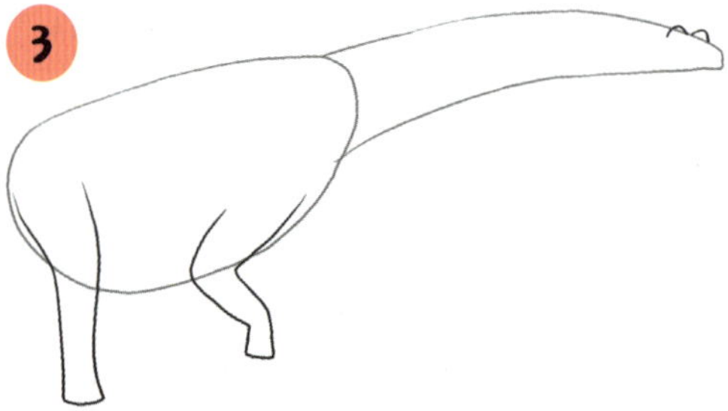

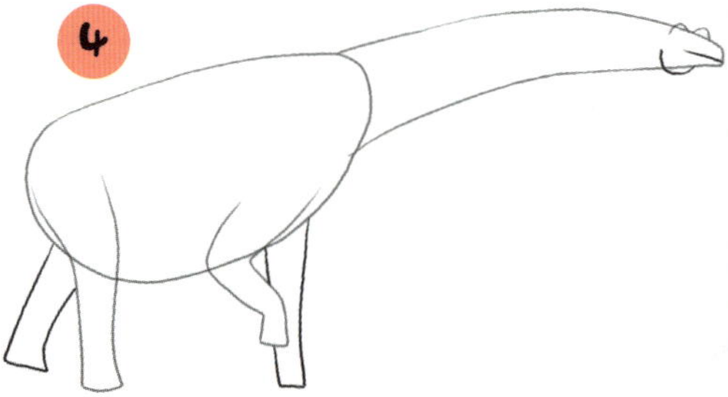

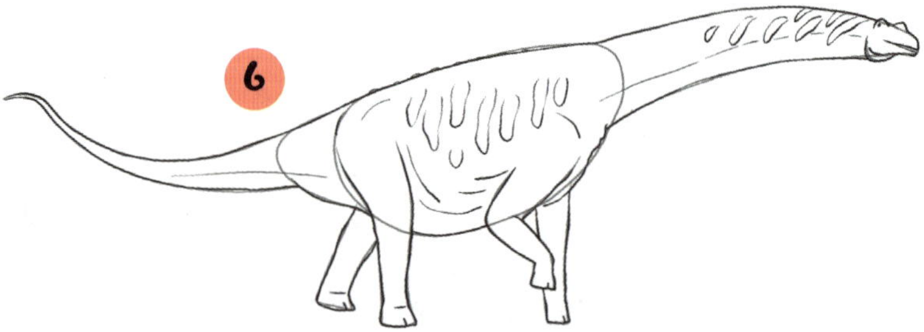

27 아스트로돈

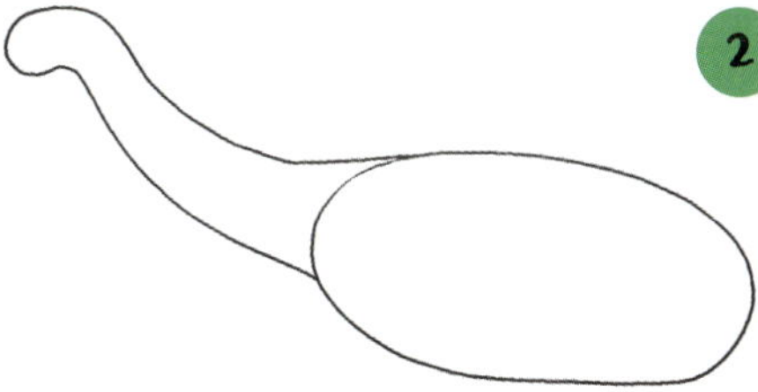

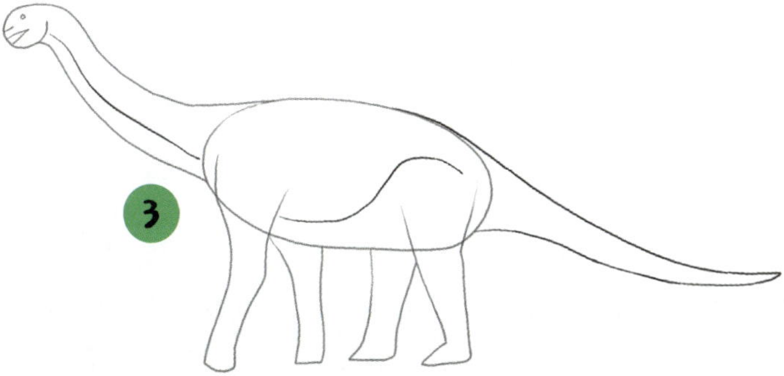

28 아스트로돈

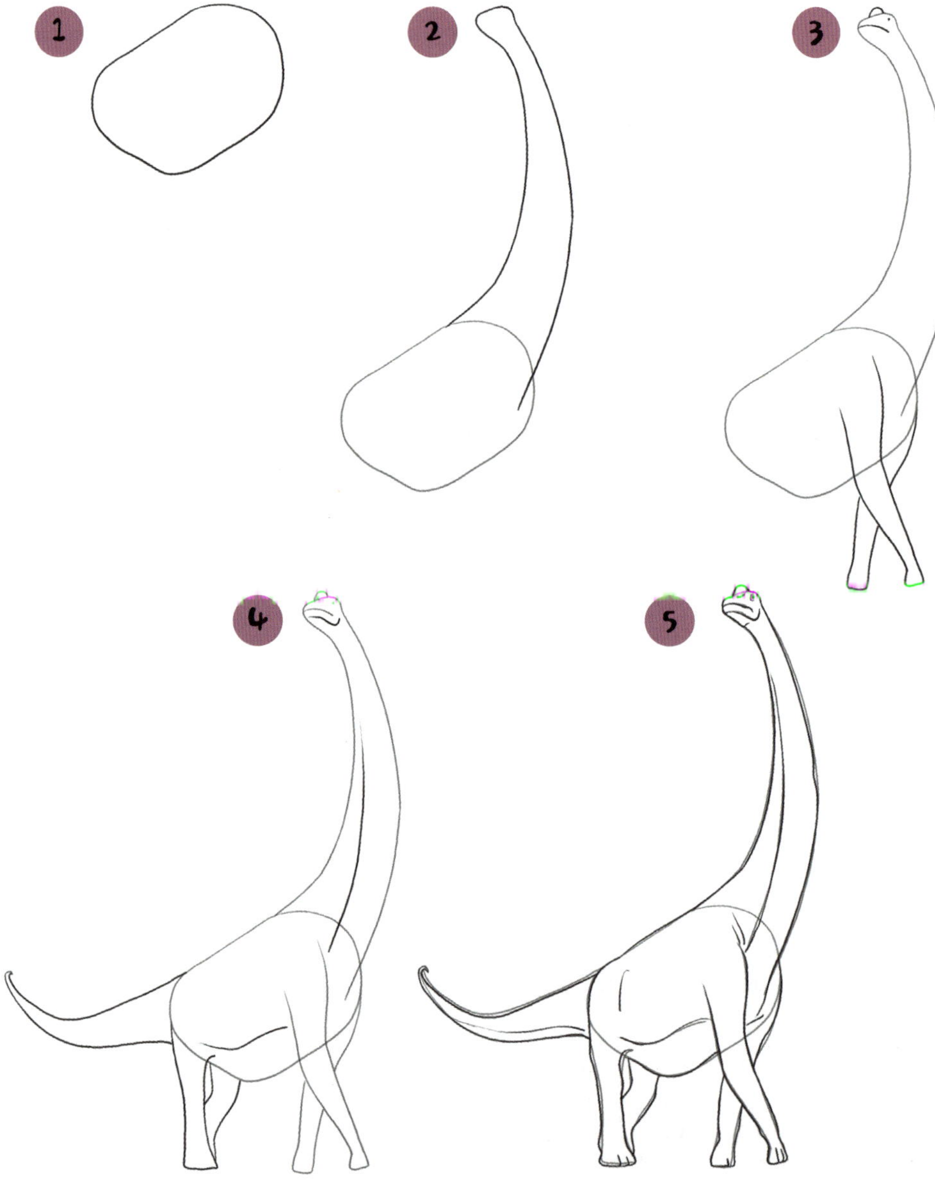

 # 드워프알로사우어

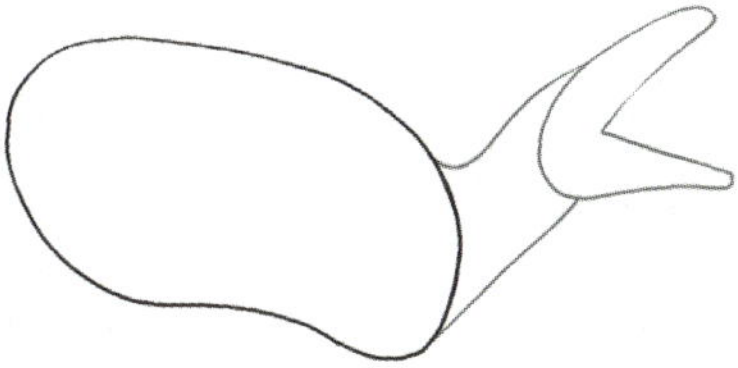

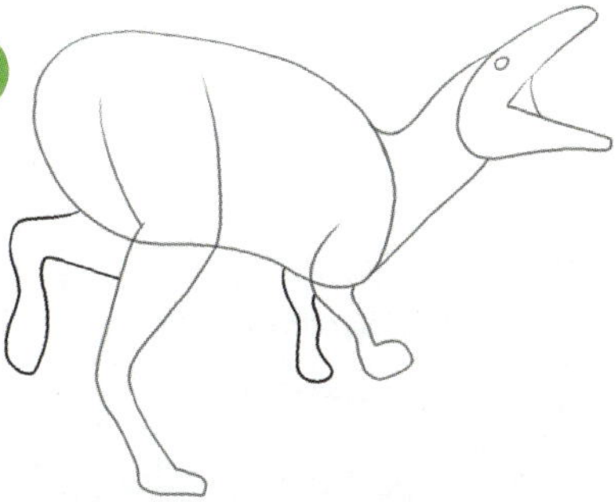

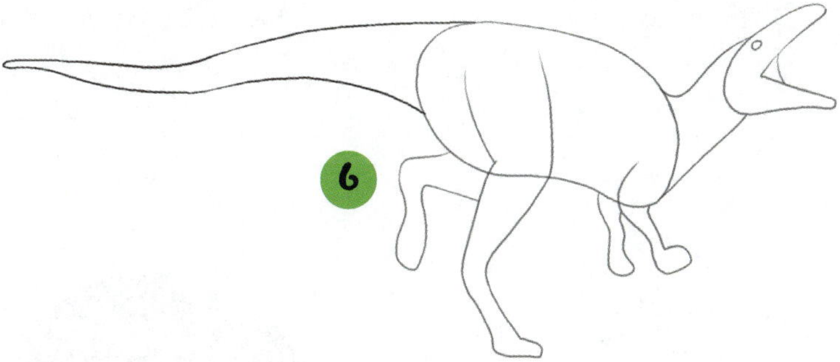

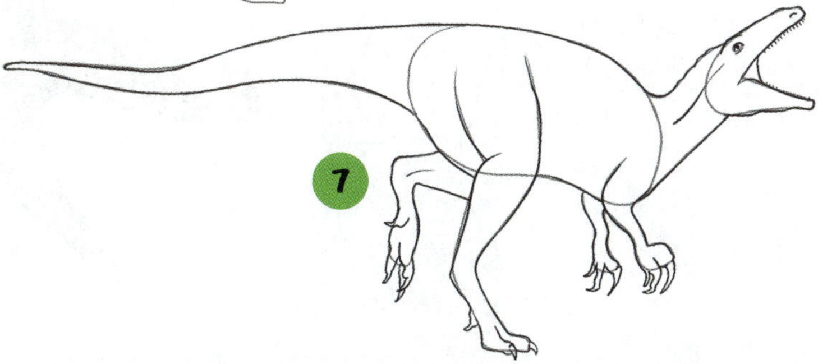

# 30 드워프알로사우어

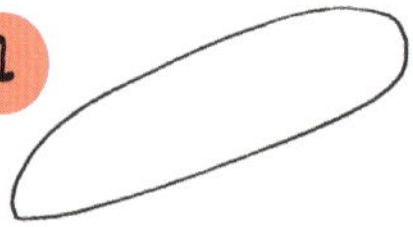

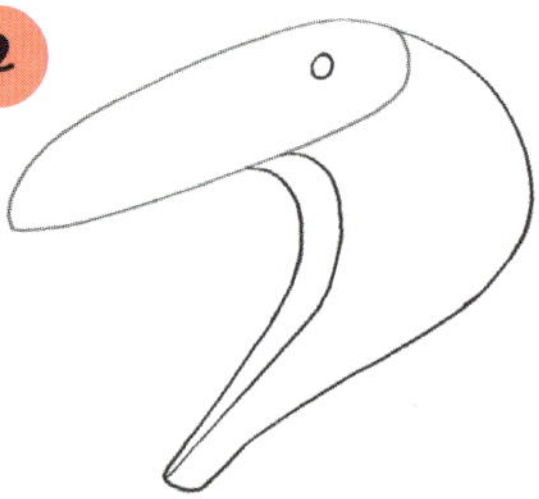

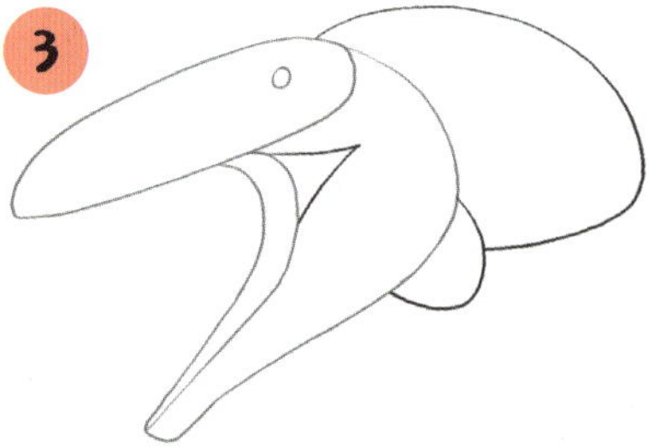

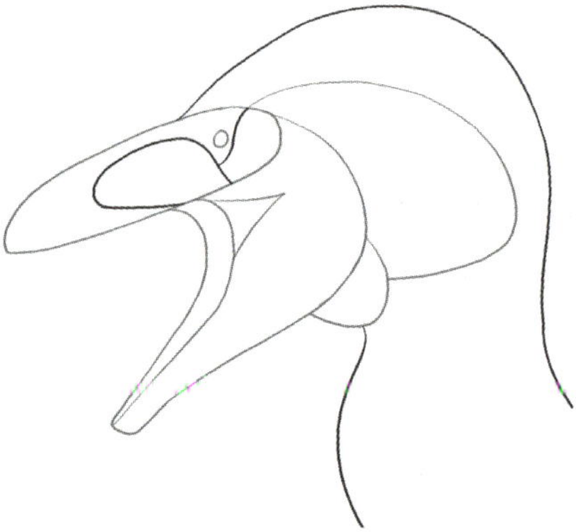

 **31 드워프알로사우어**

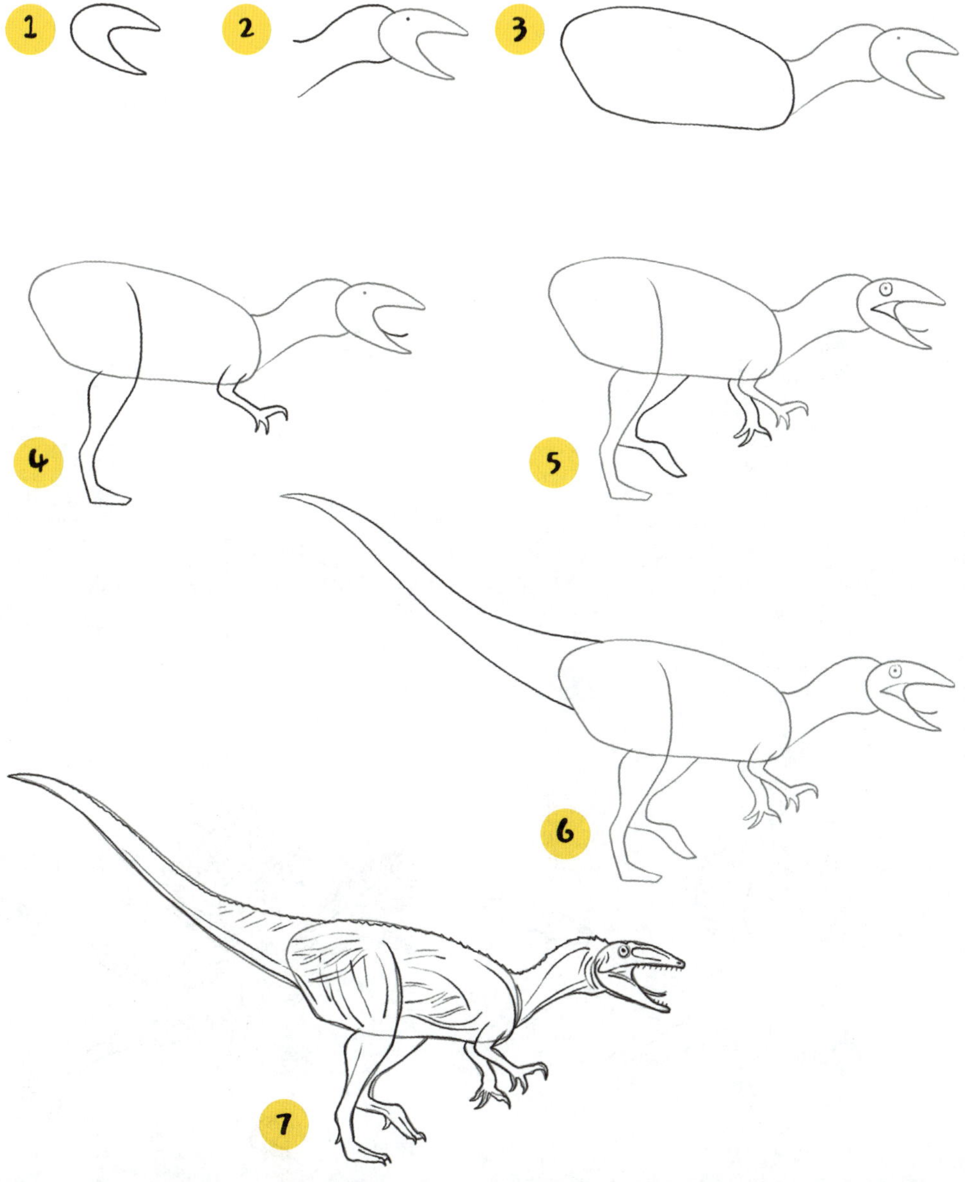

32 밤비랍토르

 33 밤비랍토르

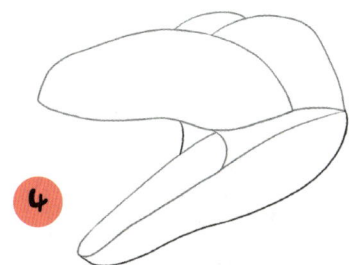

34 밤비랍토르

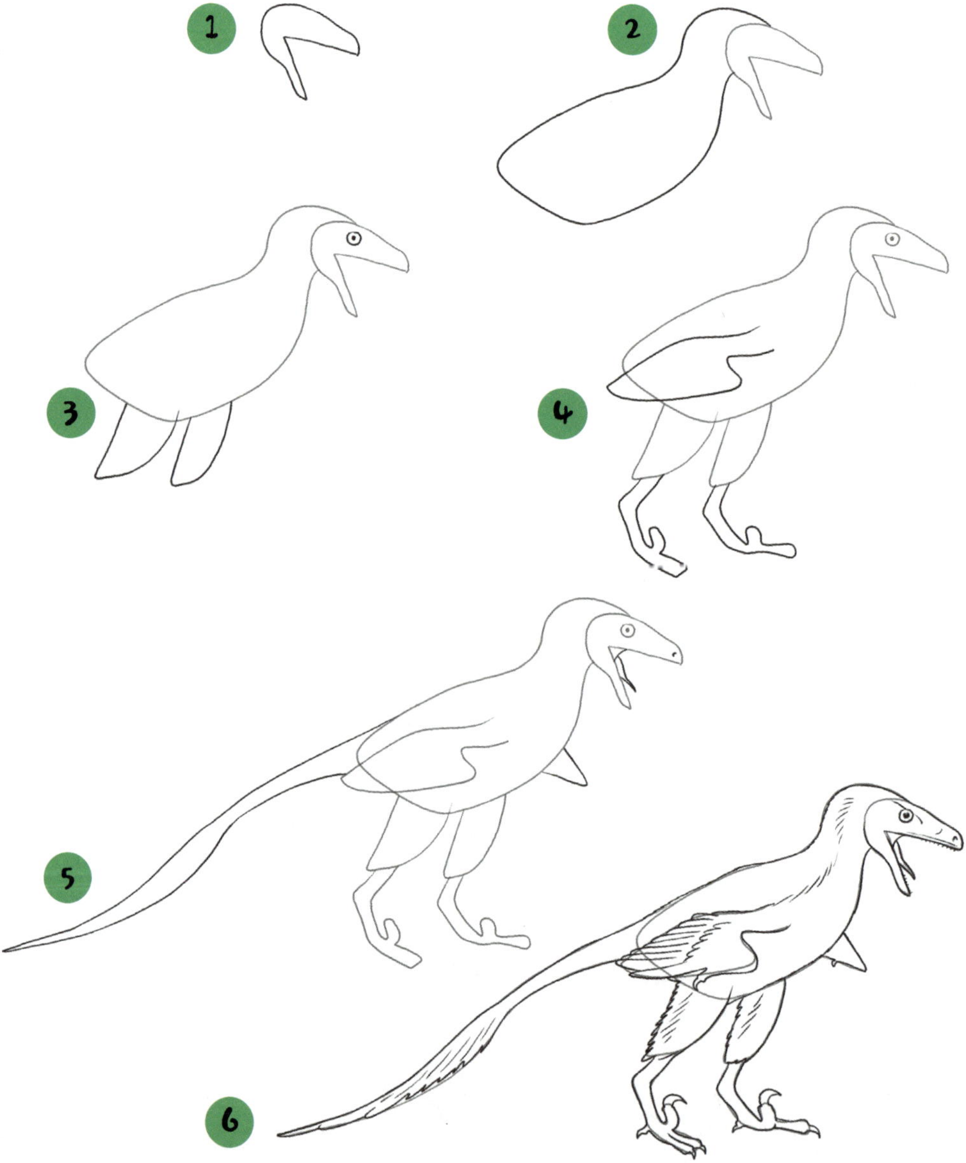

바로사우루스

1 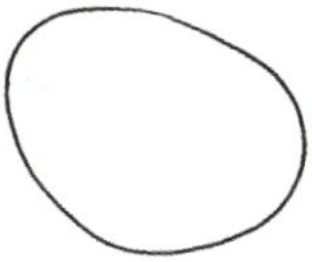
2 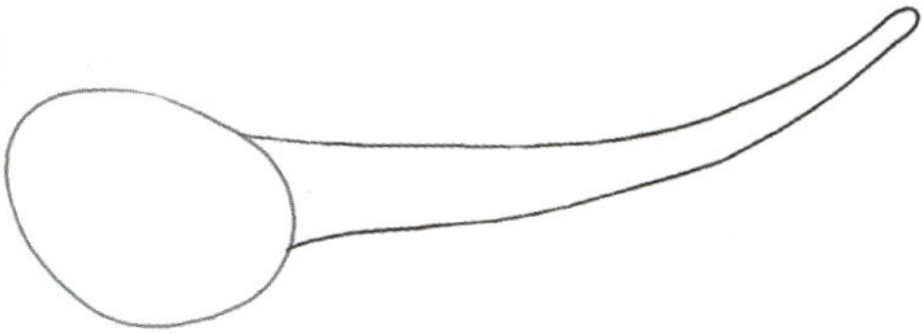
3 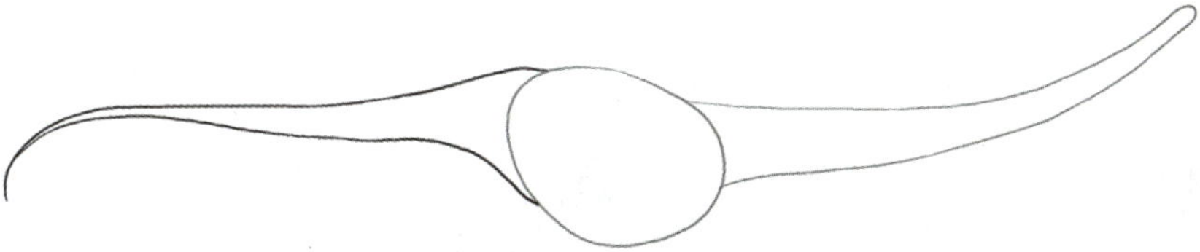
4 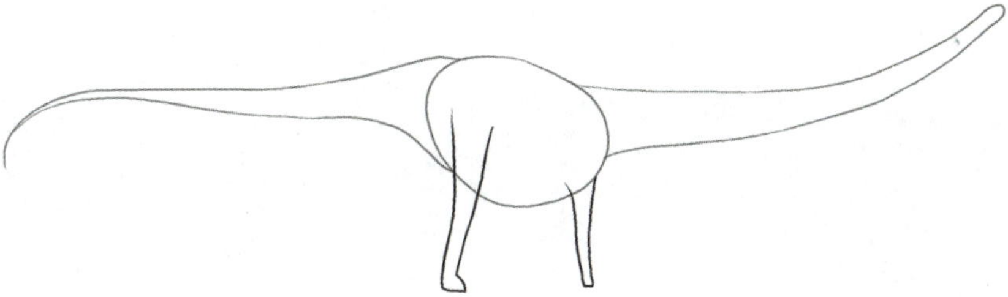
5 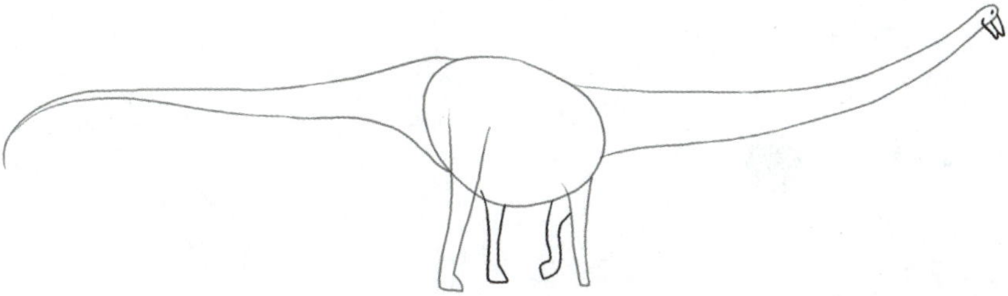
6

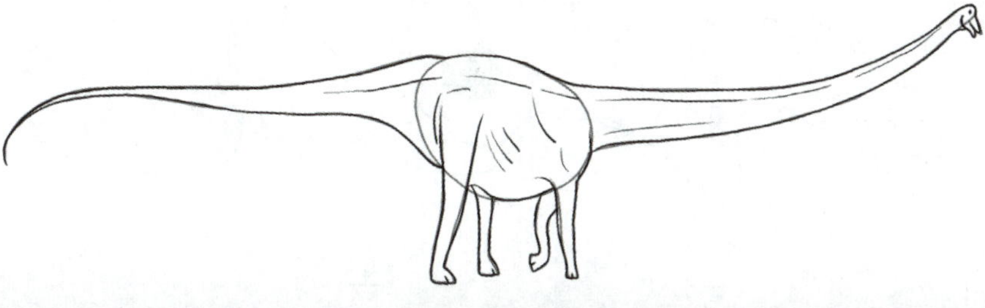

 **36 바로사우루스**

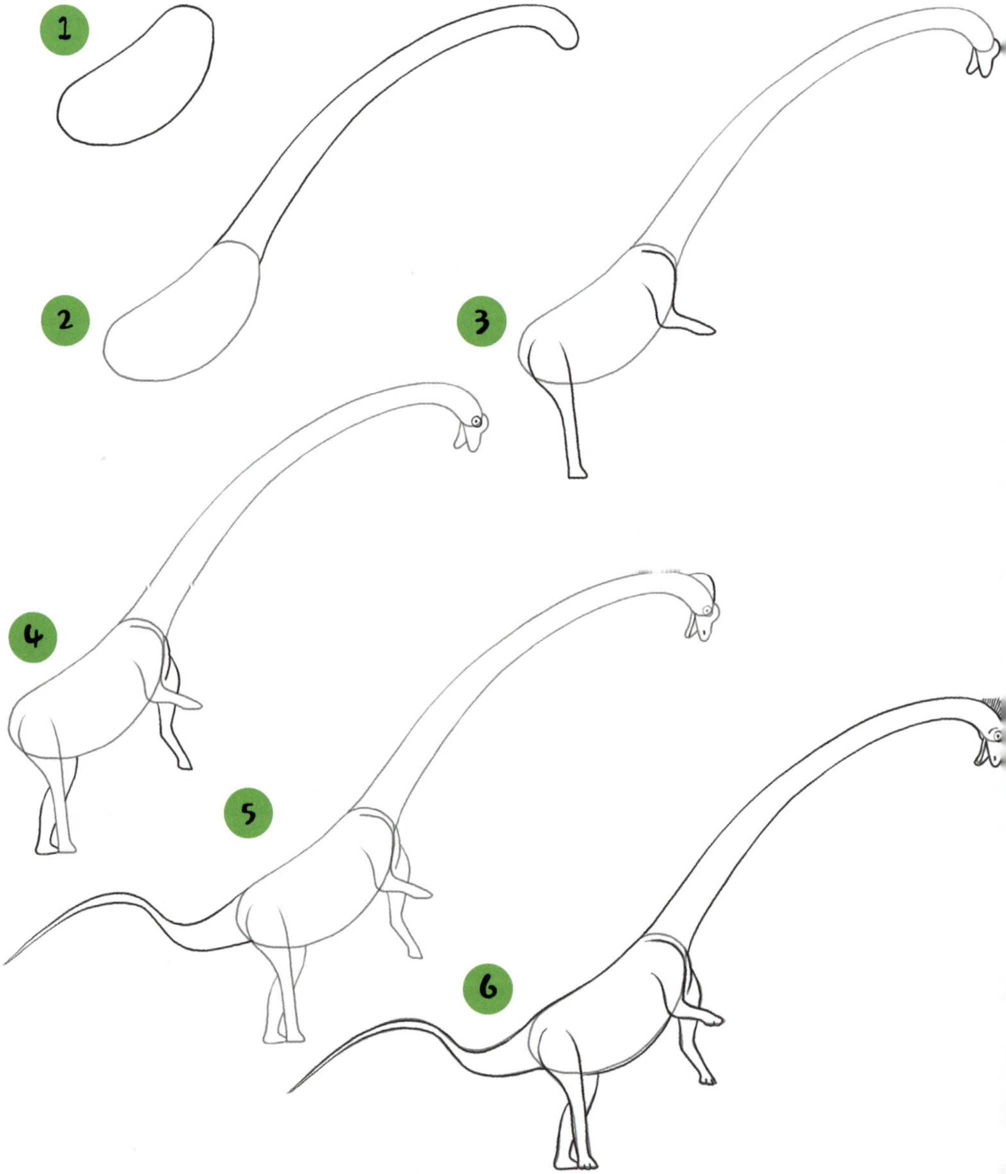

 # 37 바로사우루스

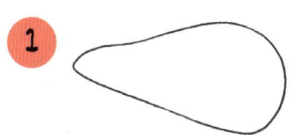

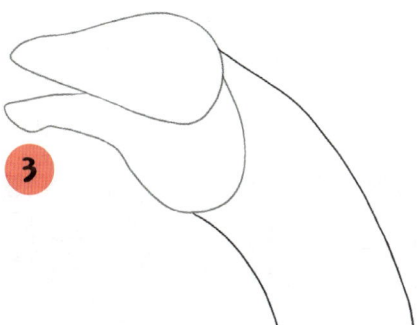

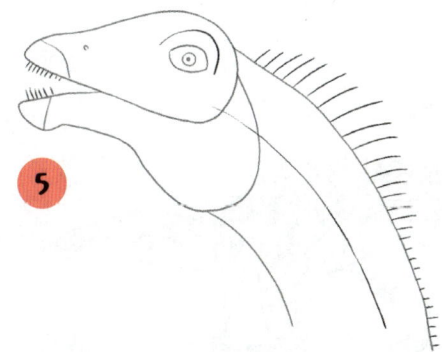

38 바리오닉스

39 바리오닉스

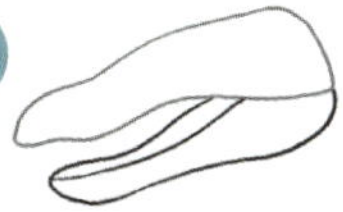

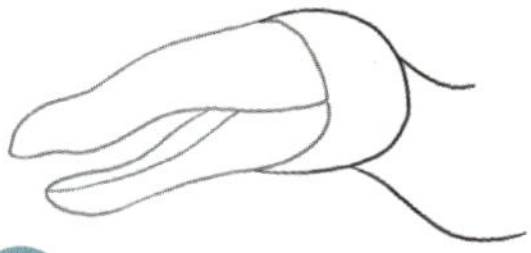

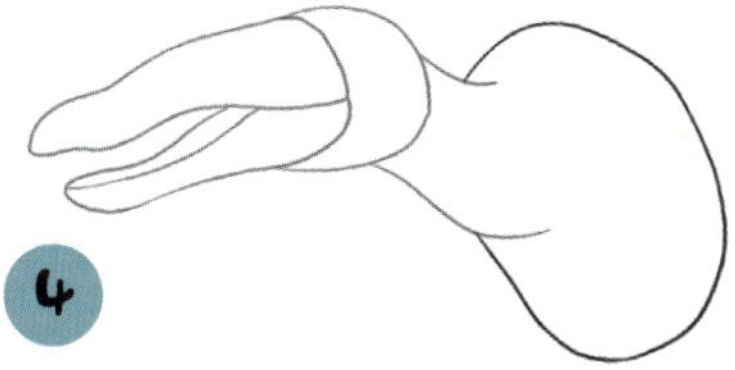

40 바리오닉스

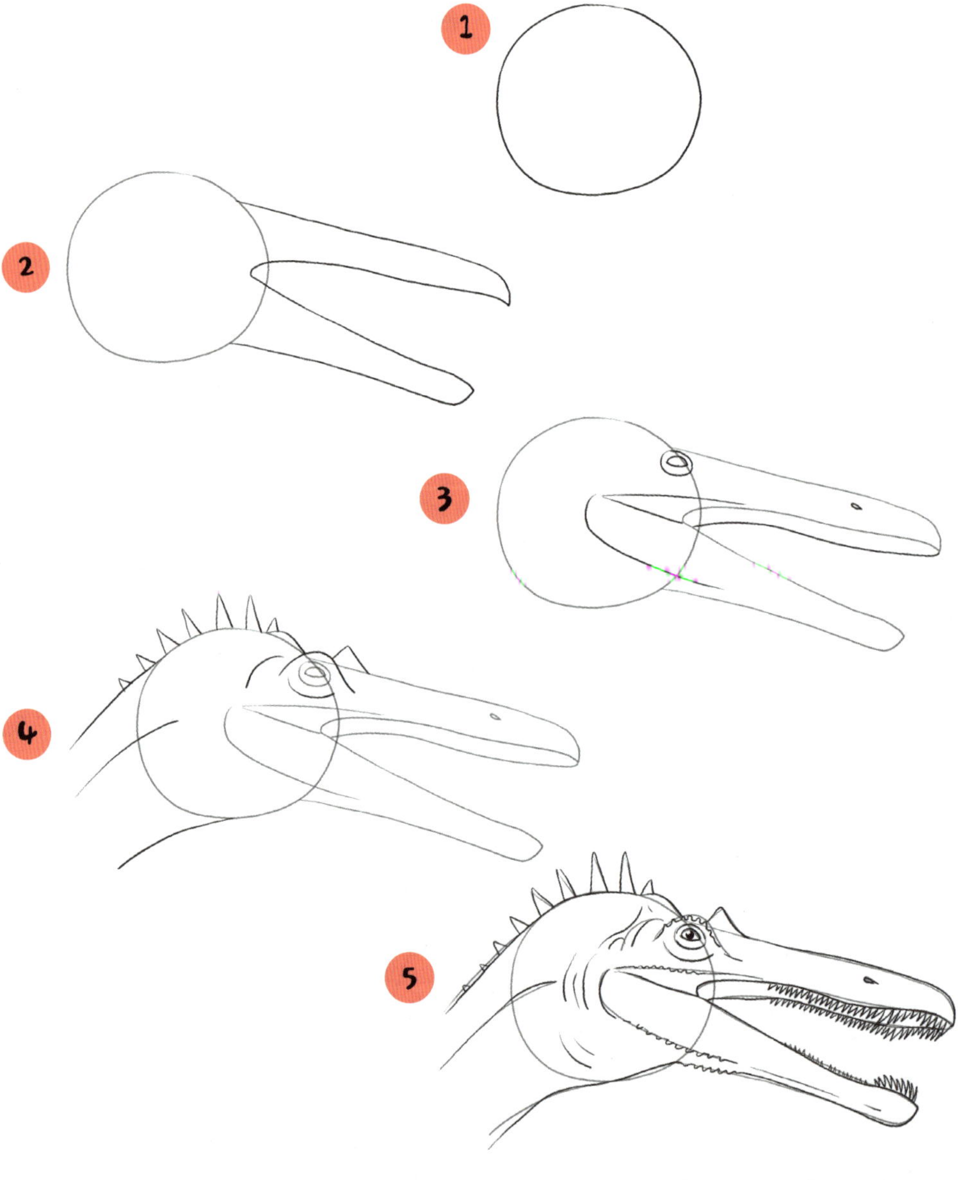

1
2
3
4
5

# 41 베이피아오사우루스

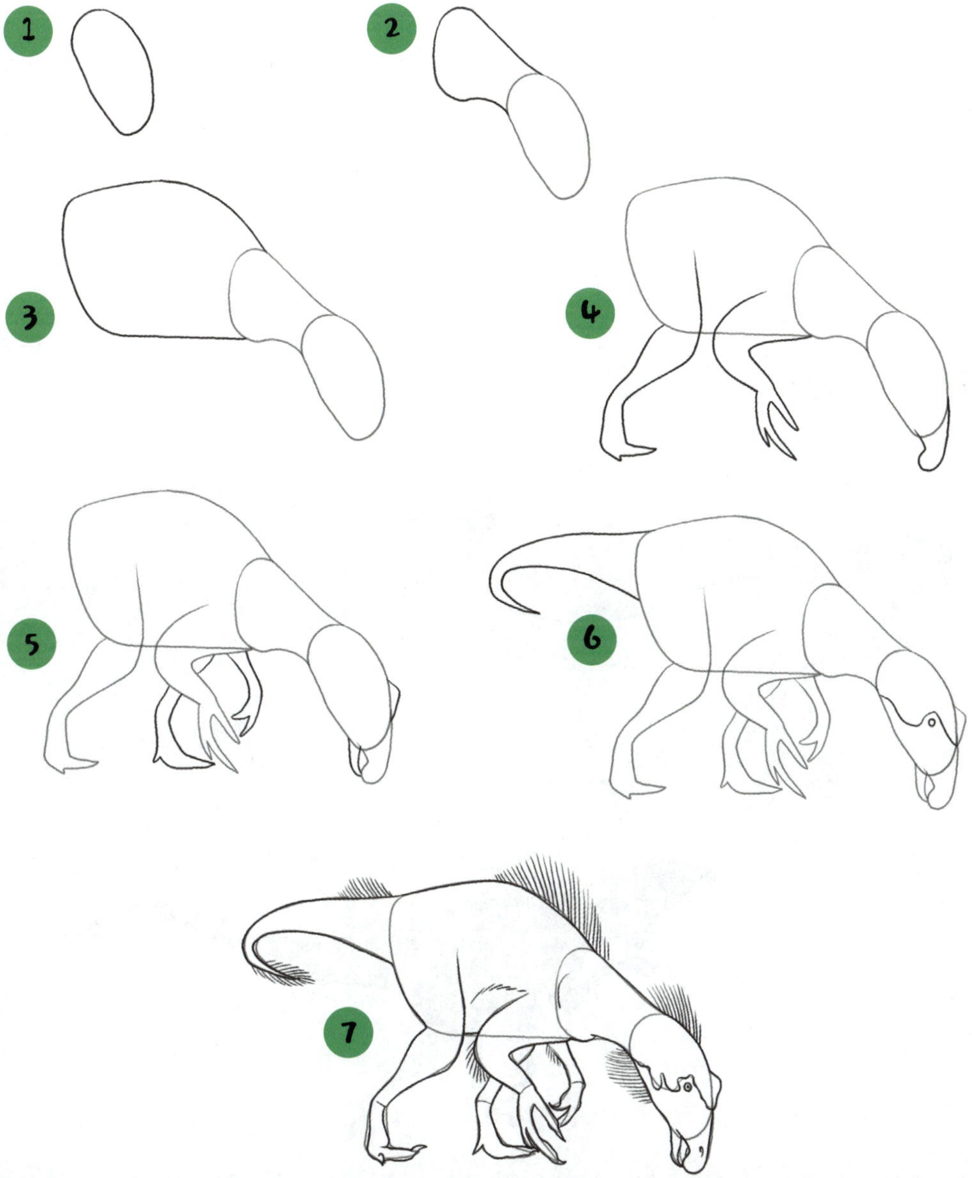

 베이피아오사우루스

43 비센테나리아

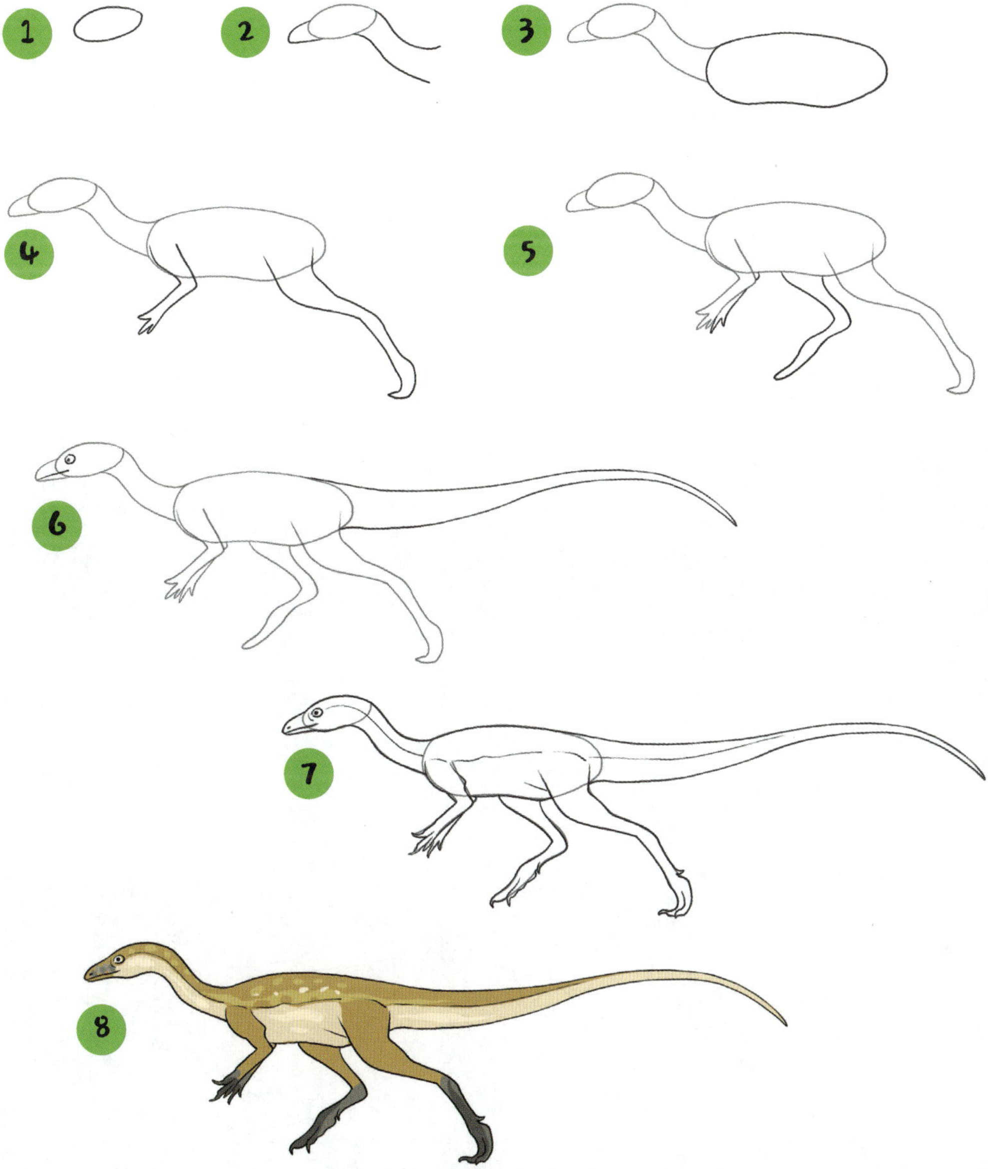

44 비센테나리아

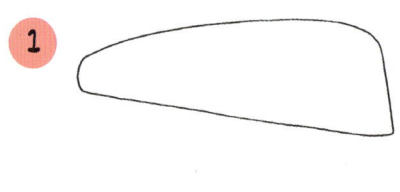
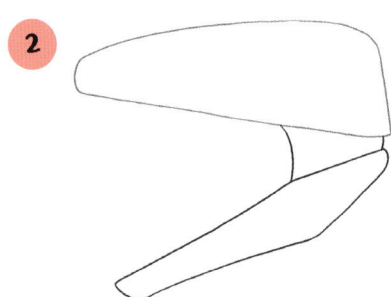
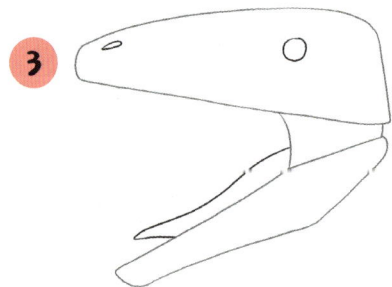
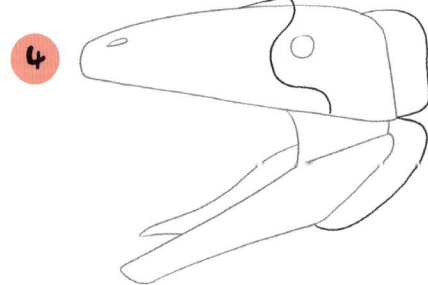
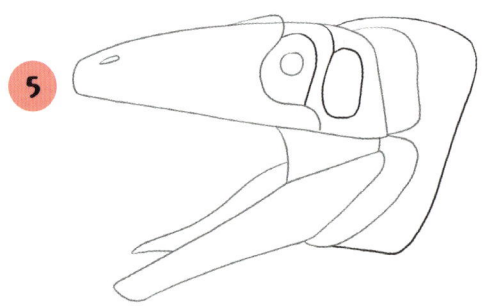
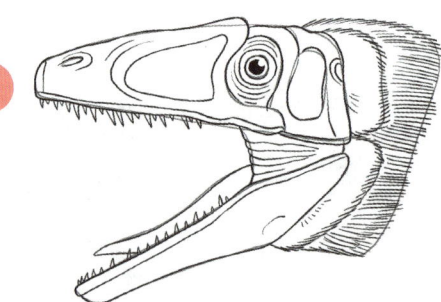

45 브라키트라켈로판

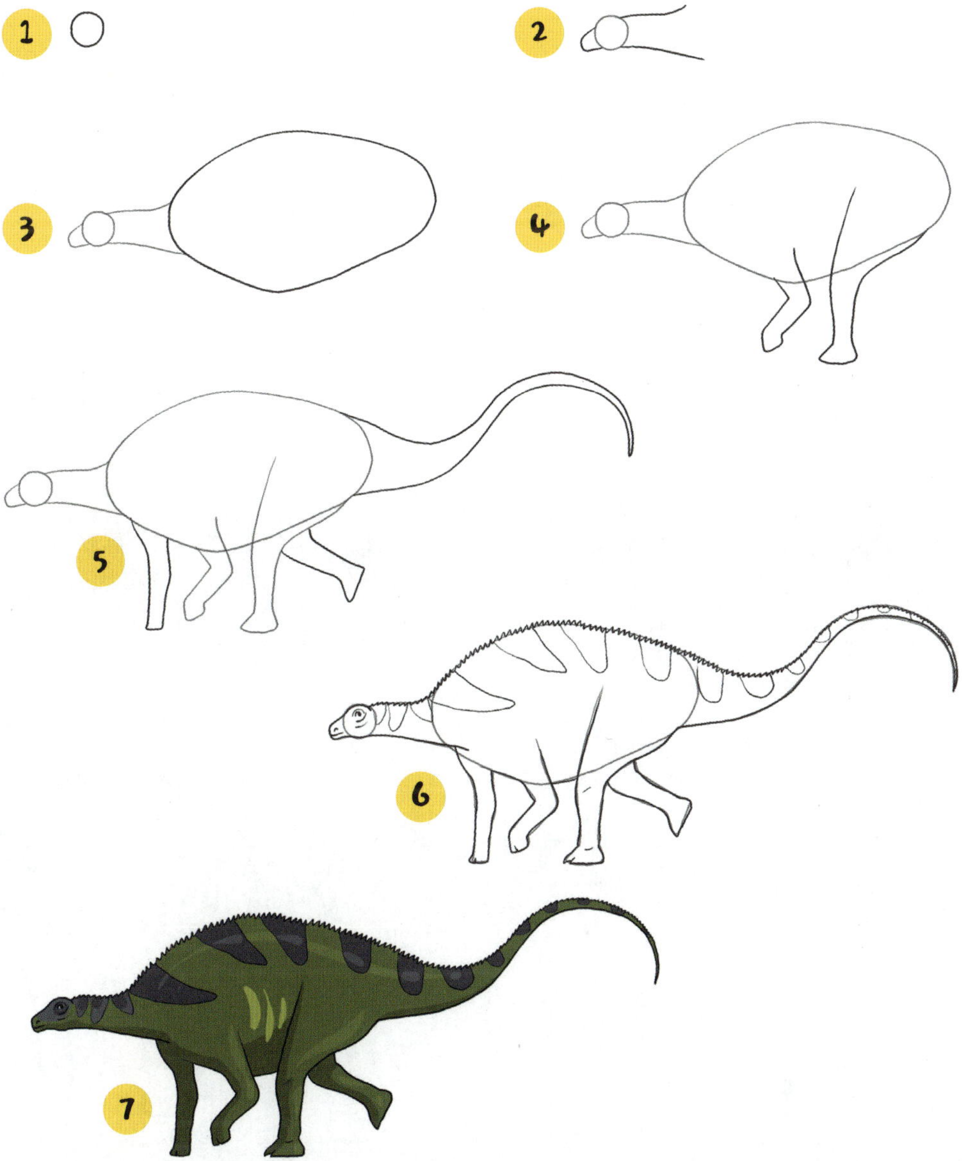

1
2
3
4
5
6
7

46 브라키트라켈로판

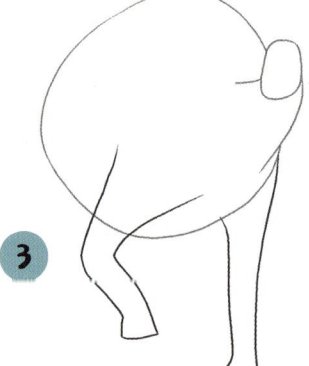
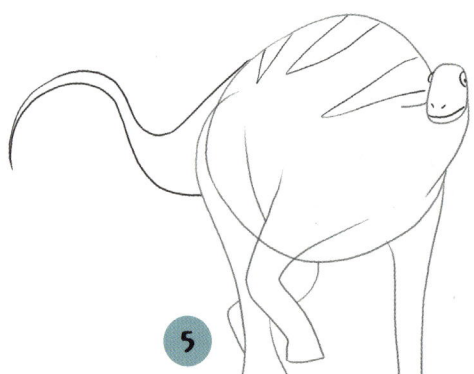
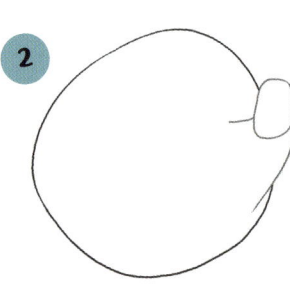
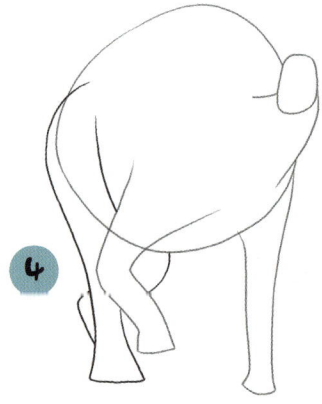

 # 47 브라키트라켈로판

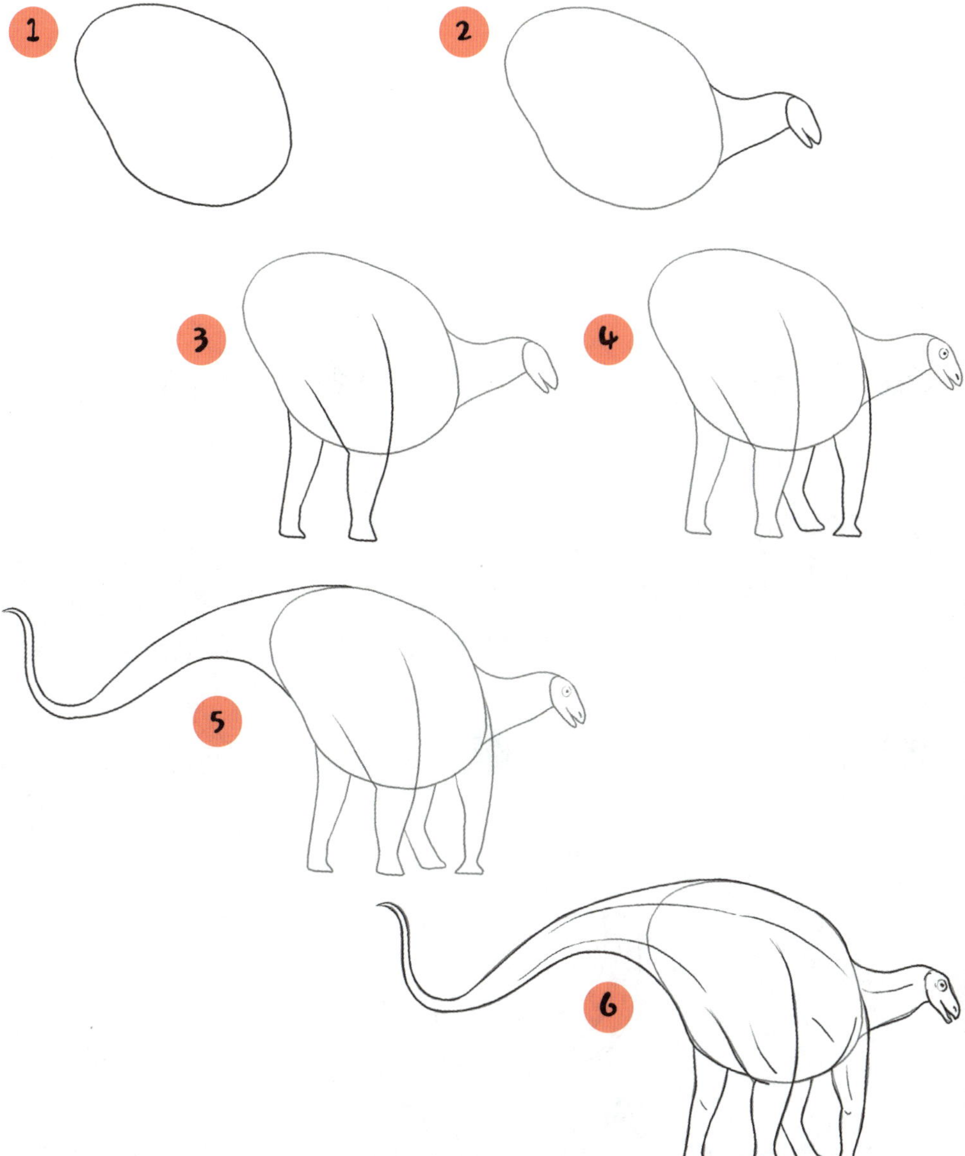

 # 브론토사우루스

# 브론토사우루스

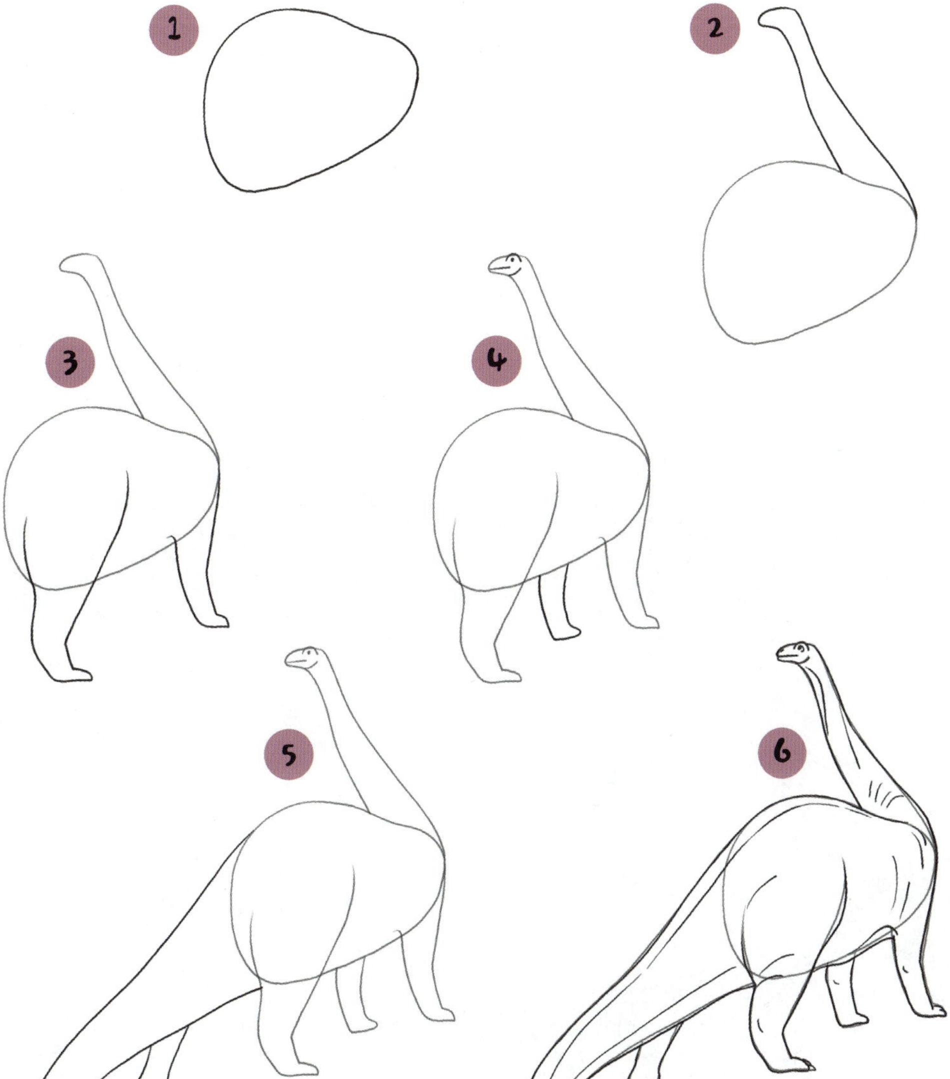

브론토사우루스

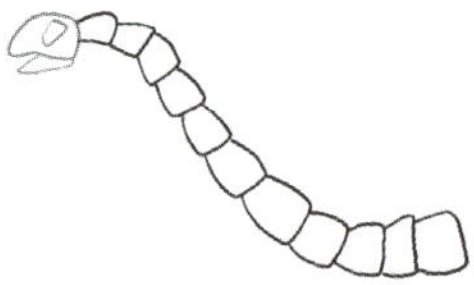

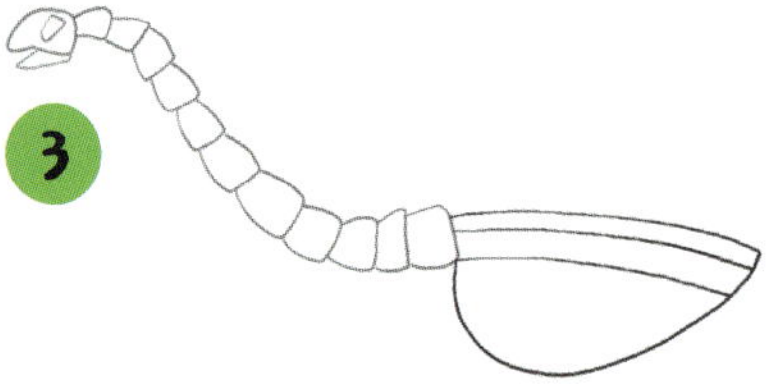

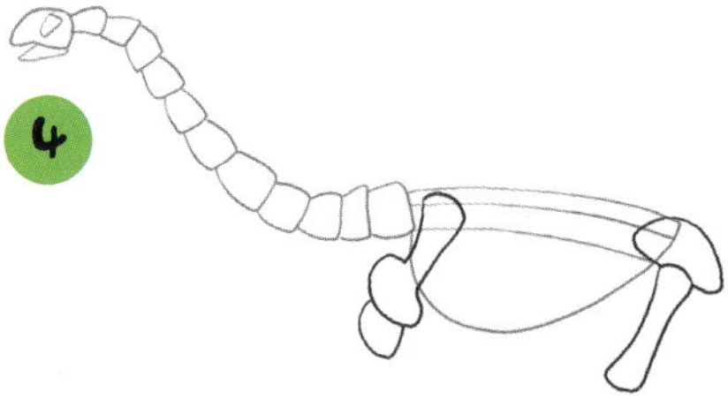

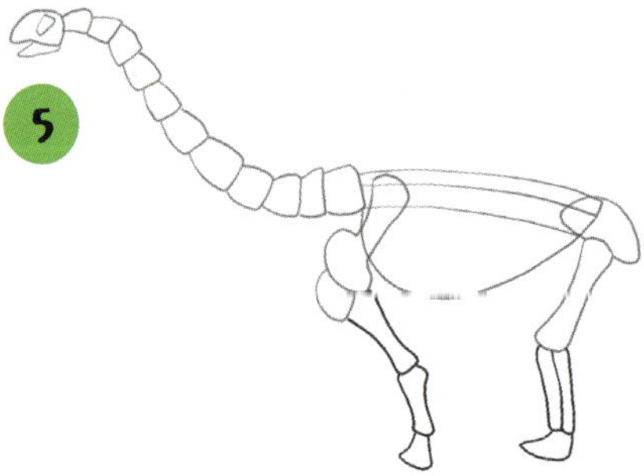

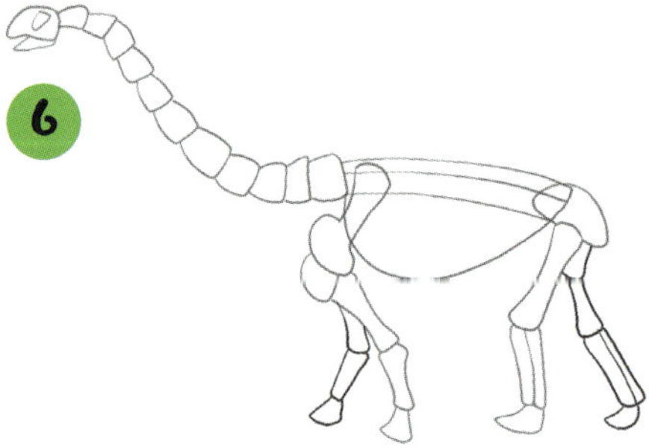

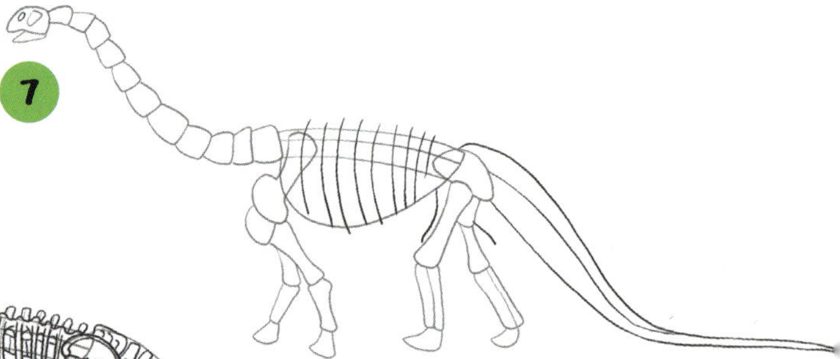

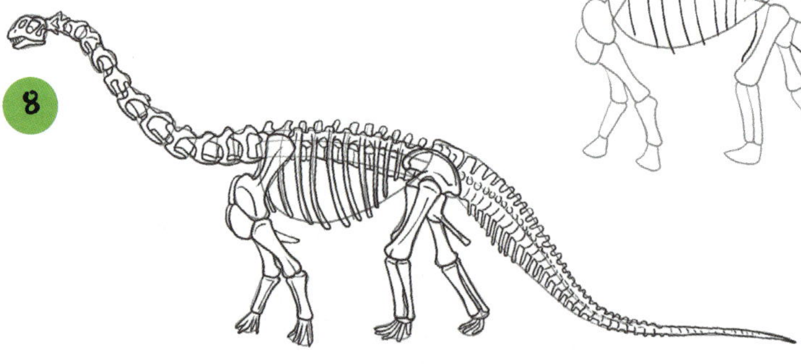

51 부이트레랍토르

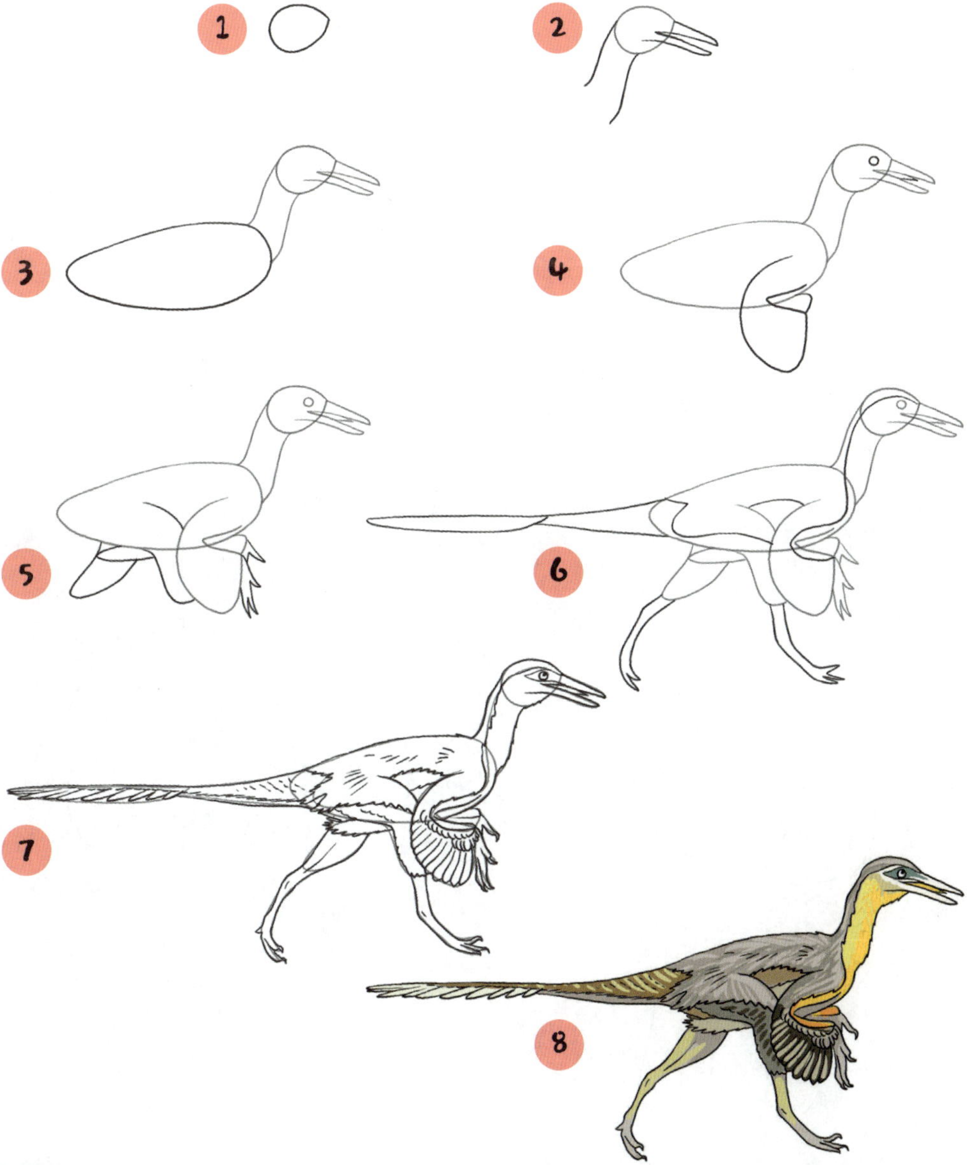

 # 52 부이트레랍토르

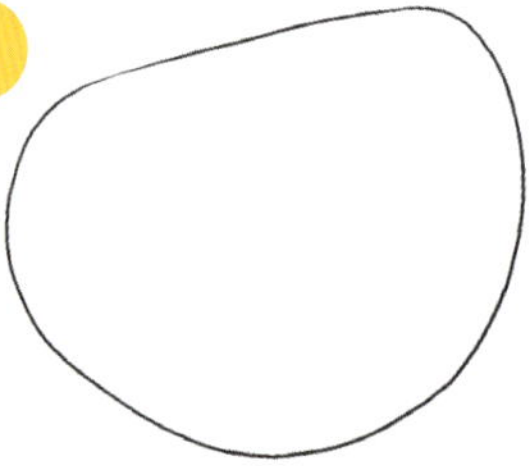

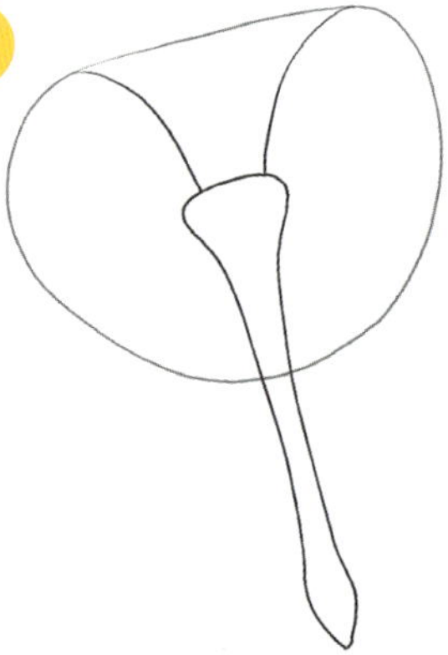

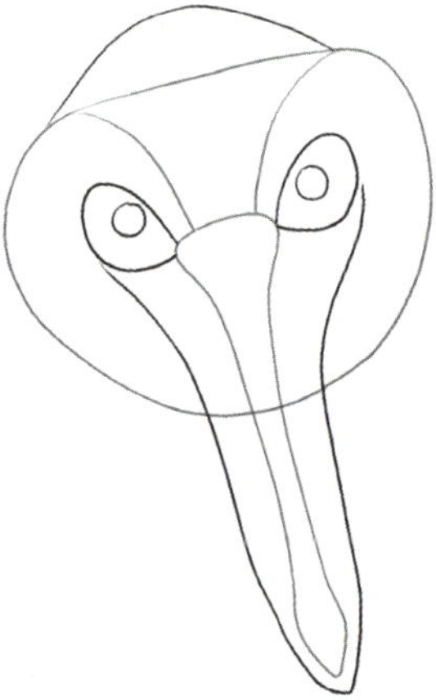

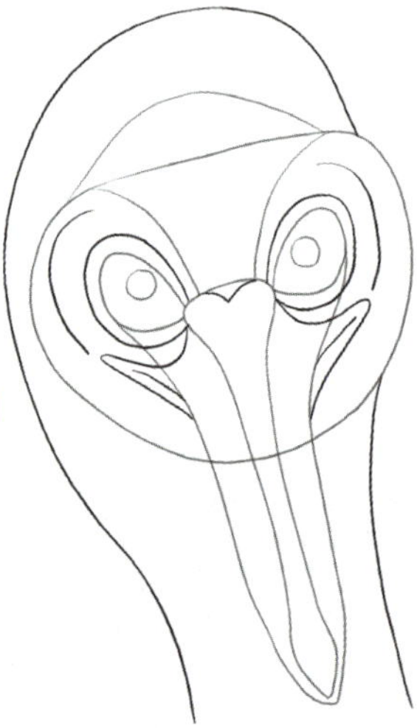

53 카르노타우루스

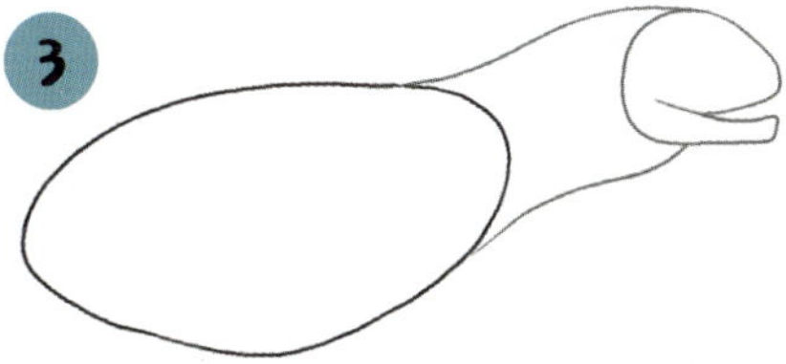

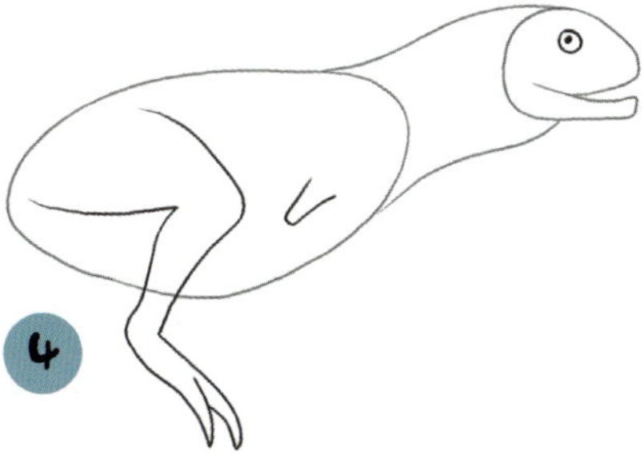

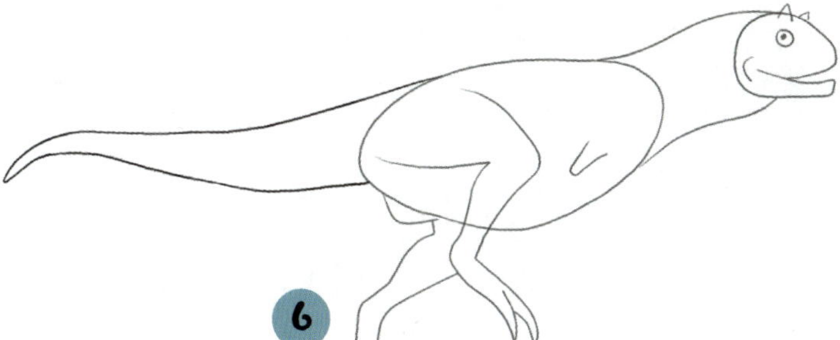

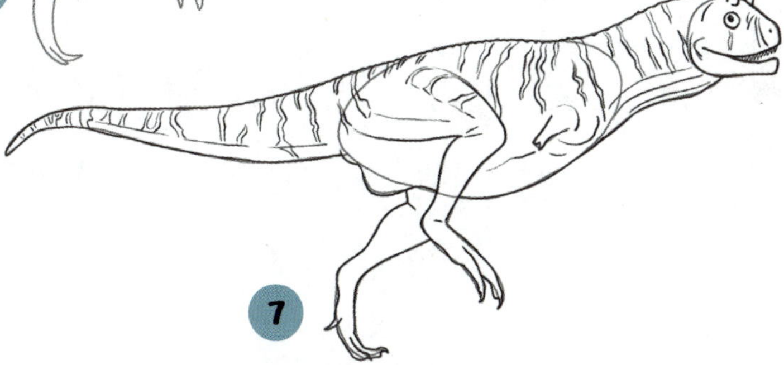

 54 카르노타우루스

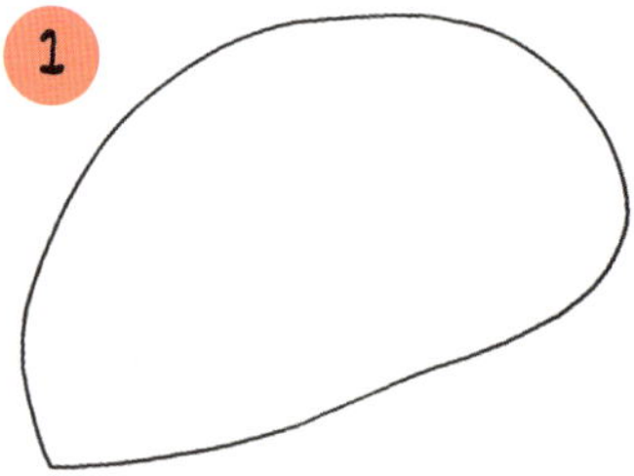

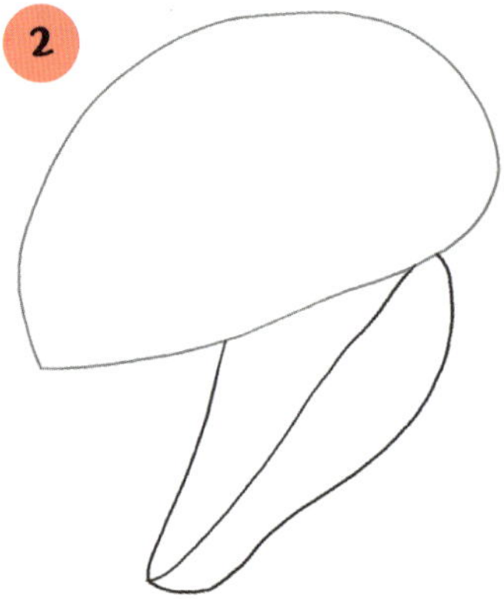

 55 카르노타우루스

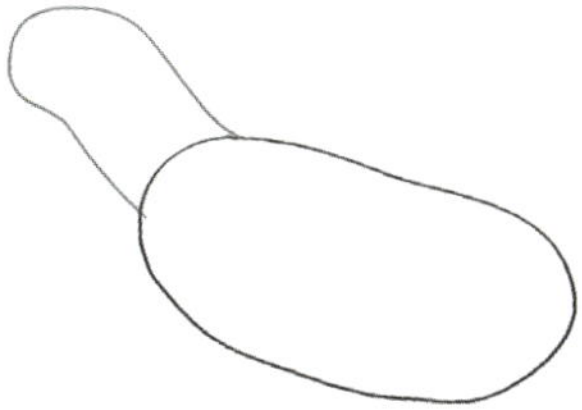

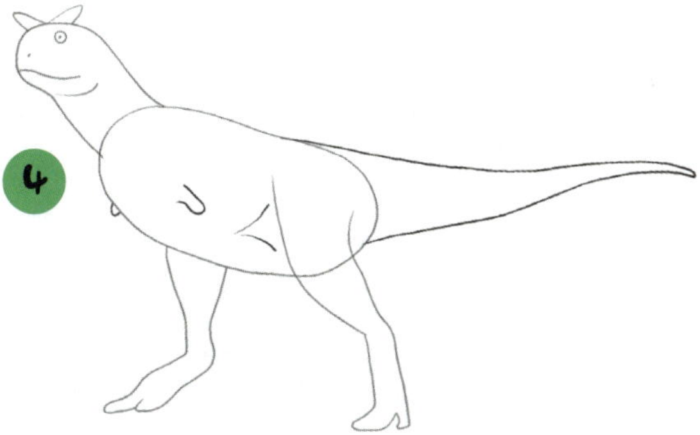

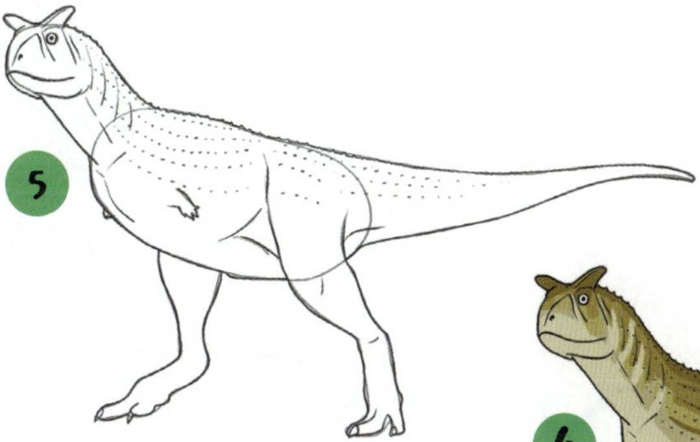

케라토사우루스

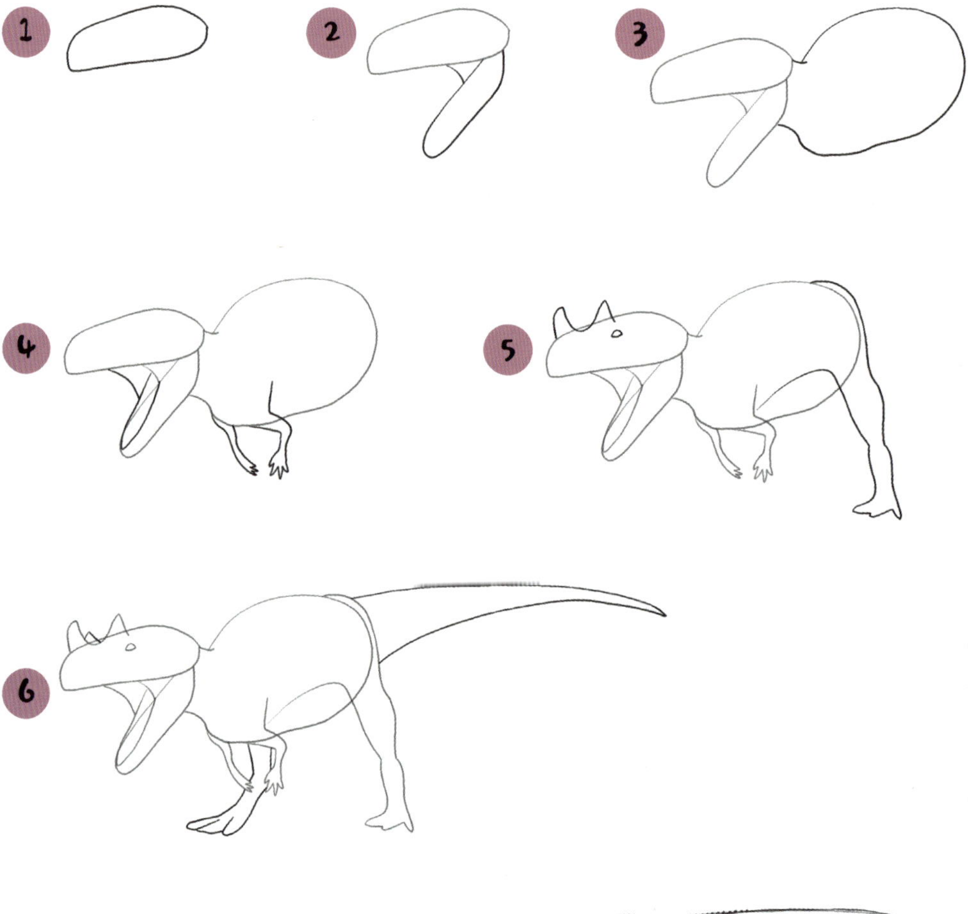

케라토사우루스

58 케라토사우루스

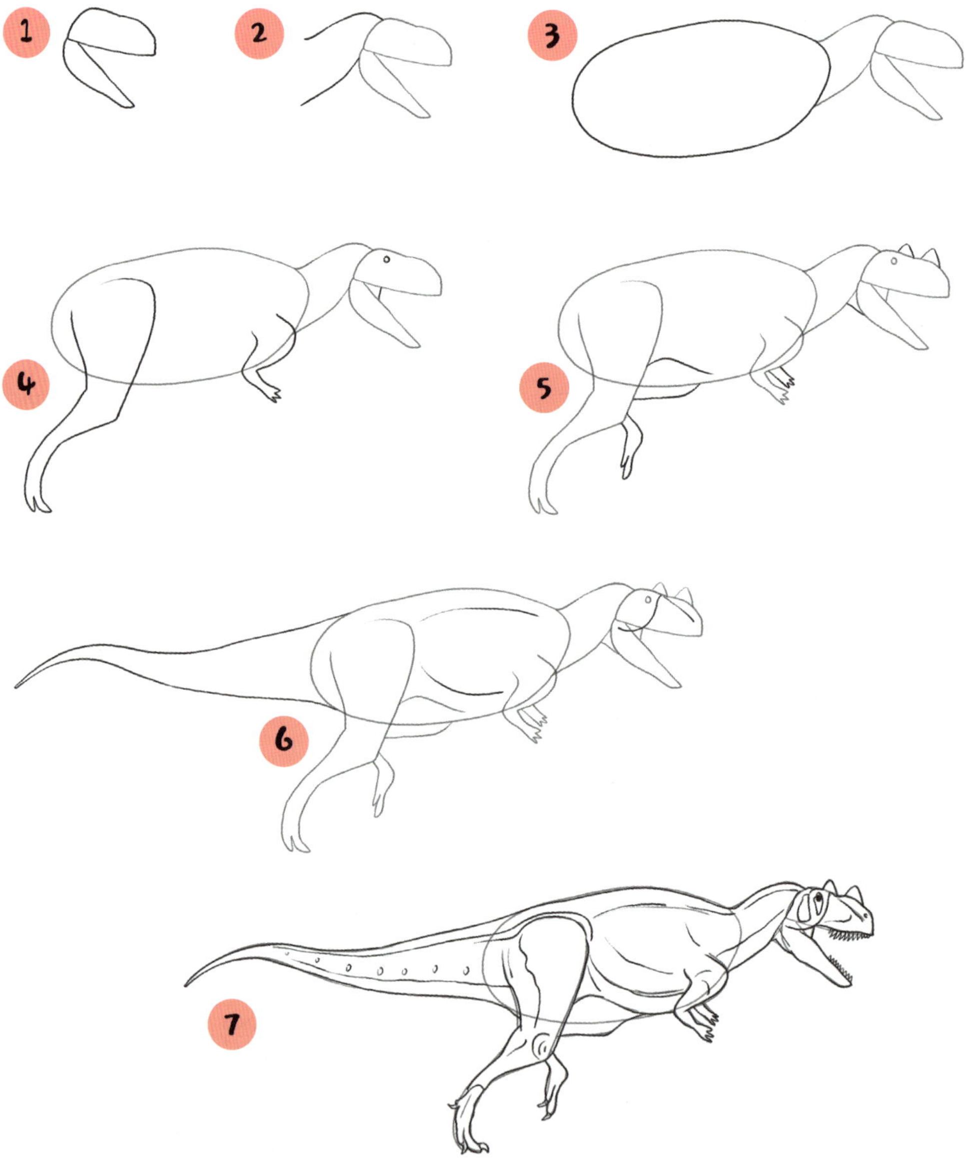

 케라토사우루스

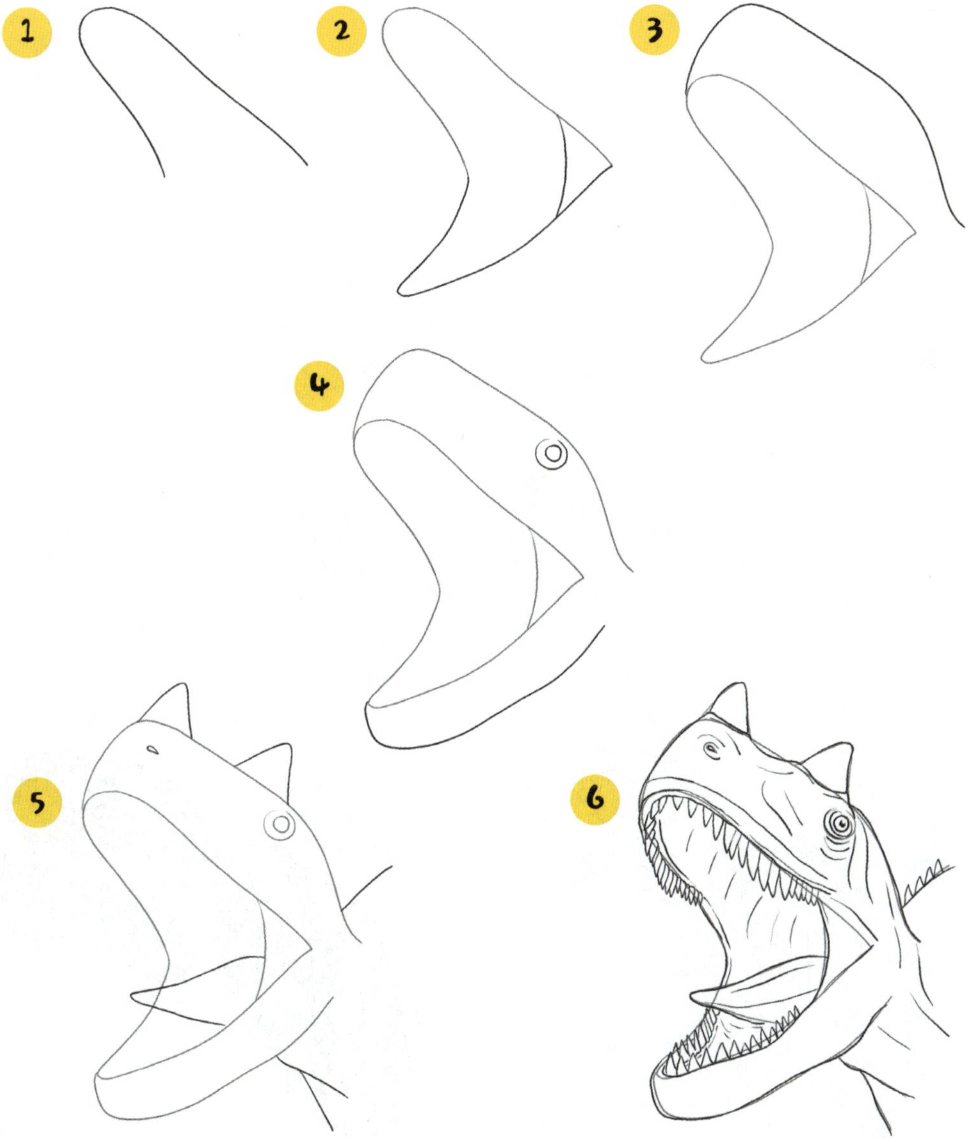

키티파티

61 키티파티

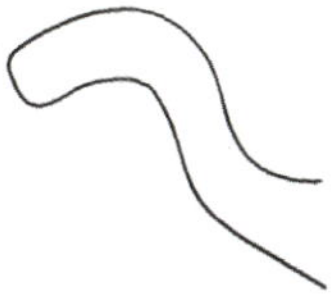

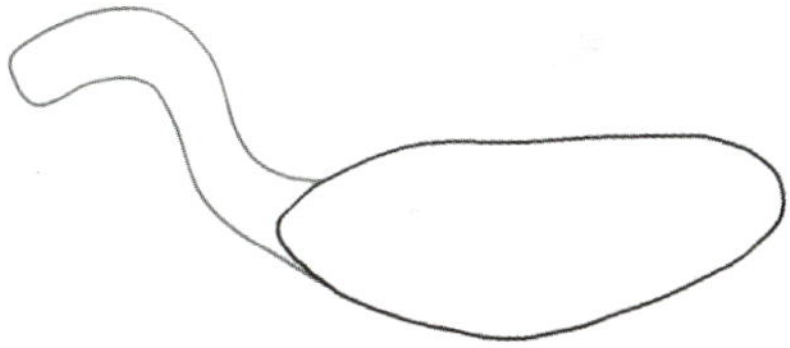

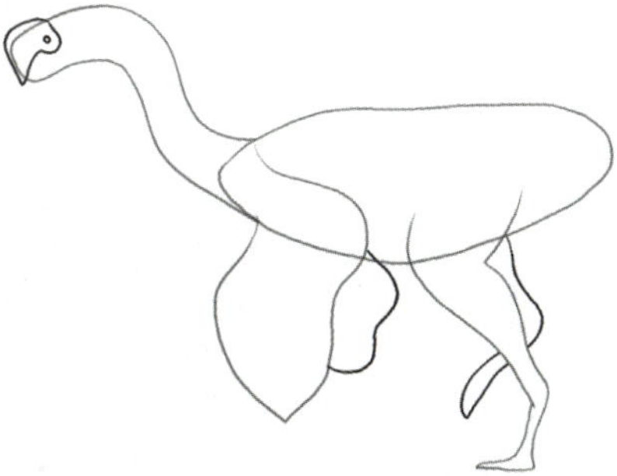

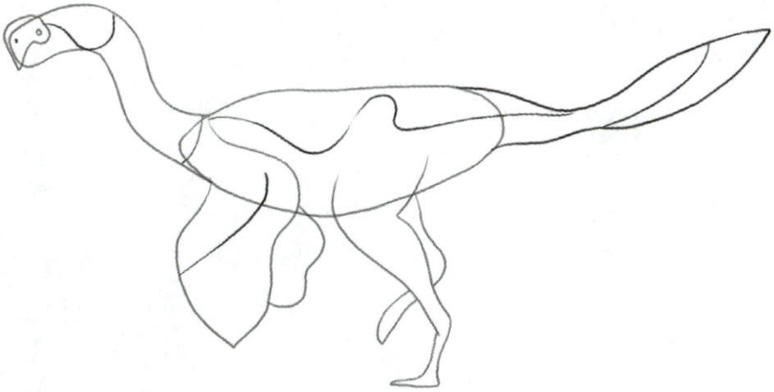

62 키티파티

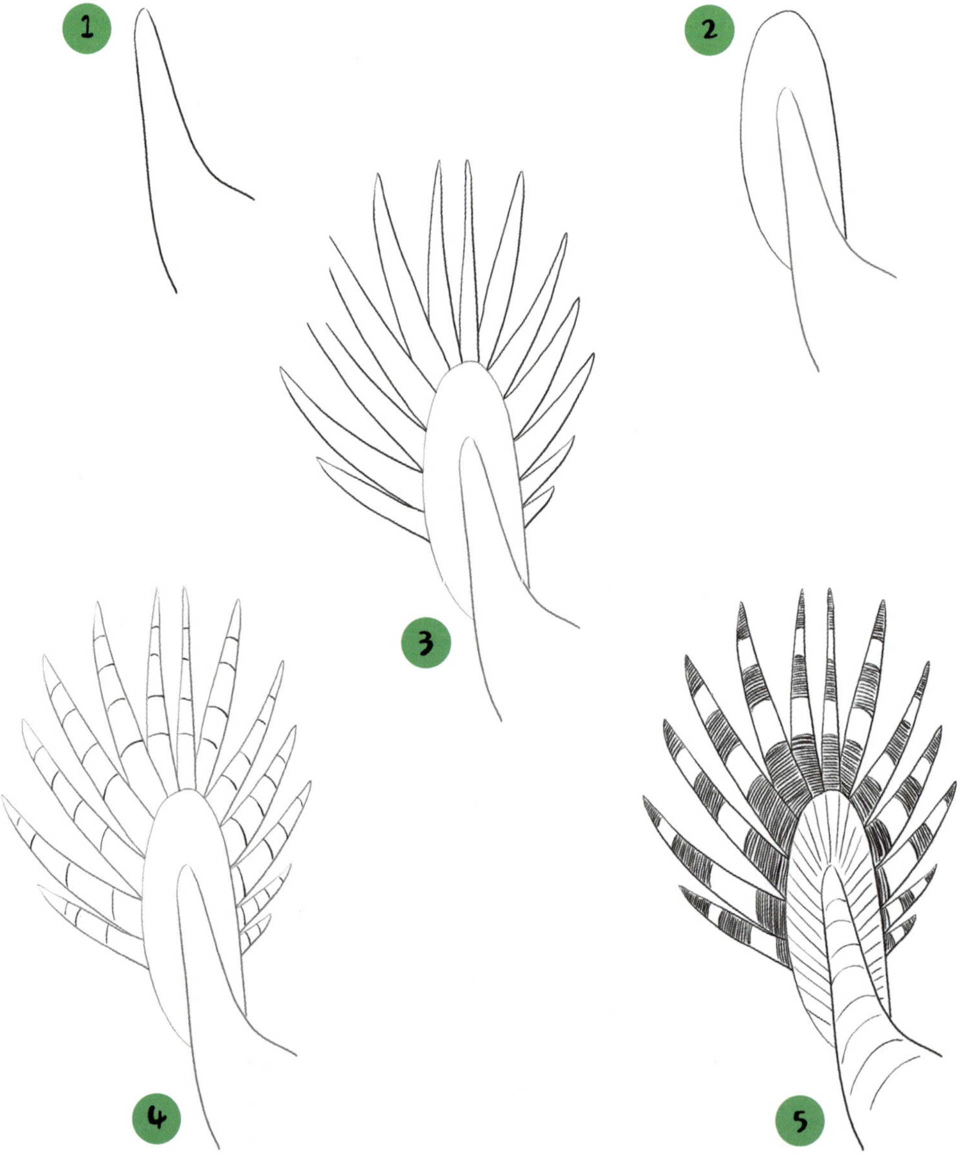

63 콤프소그나투스

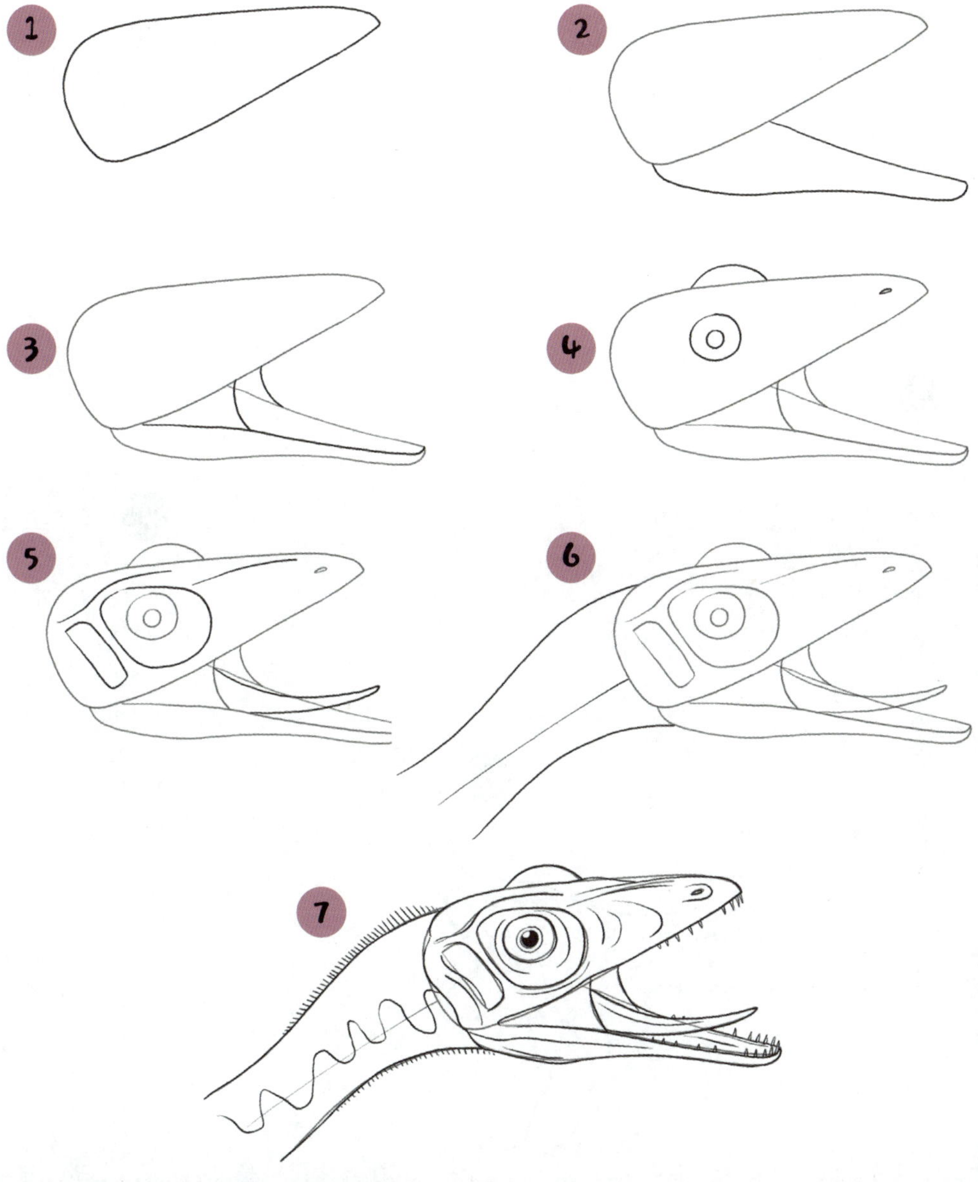

# 콤프소그나투스

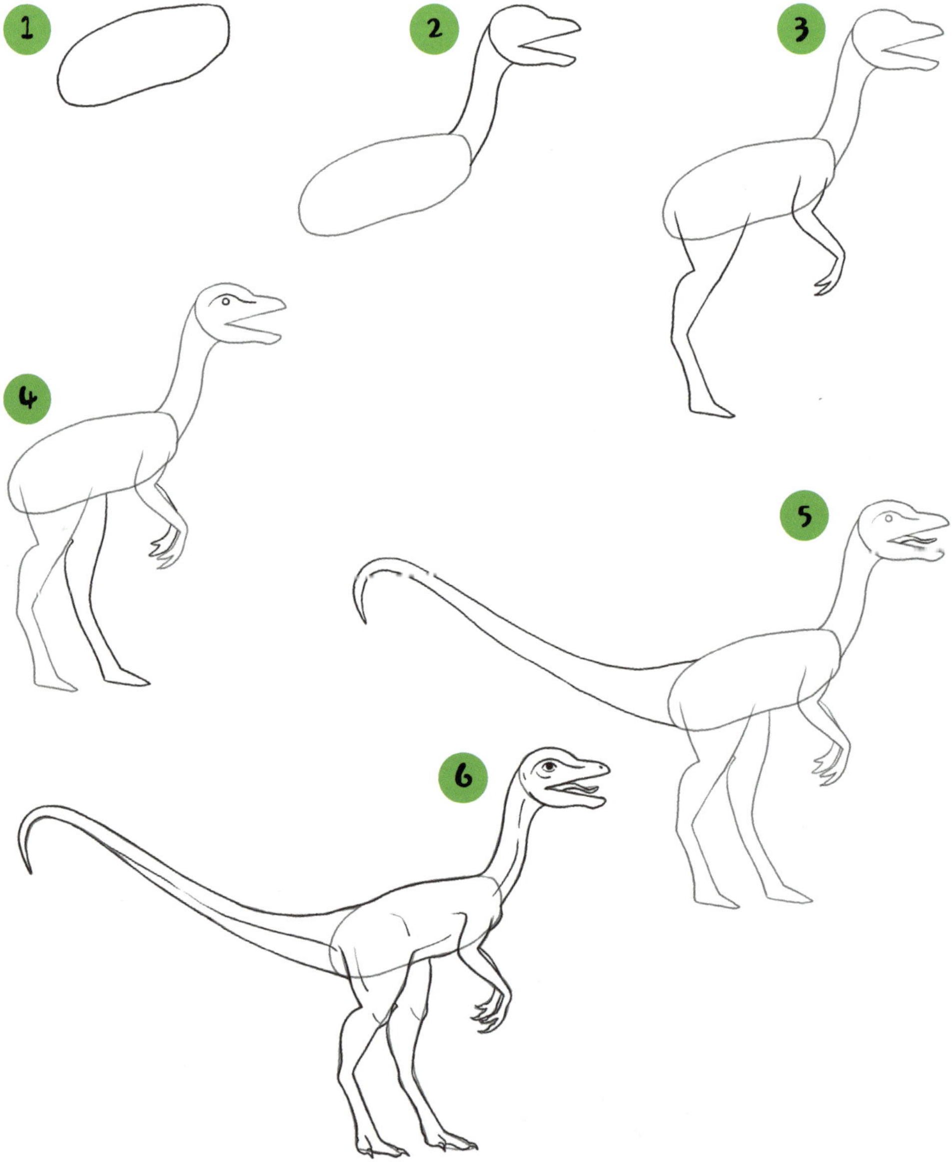

65 콤프소그나투스

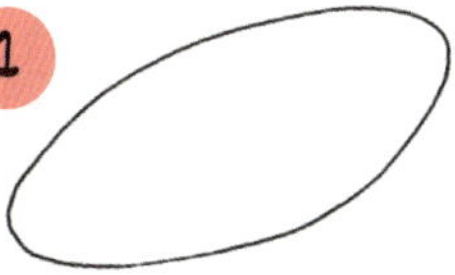

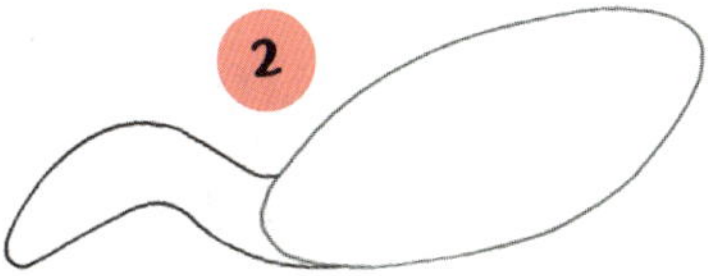

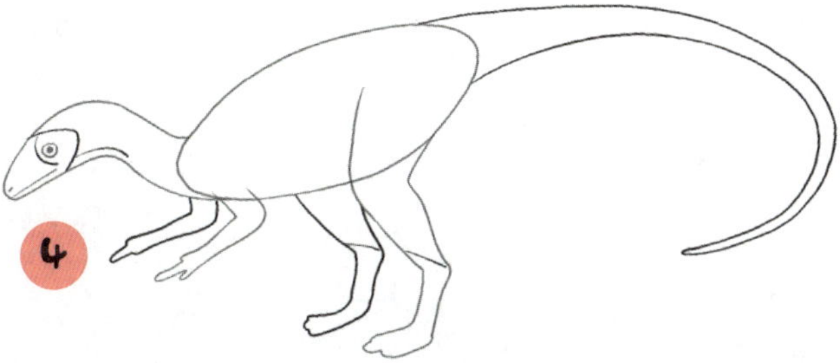

코리토사우루스

1 
2 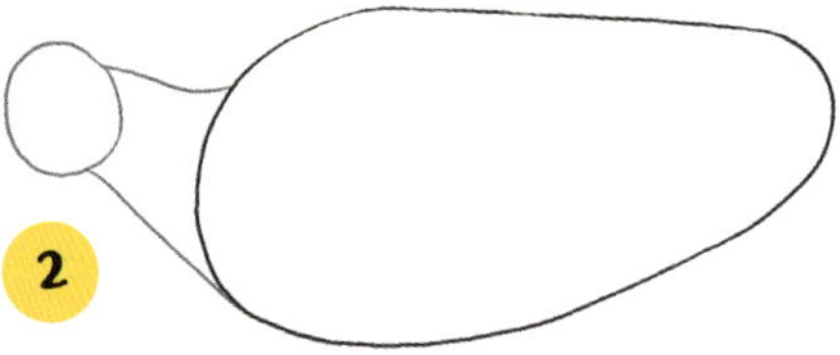
3 
4 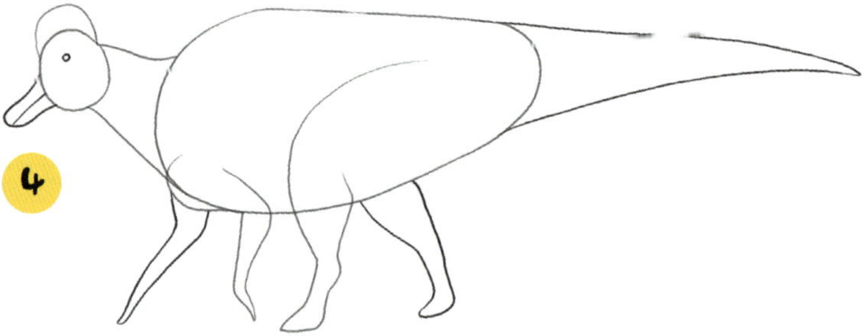
5

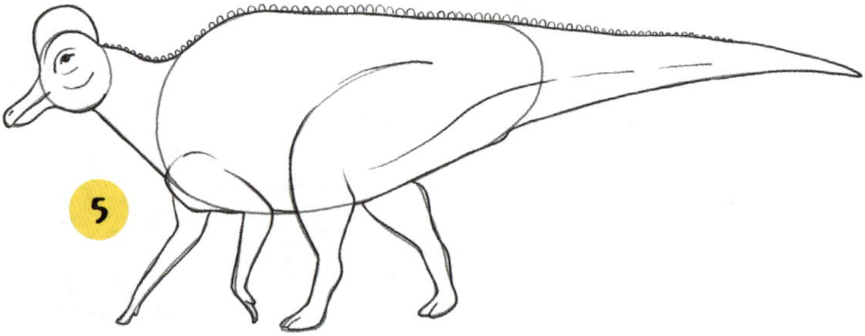

# 코리토사우루스

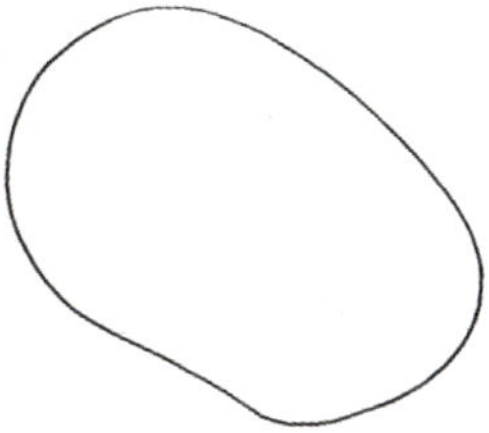

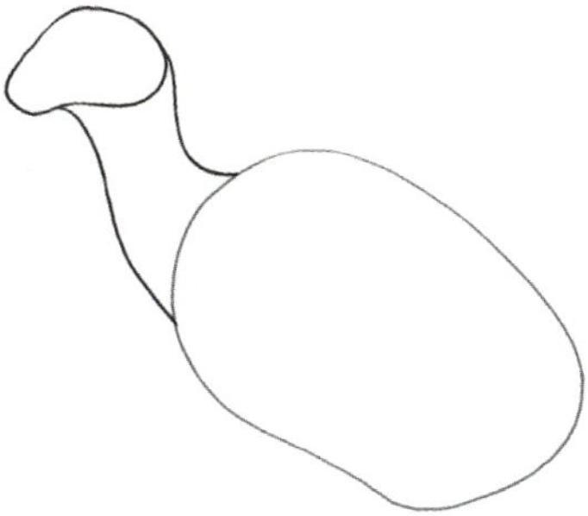

 **코리토사우루스**

1 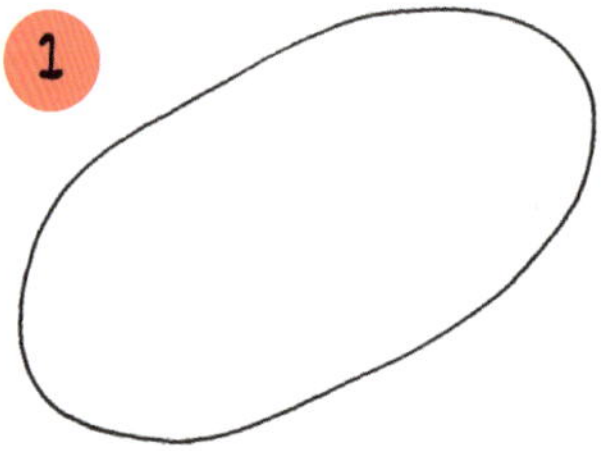
2 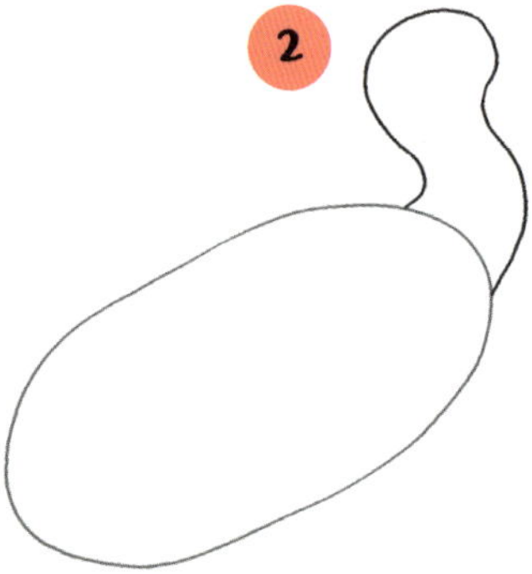
3 
4 
5

# 코리토사우루스

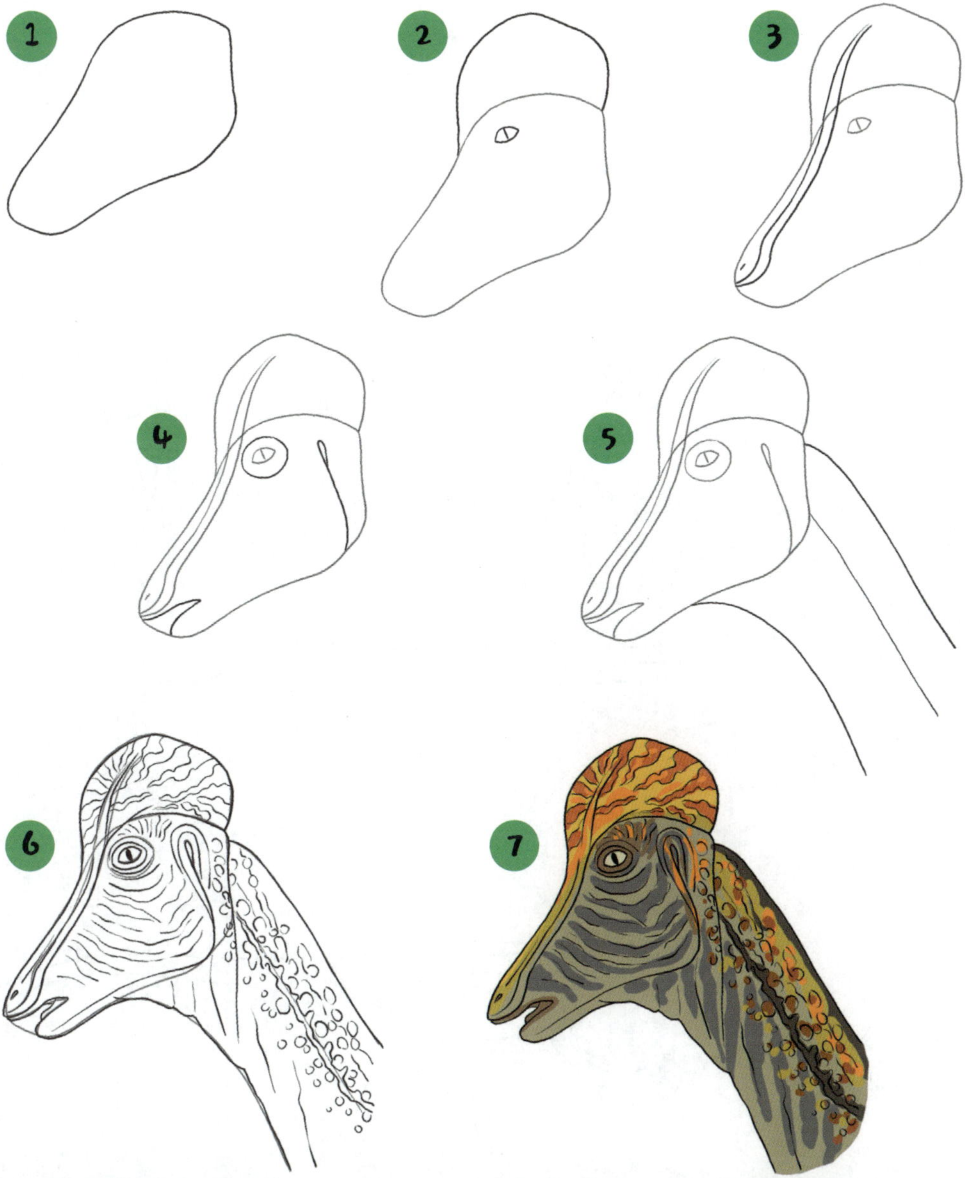

데모노사우루스

1
2
3
4
5
6

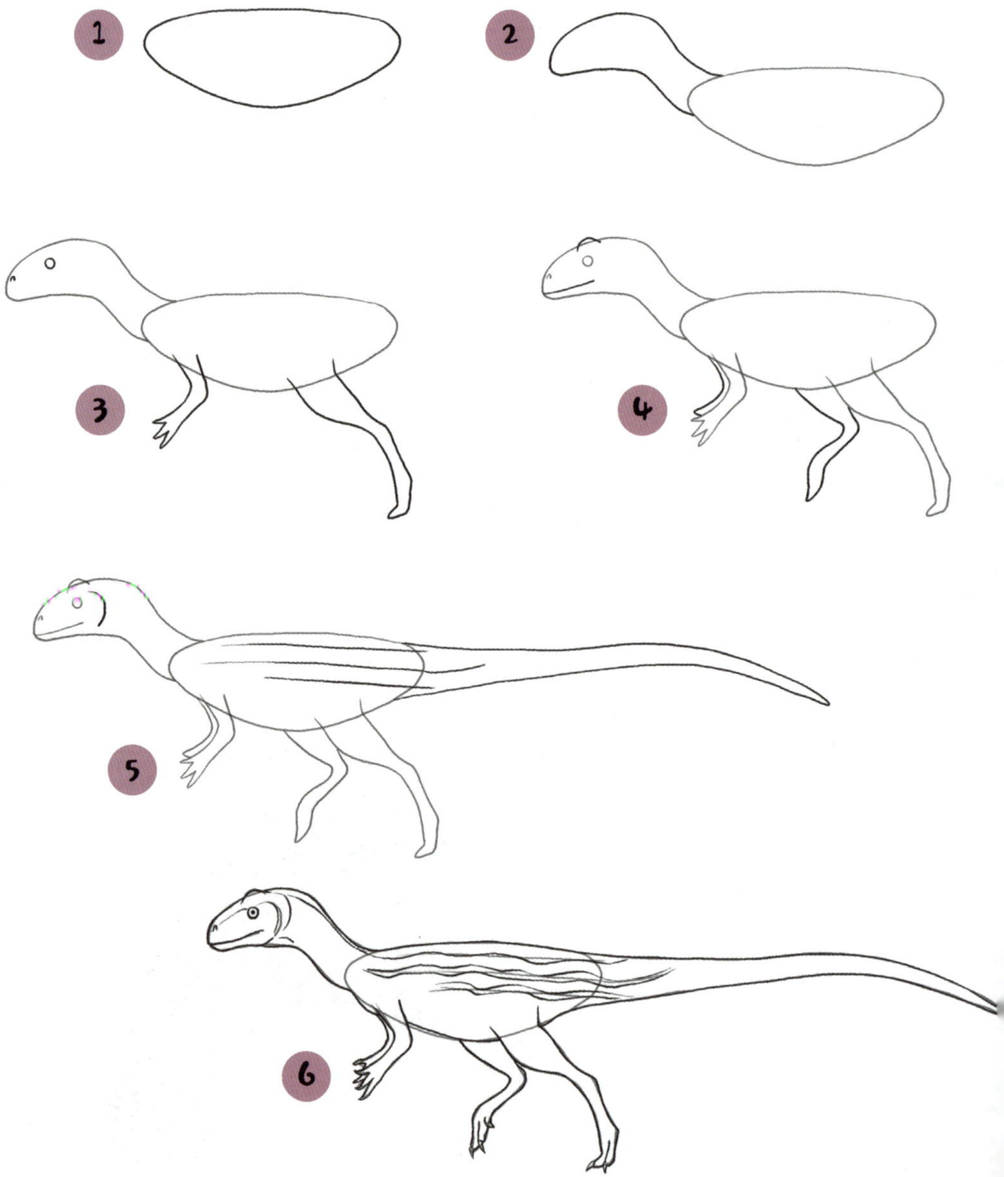

데모노사우루스

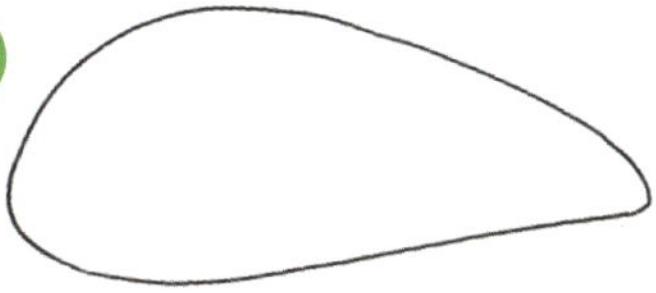

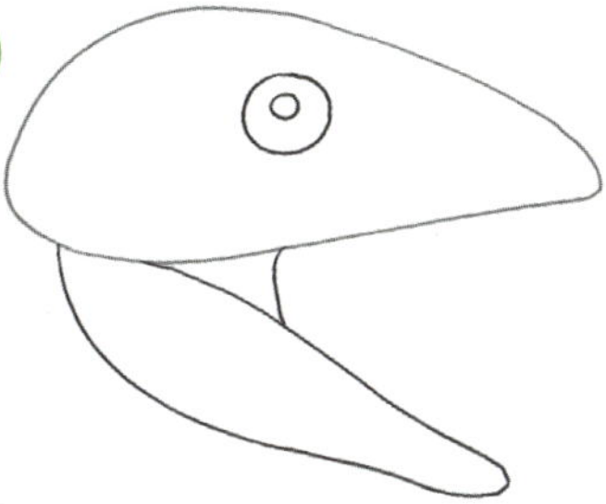

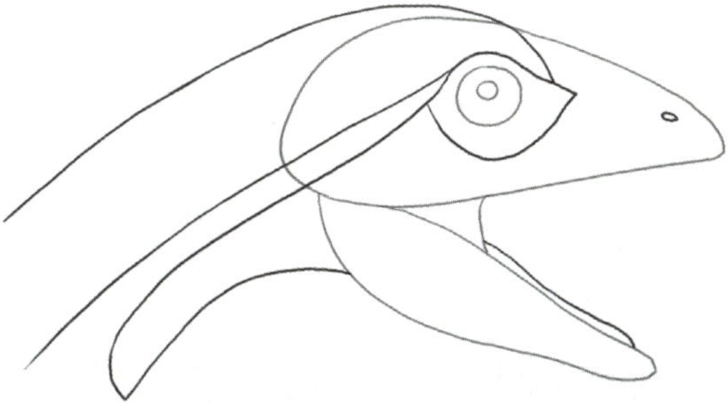

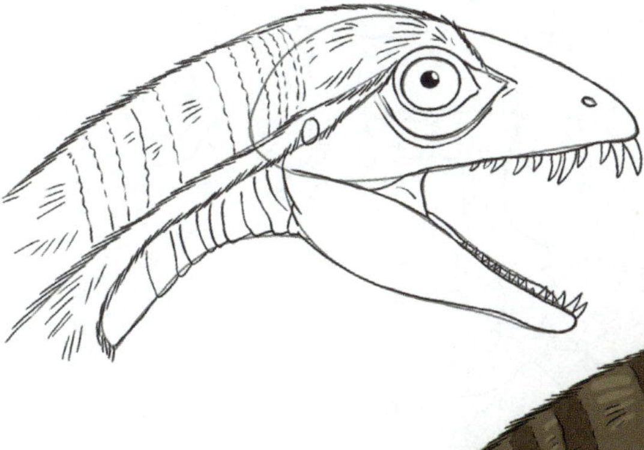

72 데이노케이루스

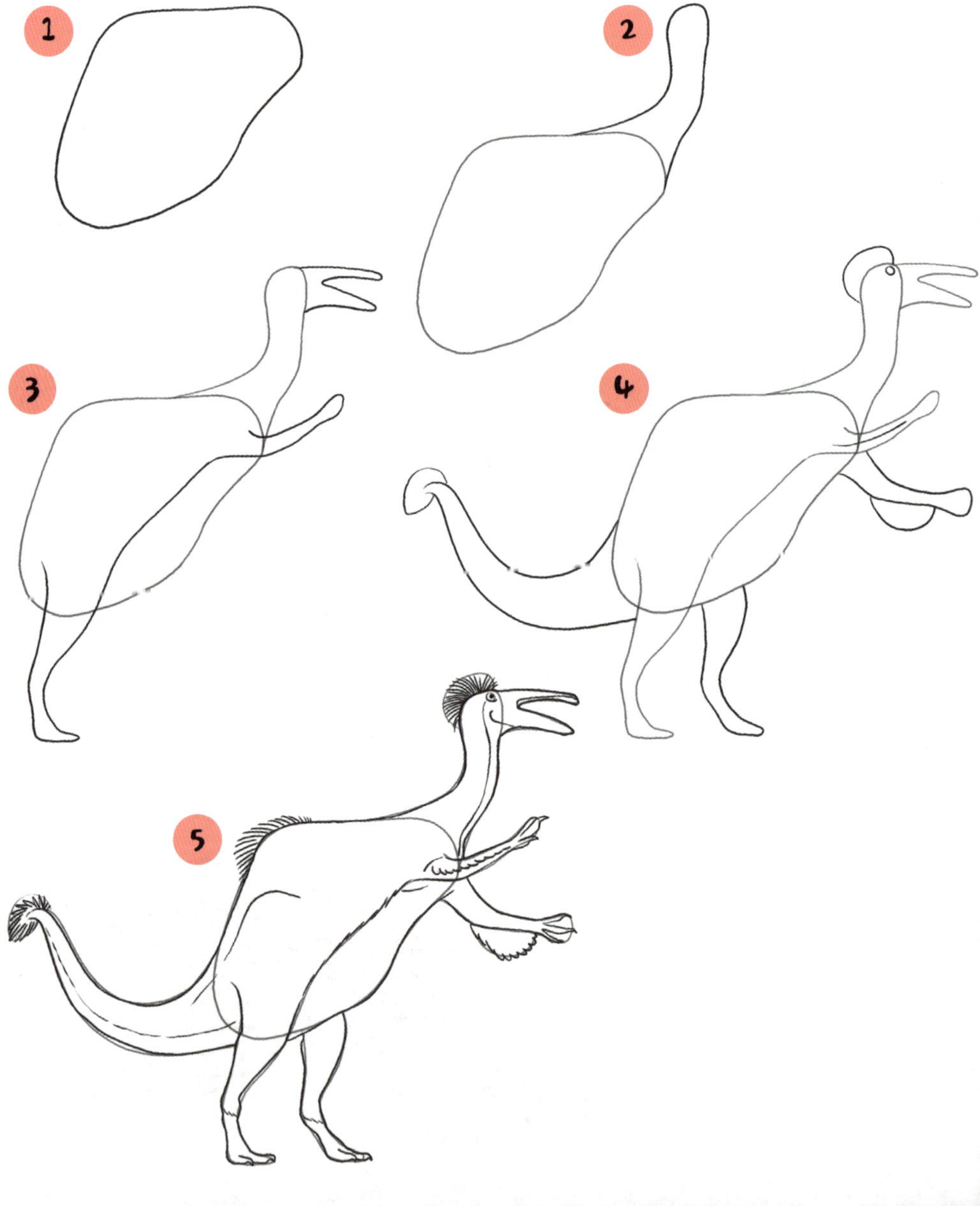

 데이노케이루스

1. 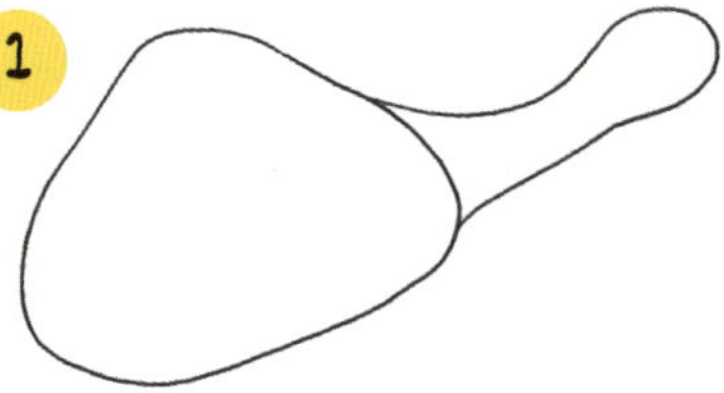
2. 
3. 
4. 
5.

74 데이노케이루스

75 데이노니쿠스

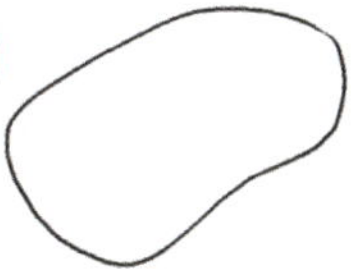

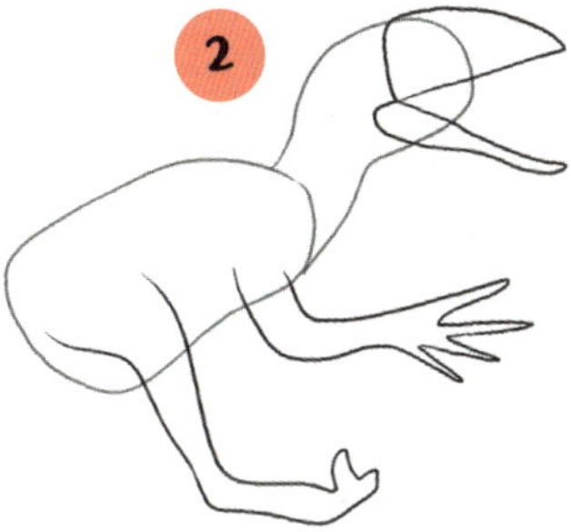

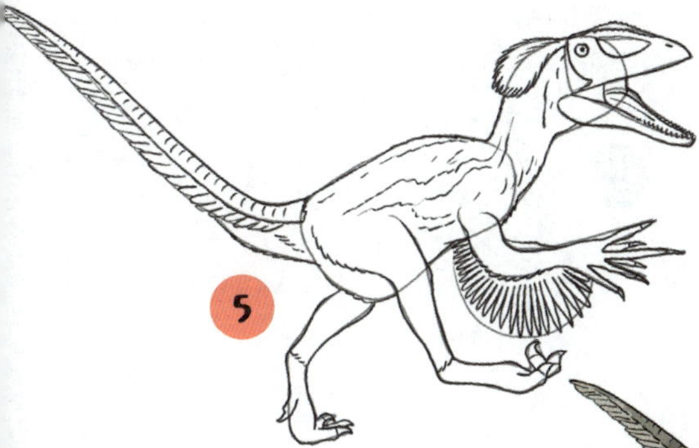

76 데이노니쿠스

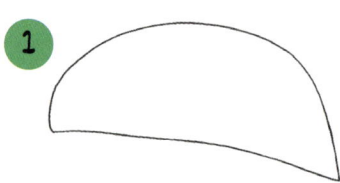
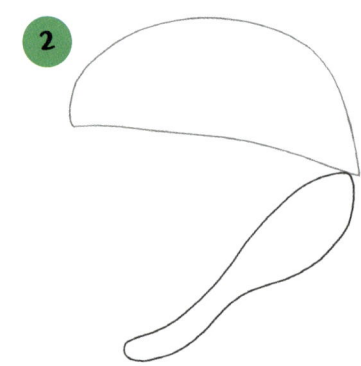
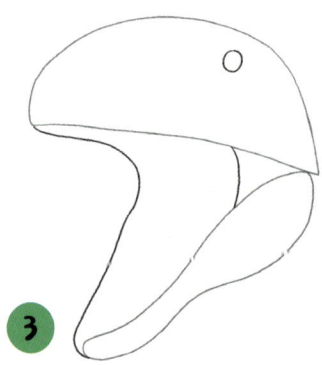
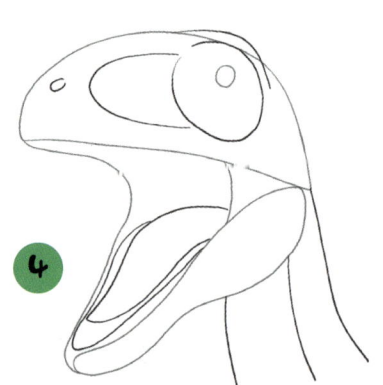

 # 델타드로메우스

 78 델타드로메우스

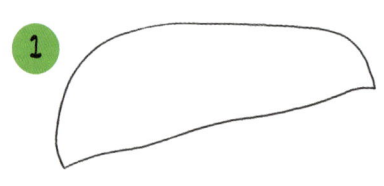
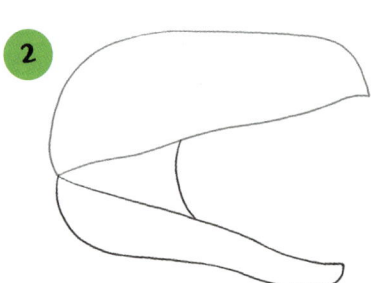
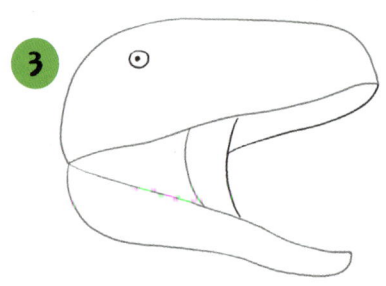
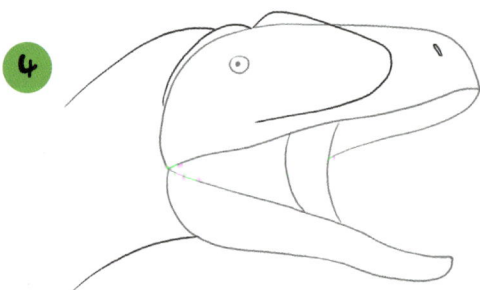

79 델타드로메우스

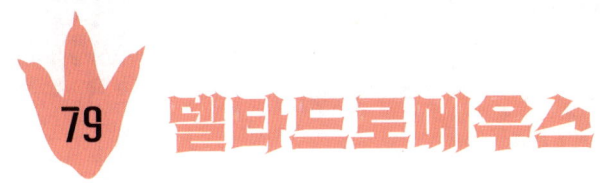

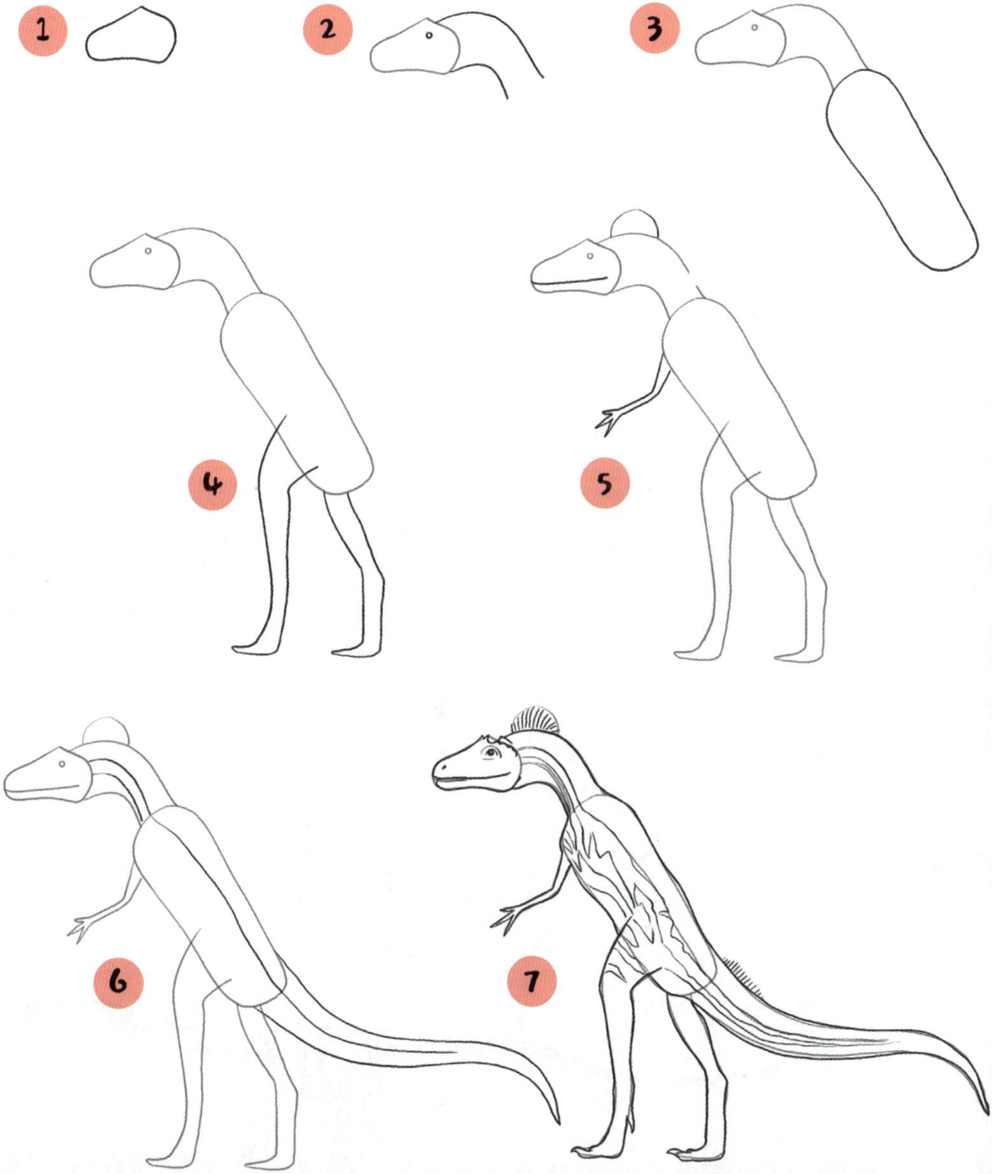

디플로도쿠스

 # 디플로도쿠스

1 2 3 4 5 6

82 디플로도쿠스

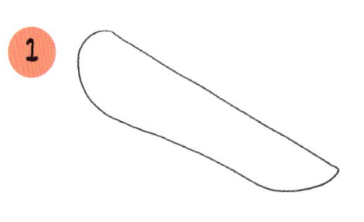
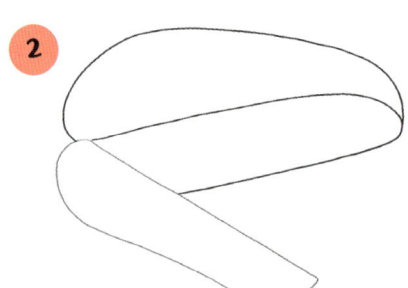
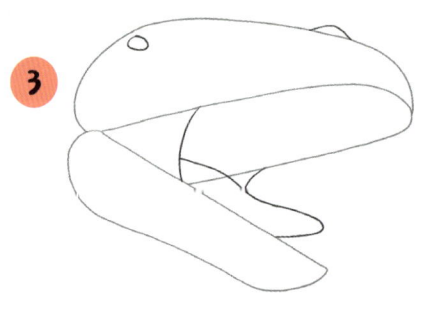
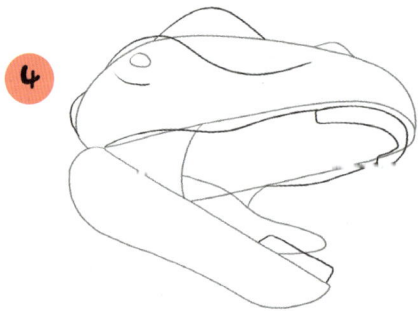
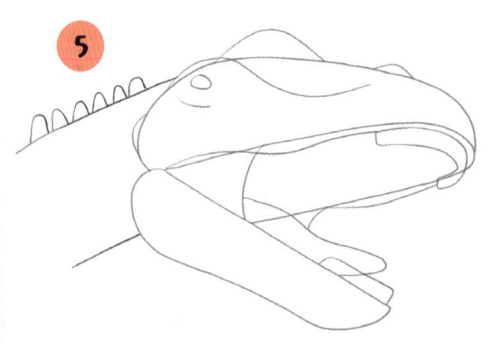

83 돌로돈

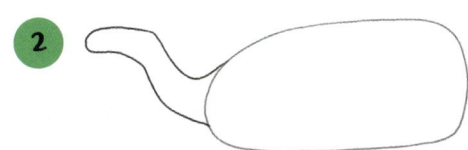
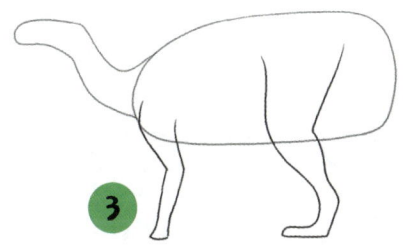
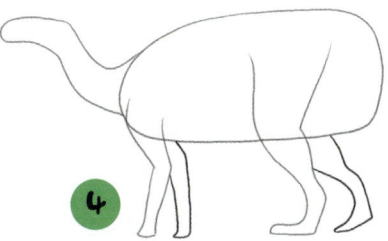
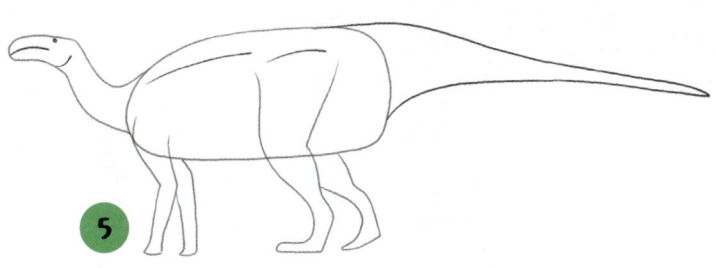
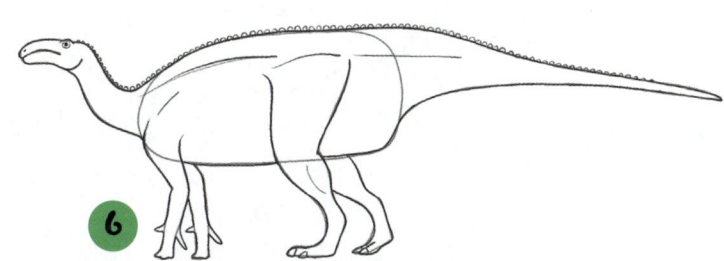

# 돌로돈

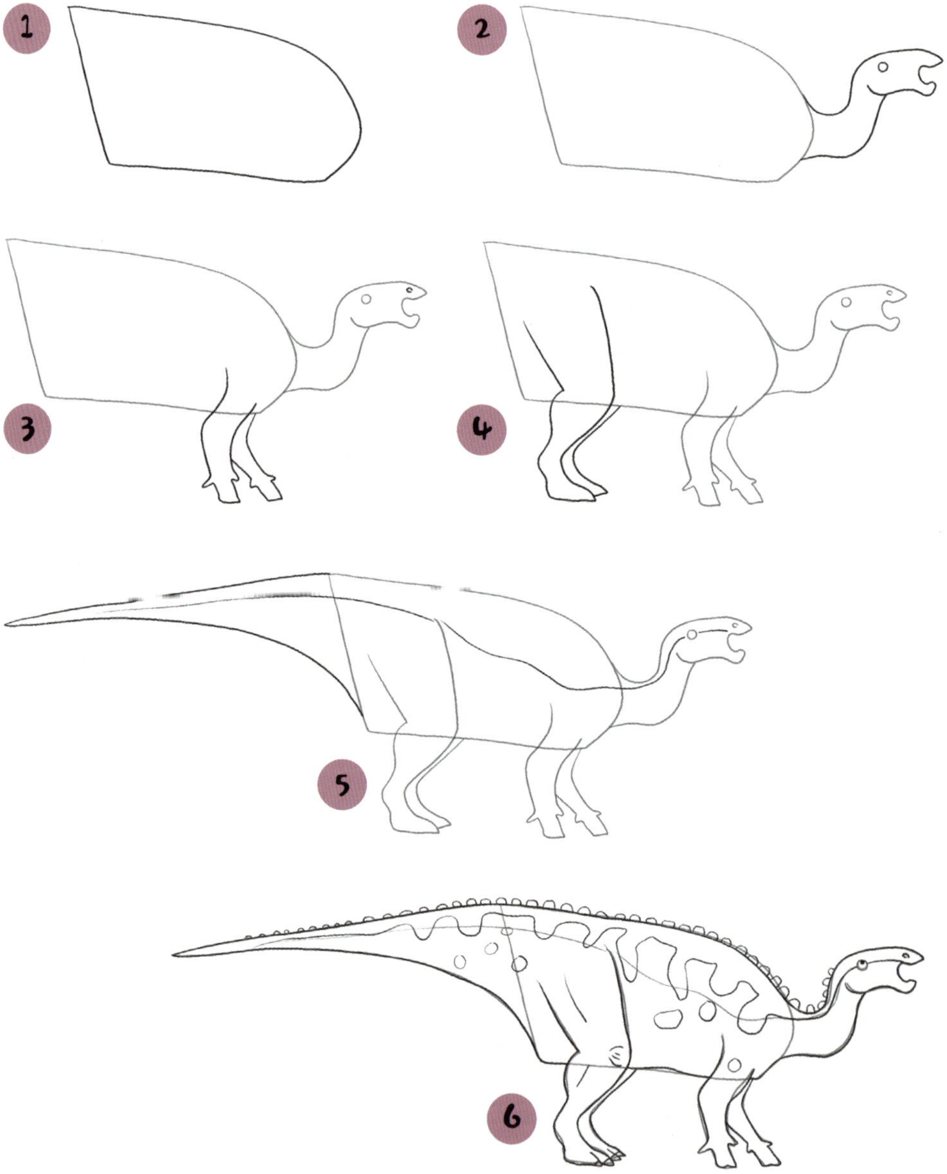

 85 두브레우일로사우루스

 86 두브레우일로사우루스

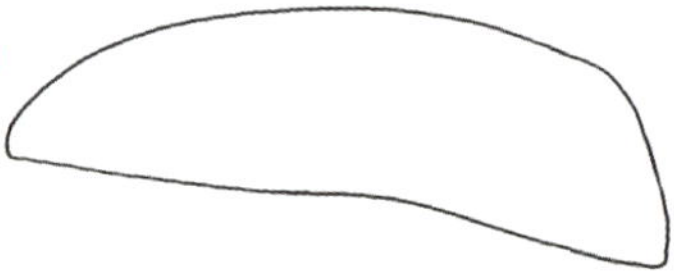

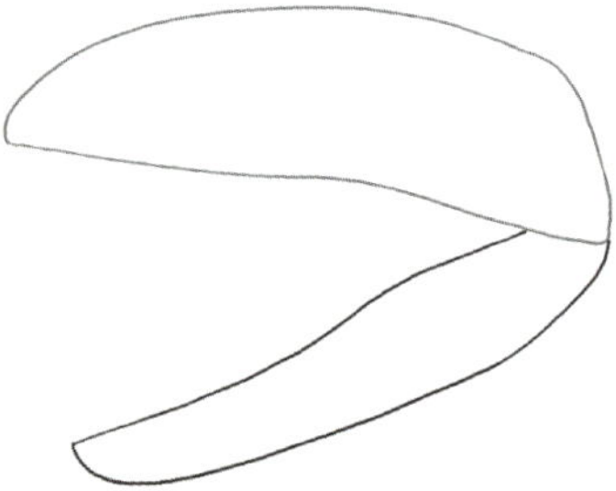

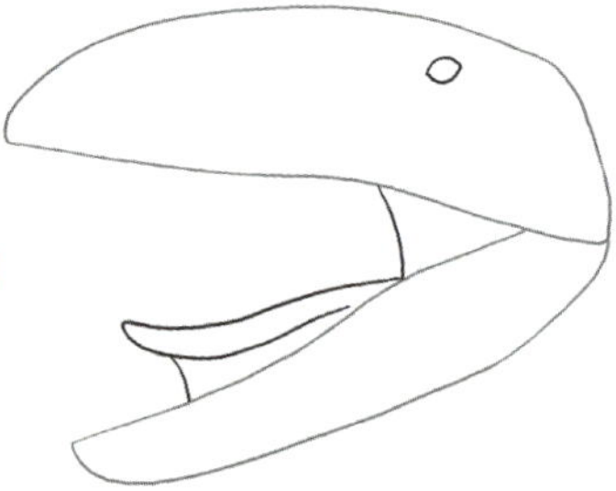

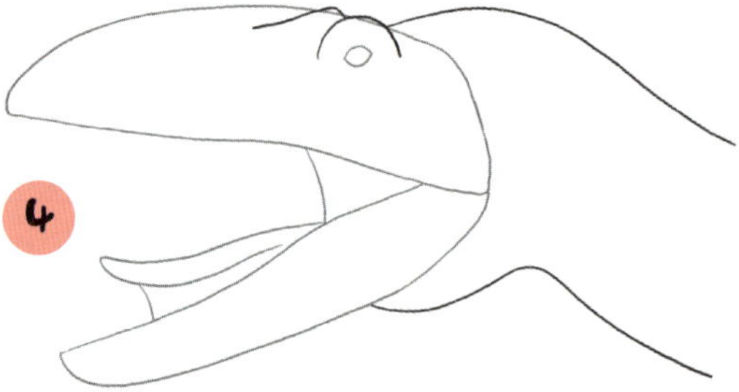

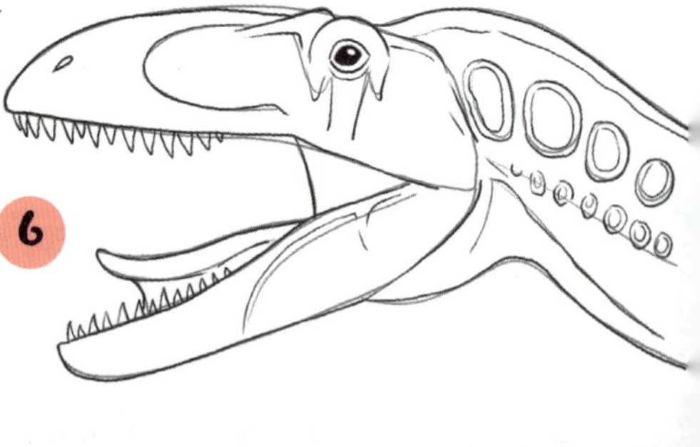

 87 두브레우일로사우루스

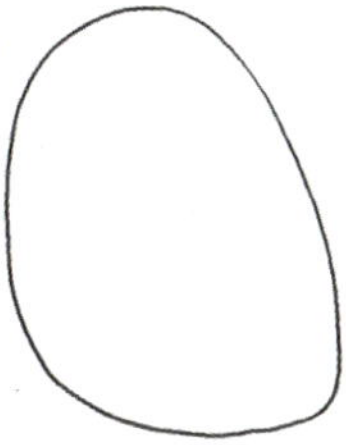

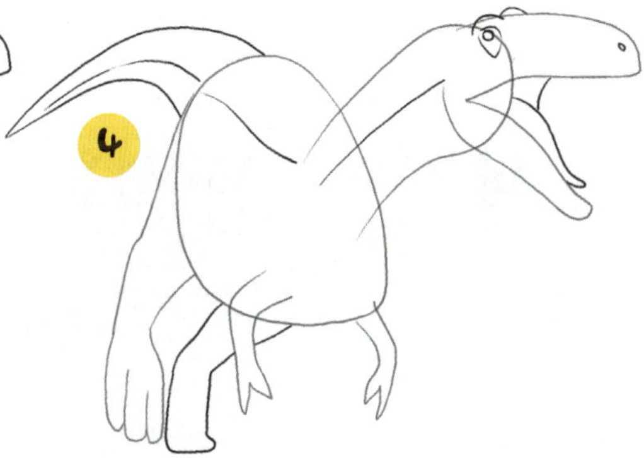

에드몬토사우루스

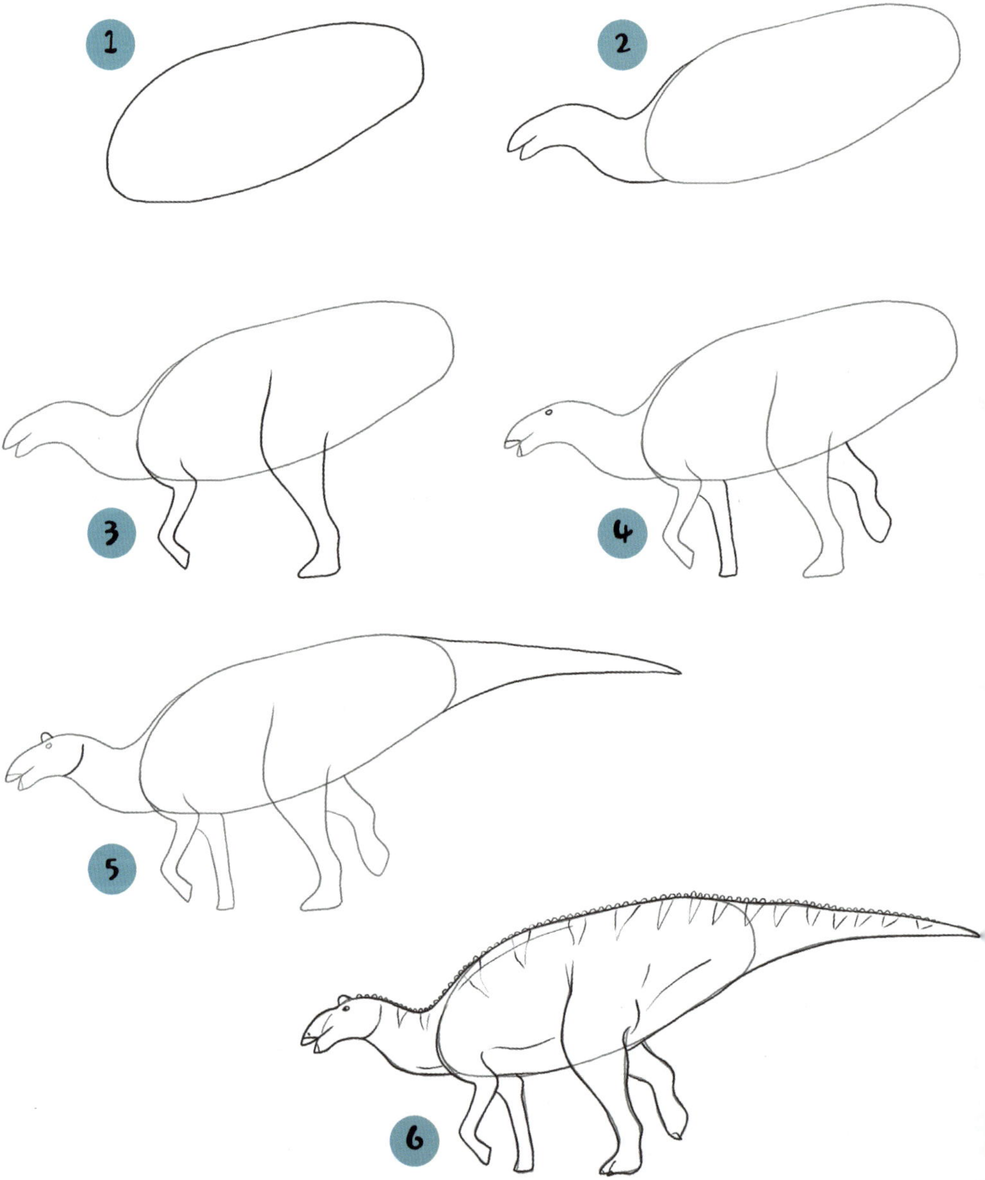

 # 에드몬토사우루스

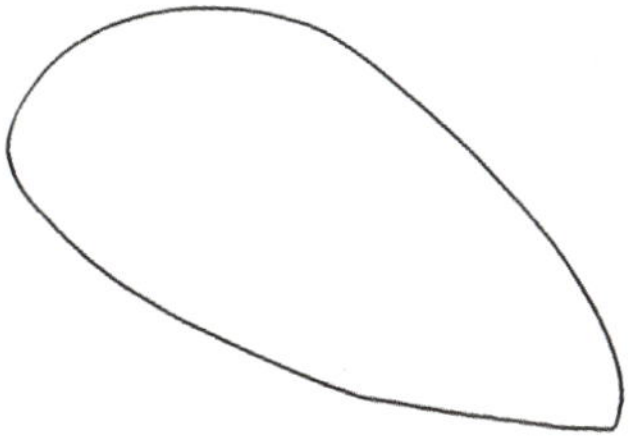

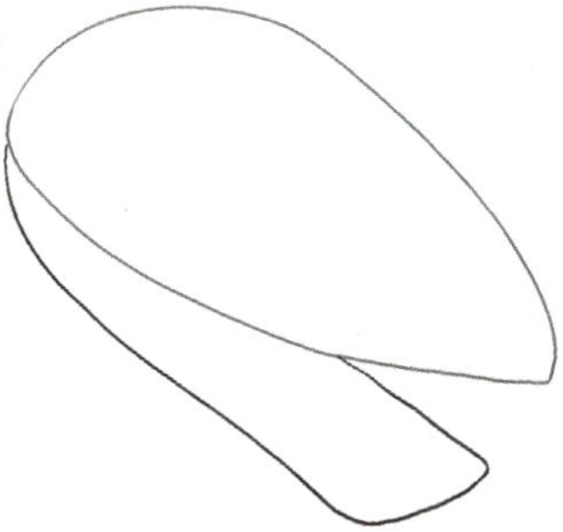

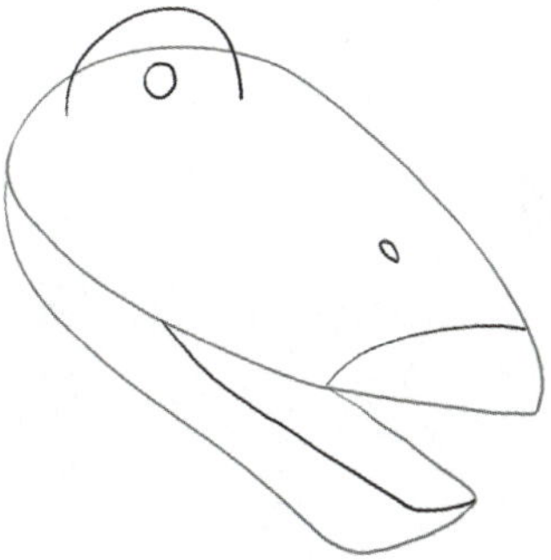

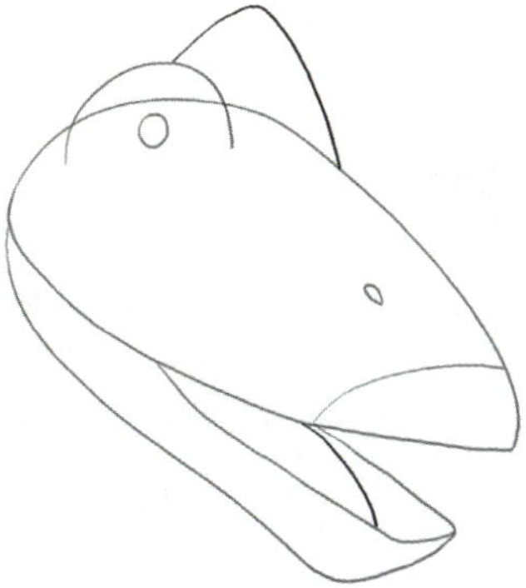

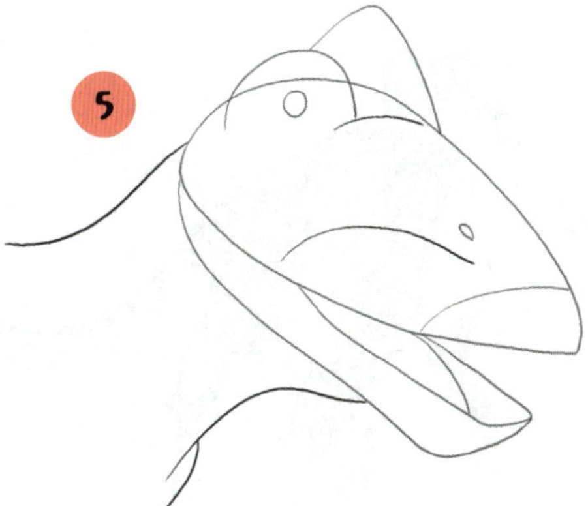

90 에드몬토사우루스

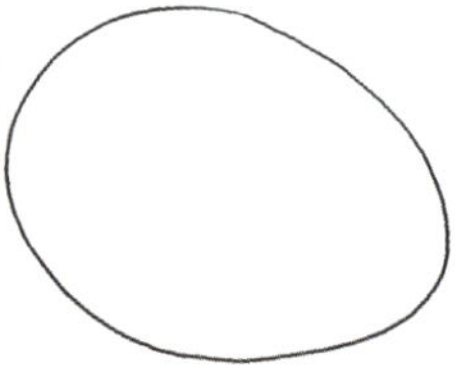

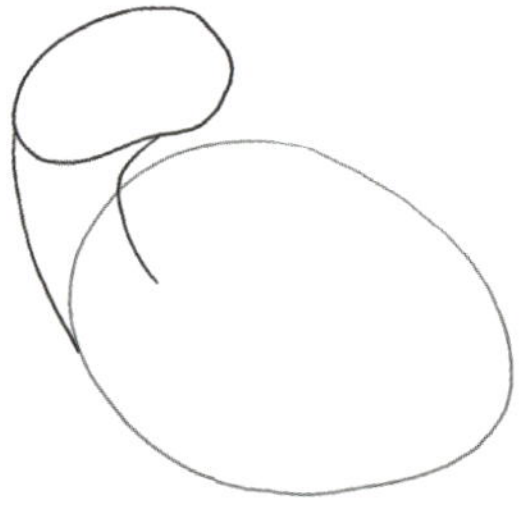

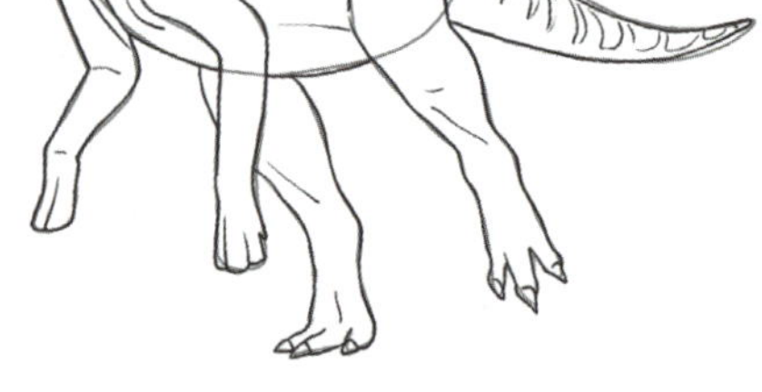

# 에이니오사우루스

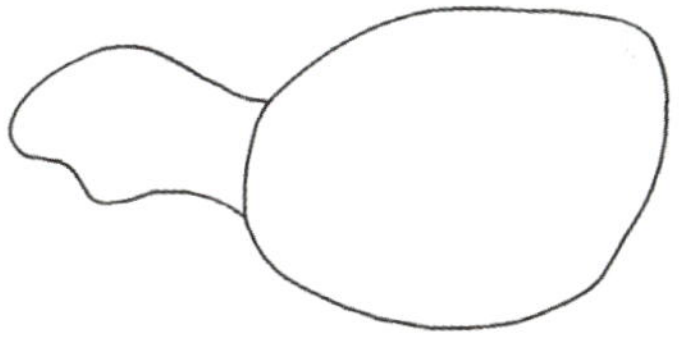

92 에이니오사우루스

 # 에미니오사우루스

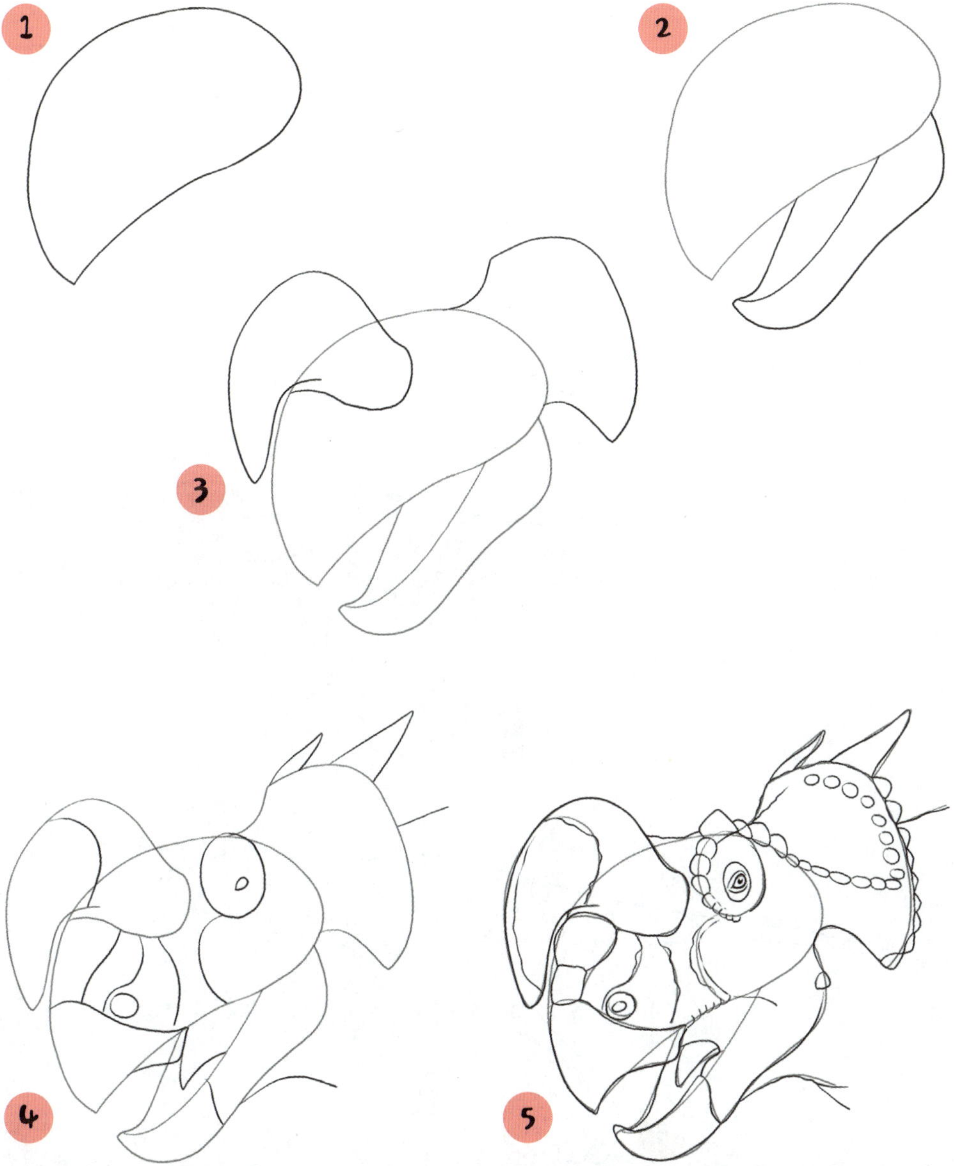

94 에오랍토르

1 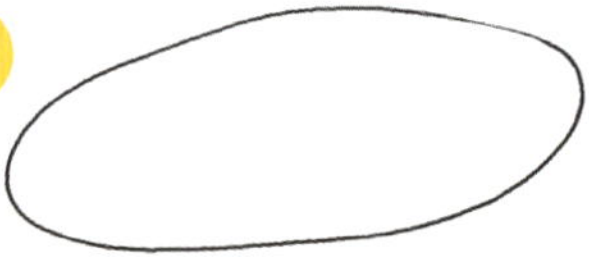
2 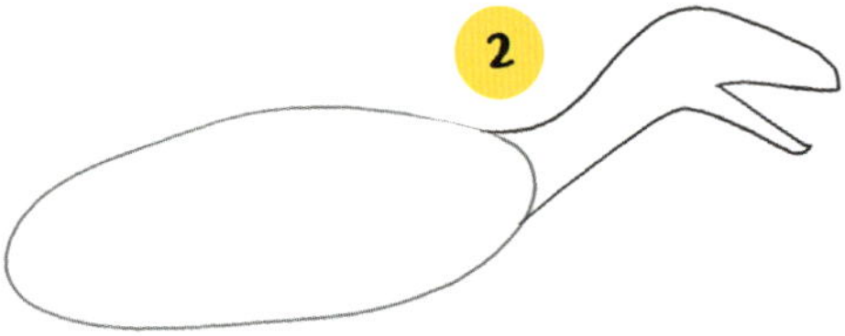
3 
4 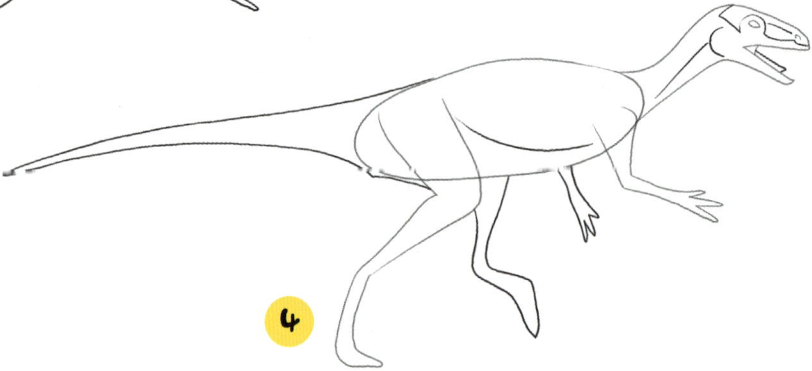
5

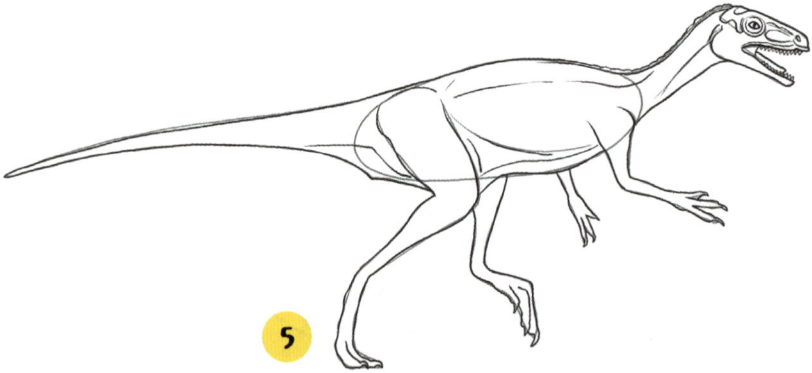

 에오랍토르

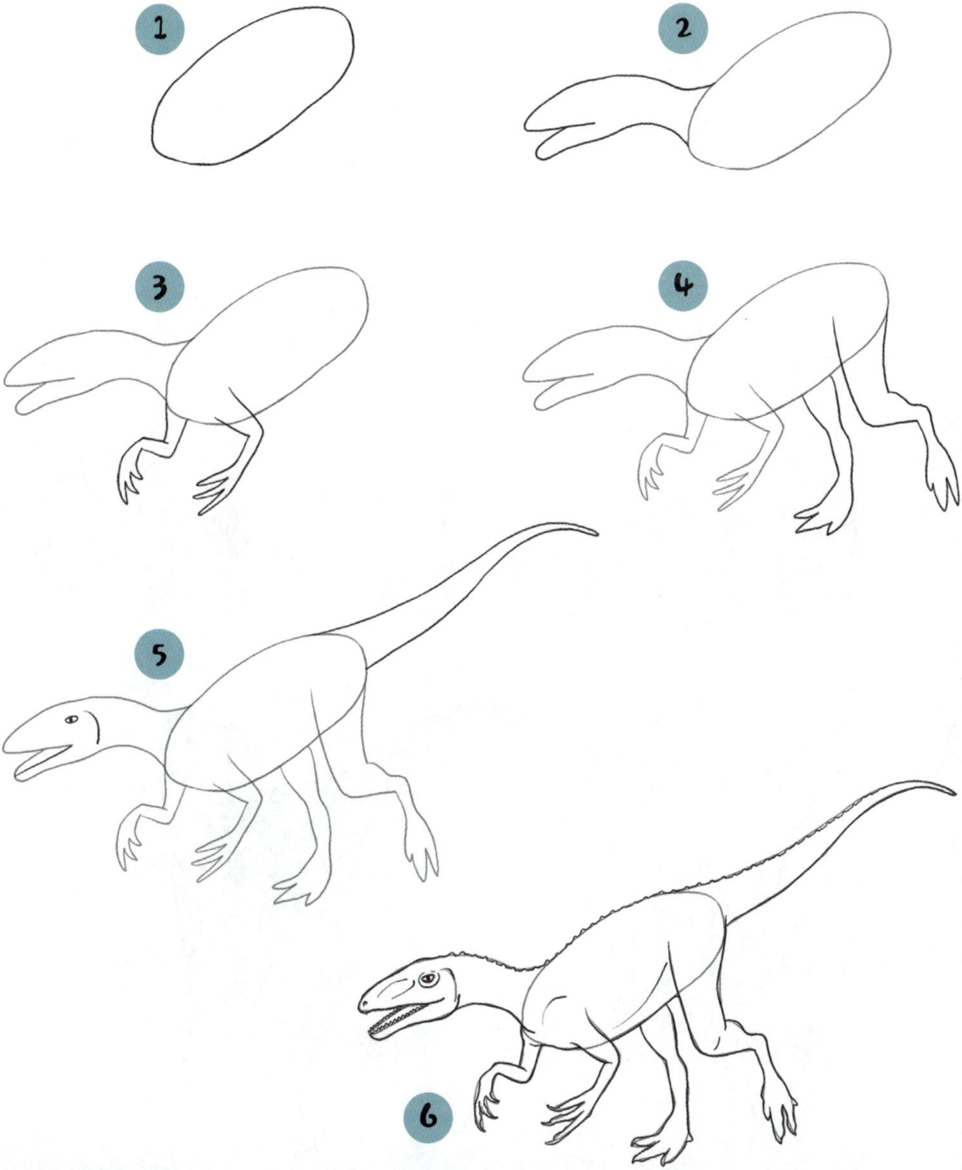

96 에오랍토르

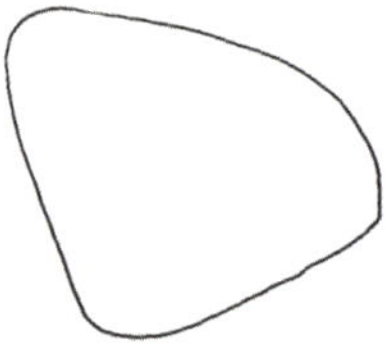

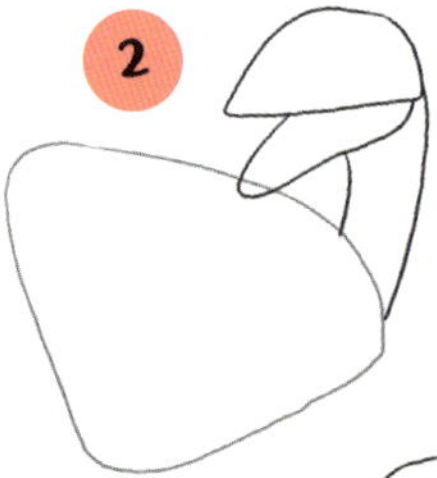

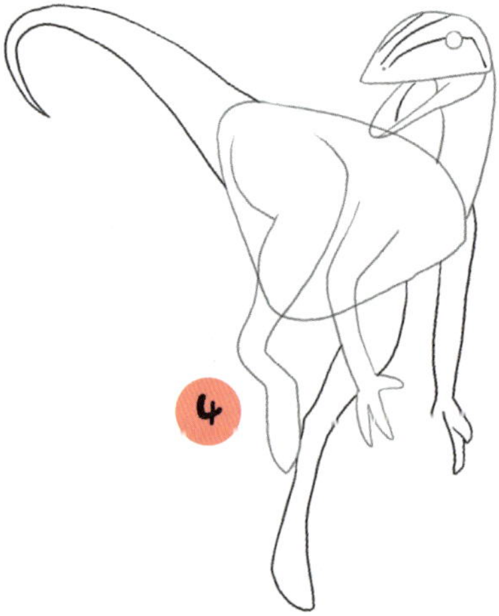

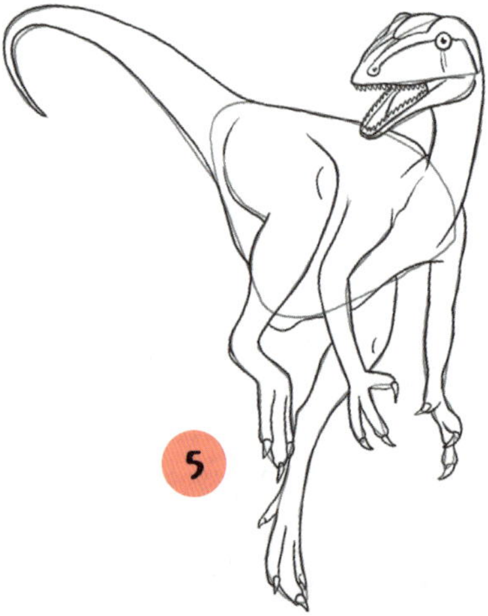

에오랍토르

1
2
3
4
5

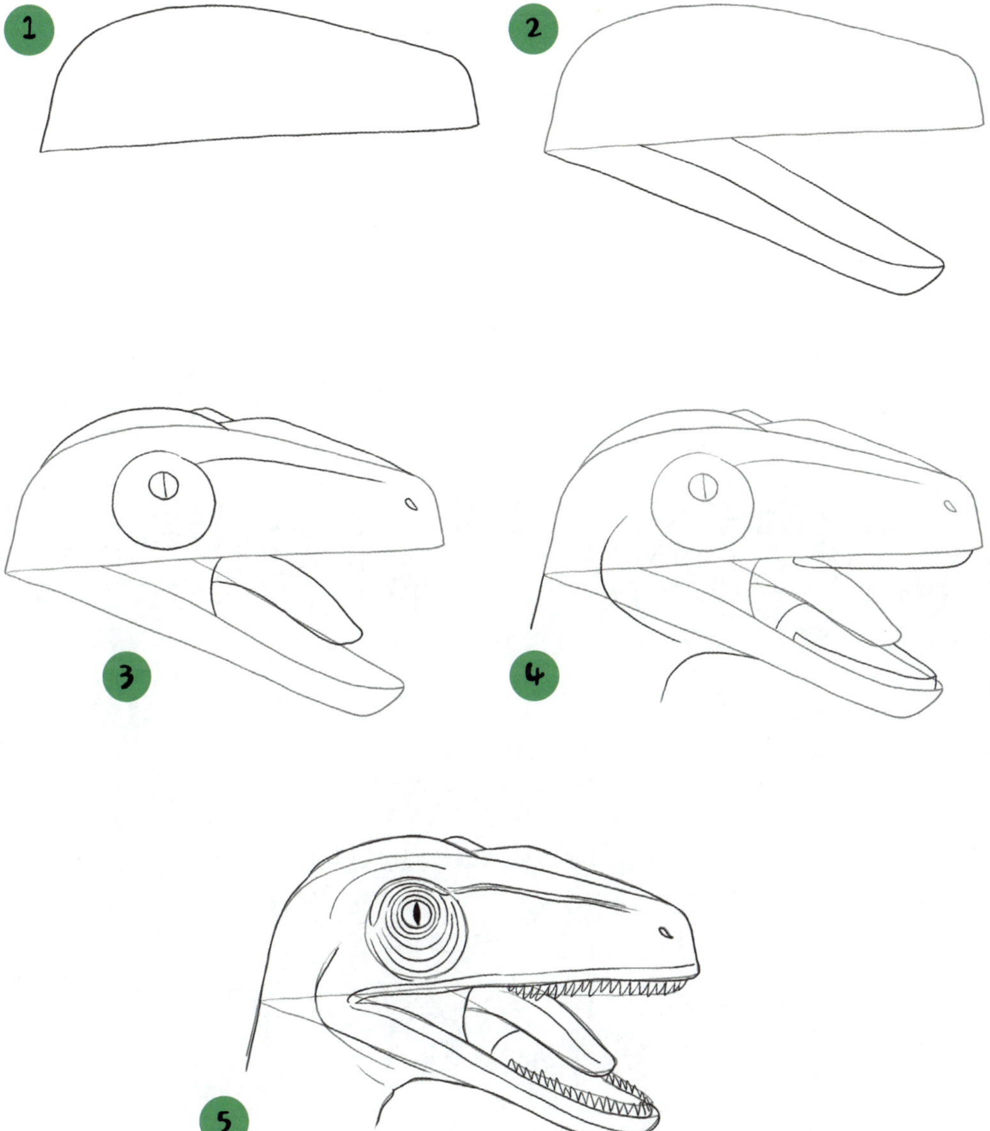

98 유오플로케팔루스

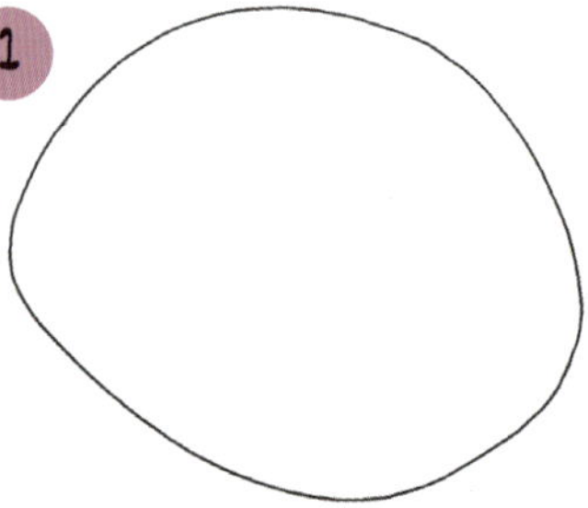

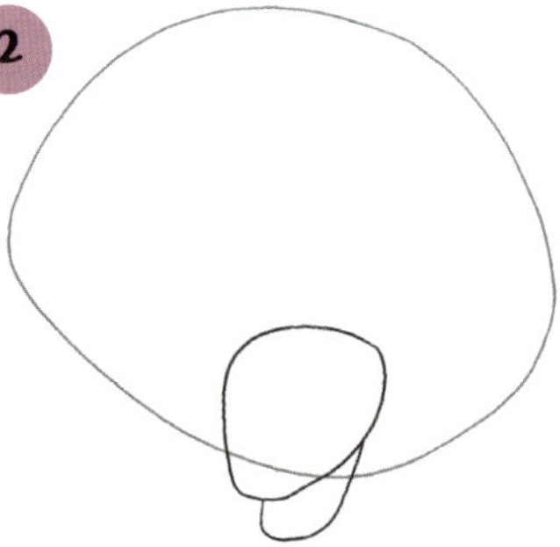

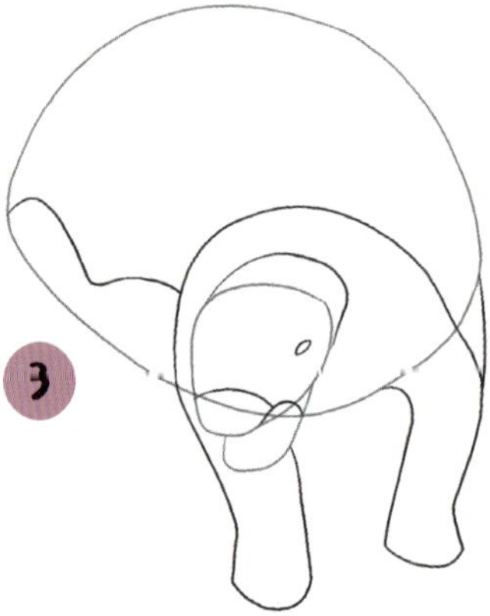

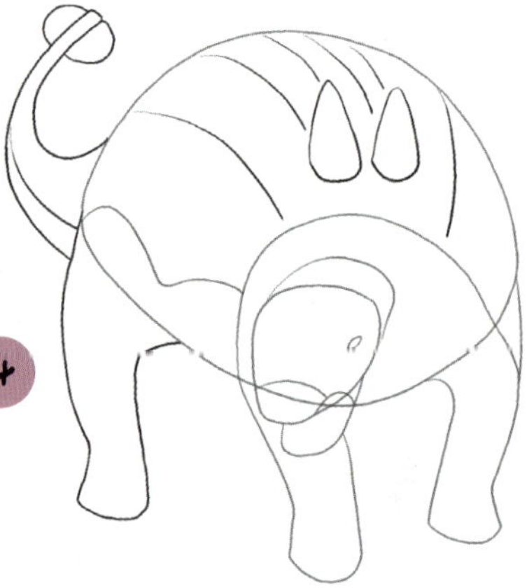

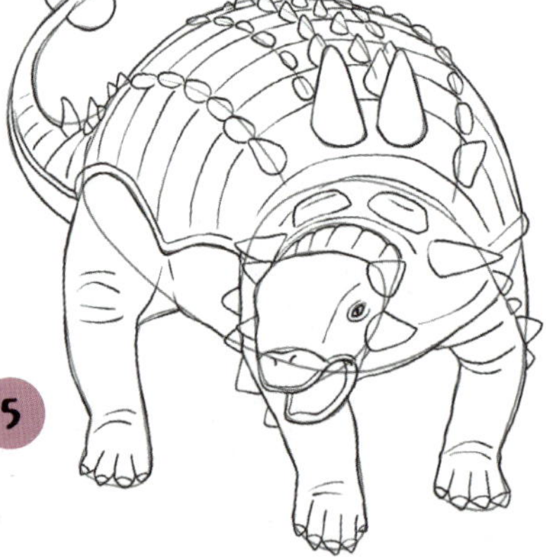

 # 유오플로케팔루스

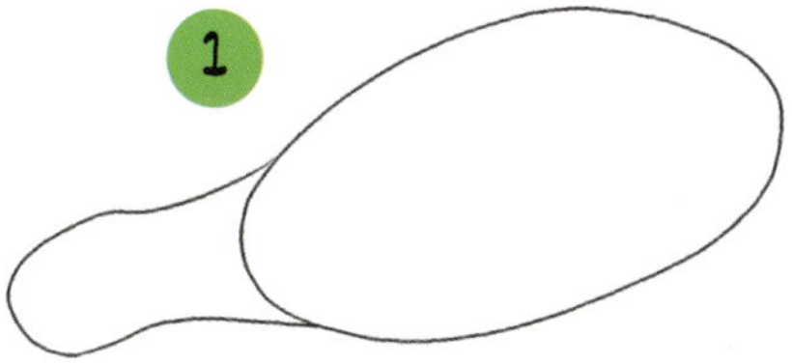

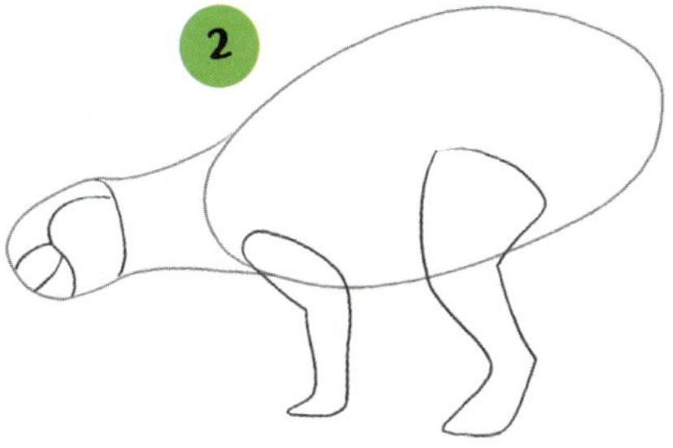

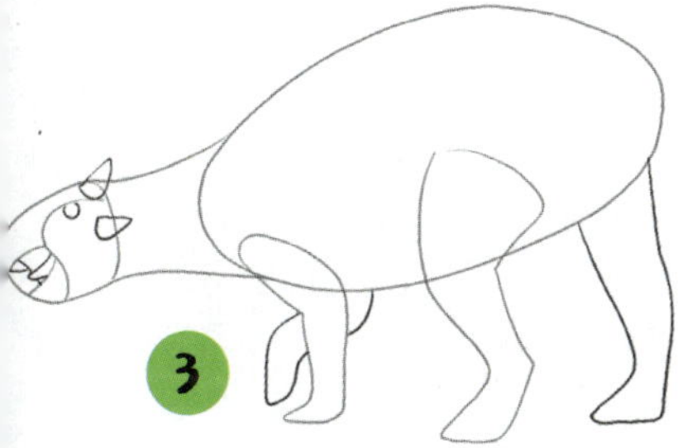

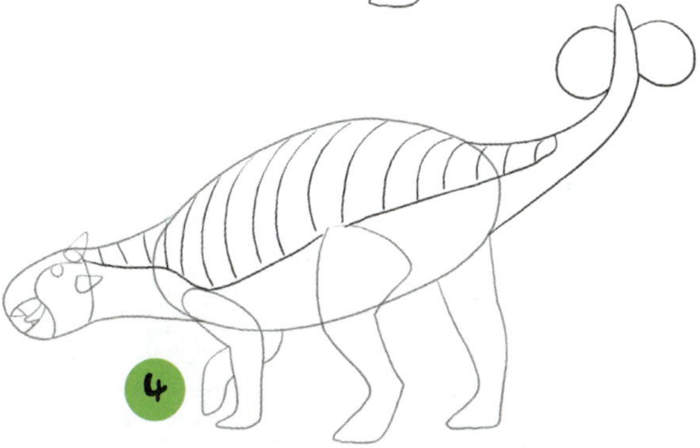

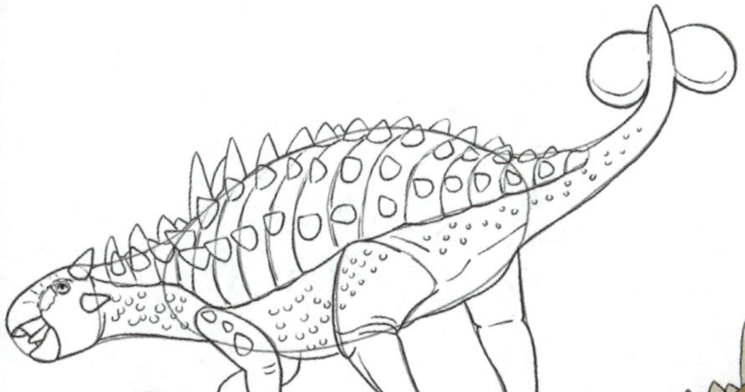

100 유오플로케팔루스

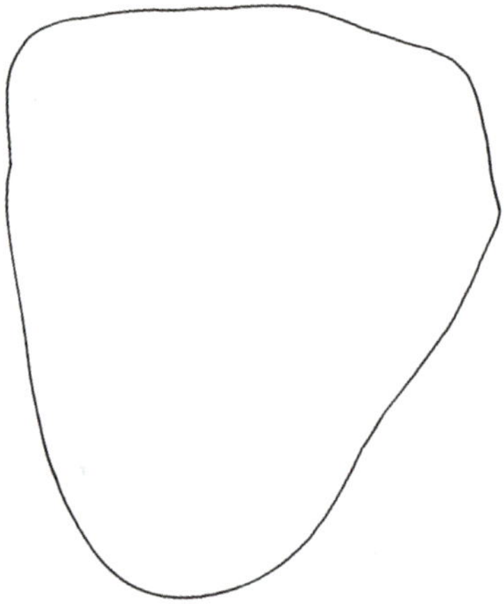

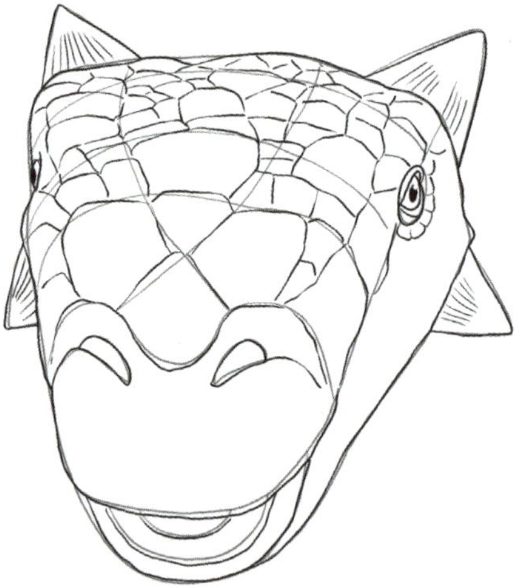

101 에우로파사우루스

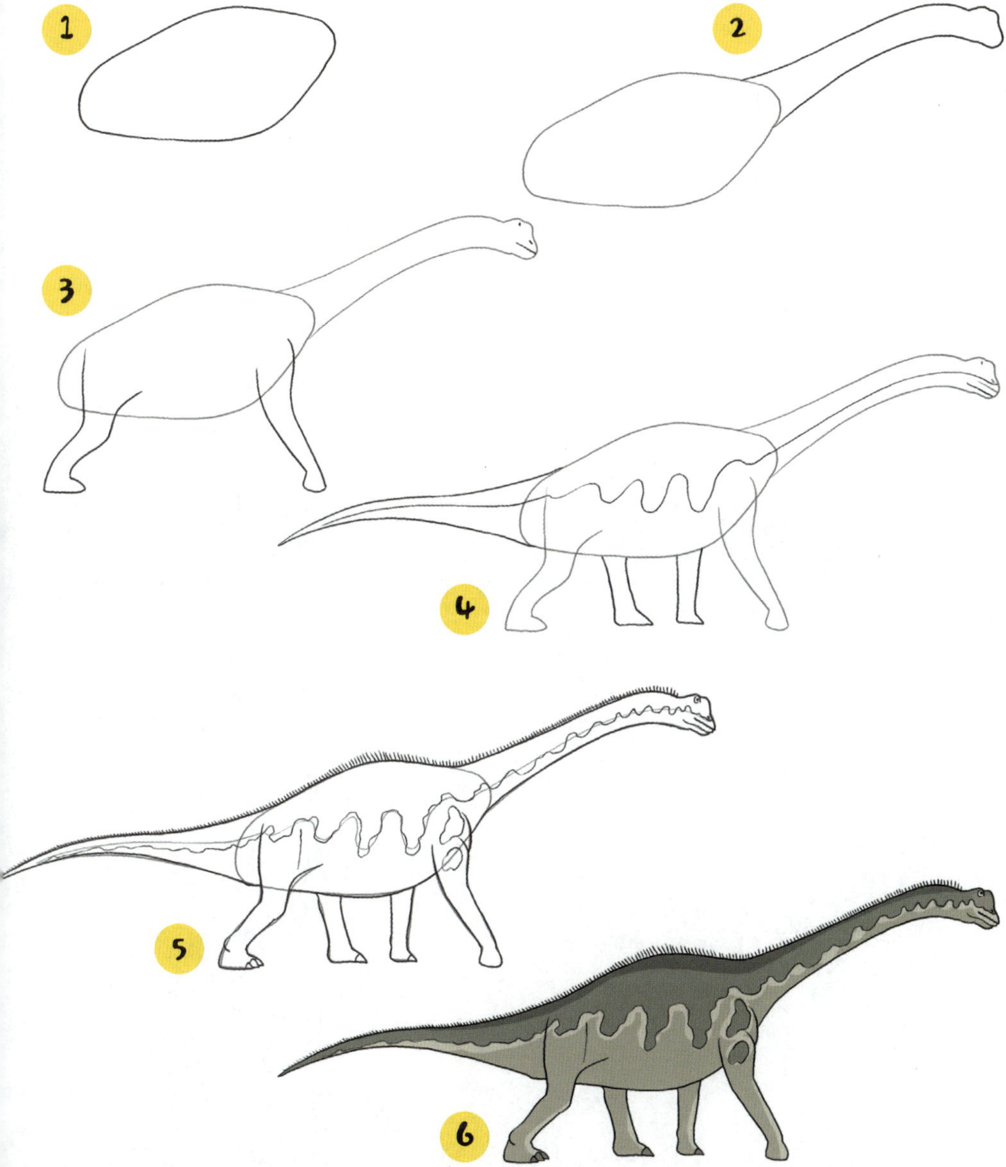

102 에우로파사우루스

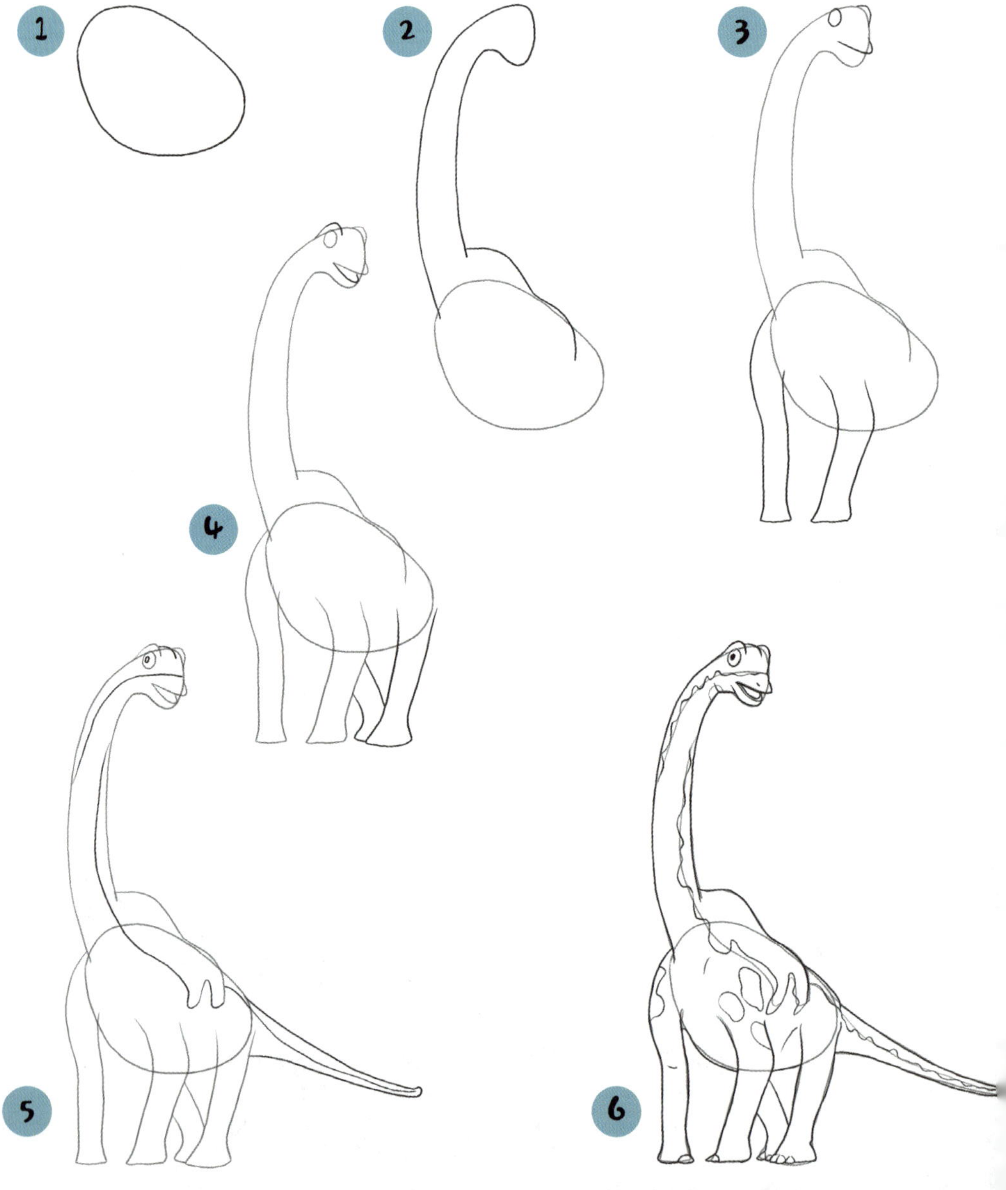

 # 에우로파사우루스

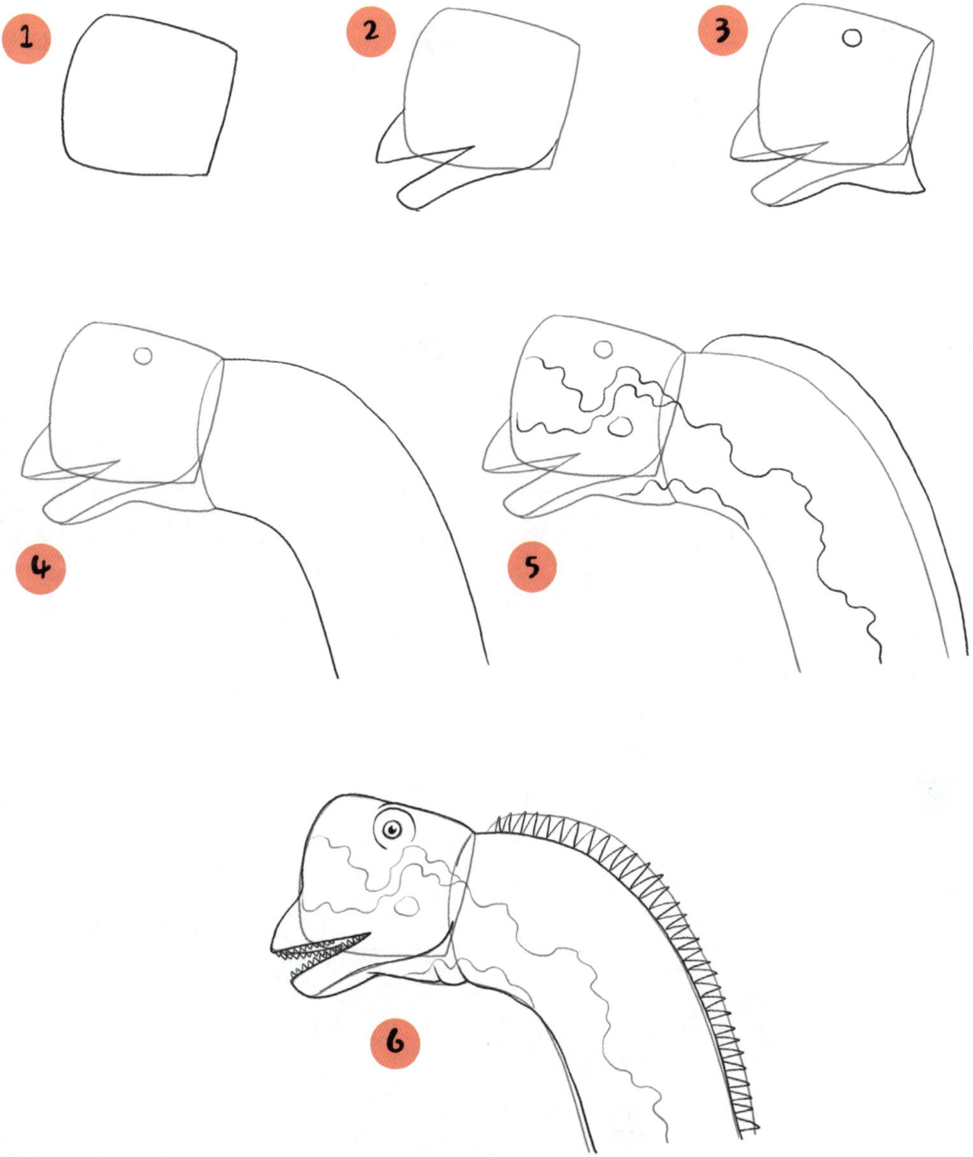

후탈롱코사우루스

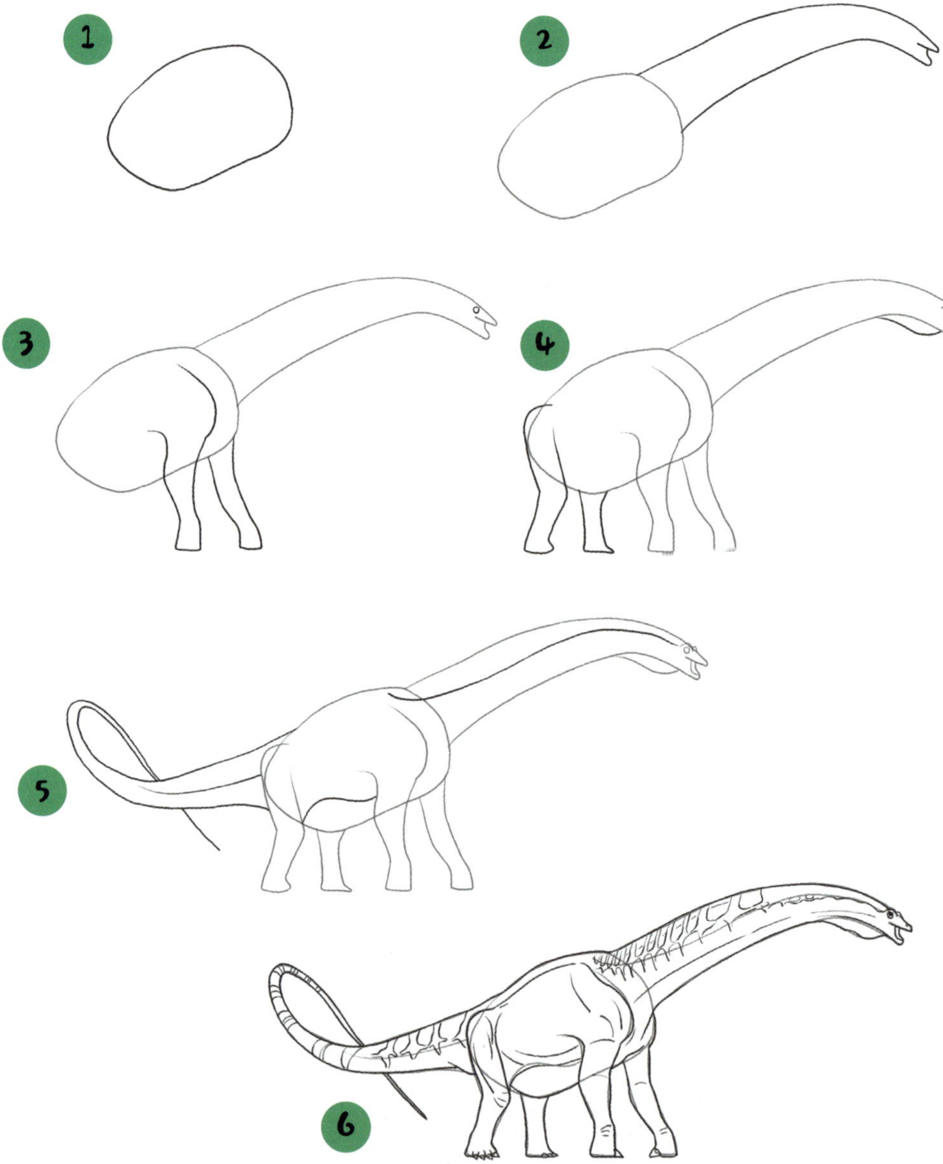

 # 후탈롱코사우루스

106 후탈롱코사우루스

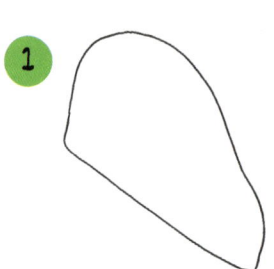
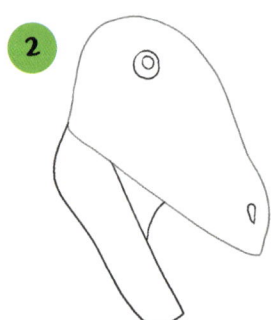
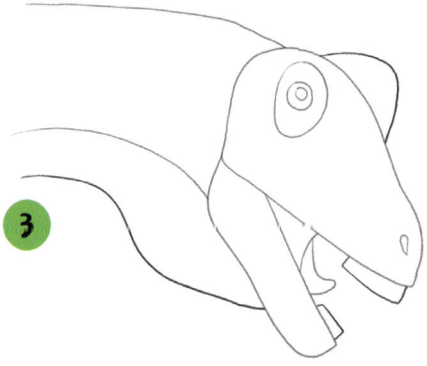
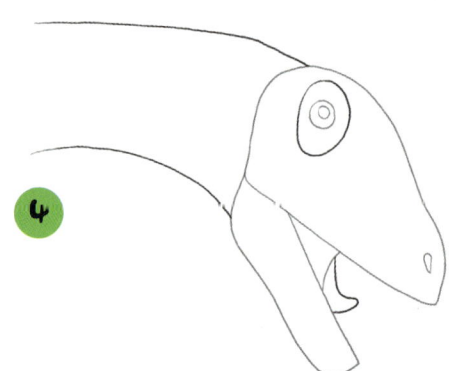
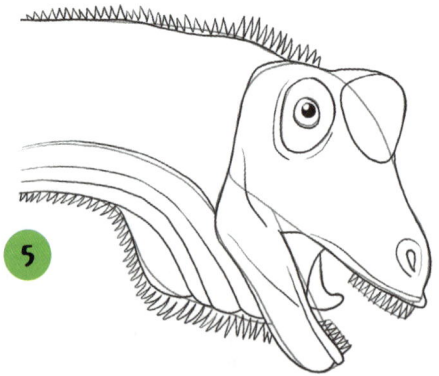
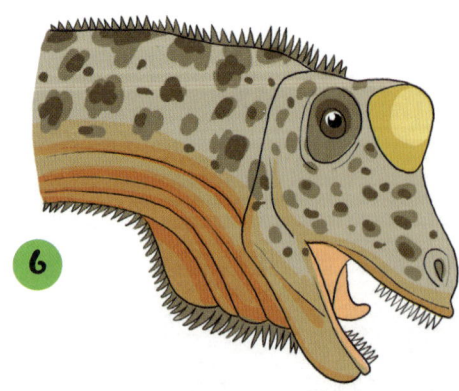

107 갈리미무스

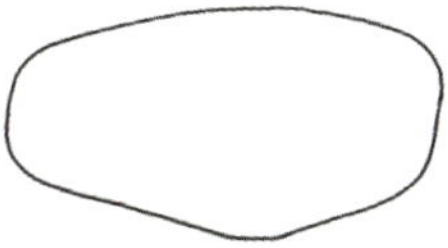

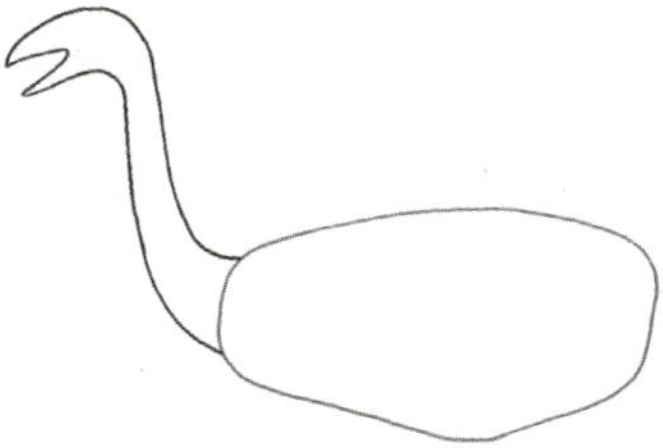

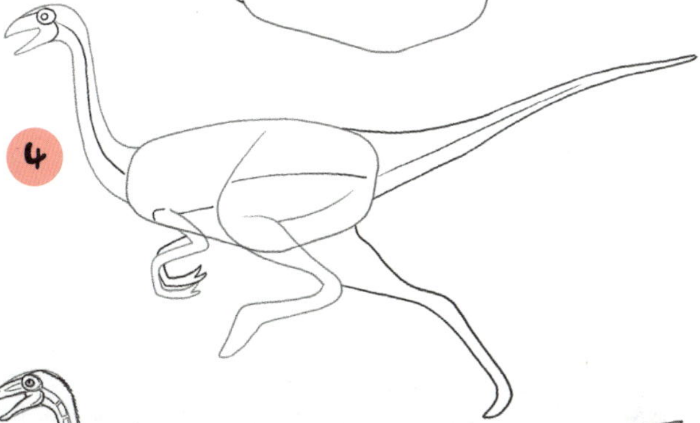

108 갈리미무스

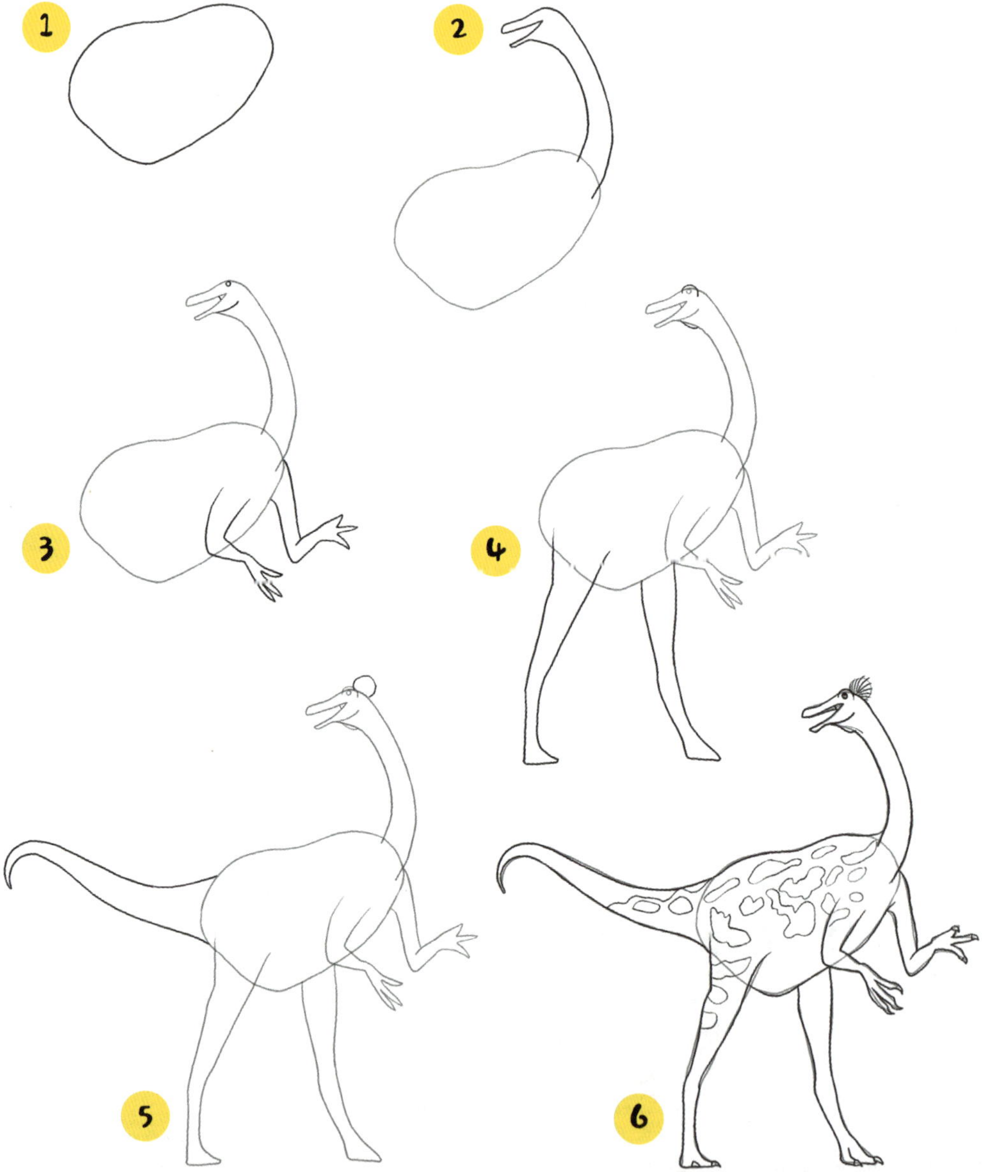

109 갈리미무스

1
2
3
4
5
6

110 기가노토사우루스

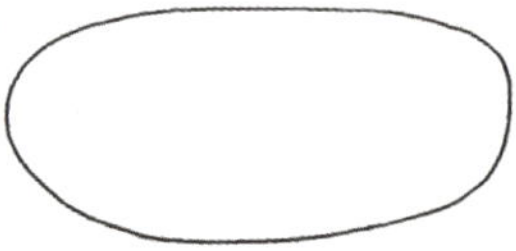

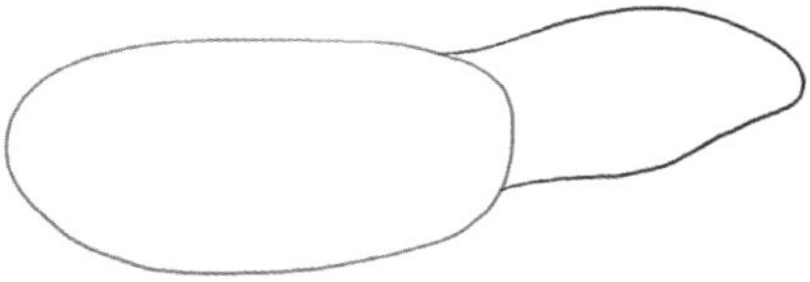

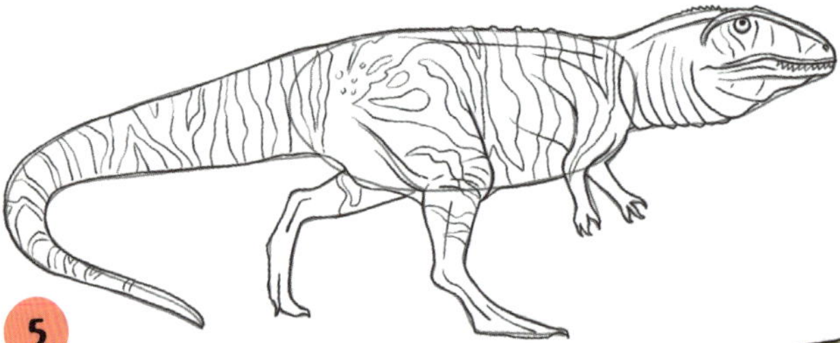

# 기가노토사우루스

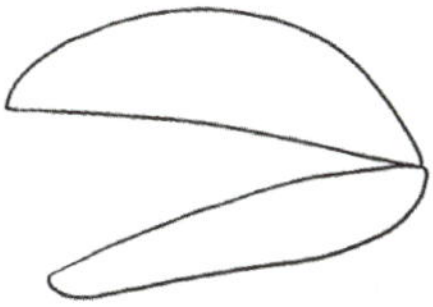

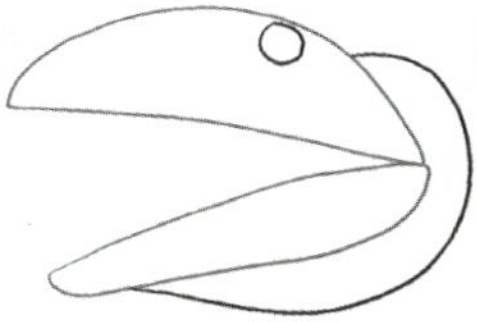

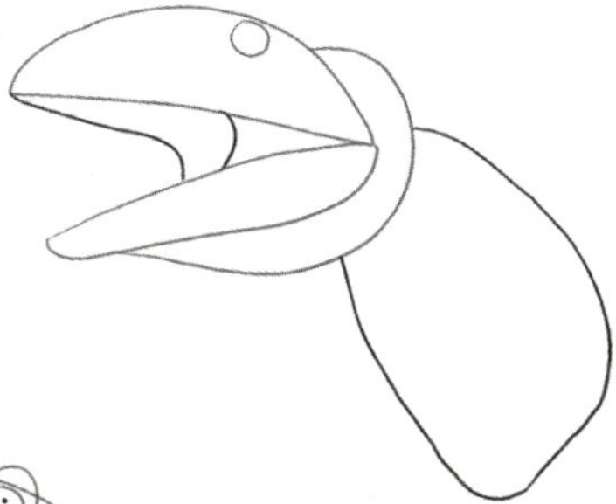

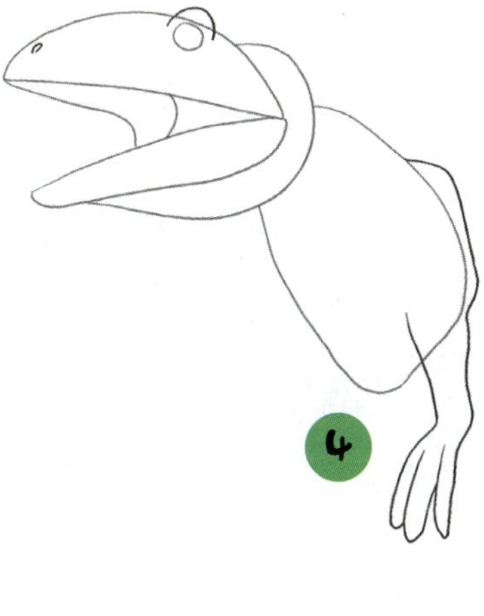

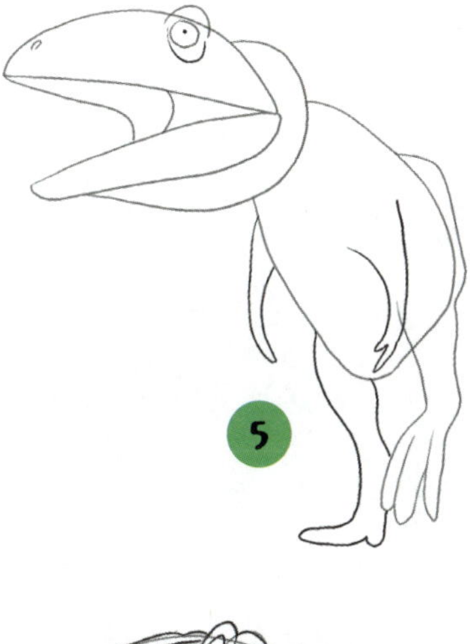

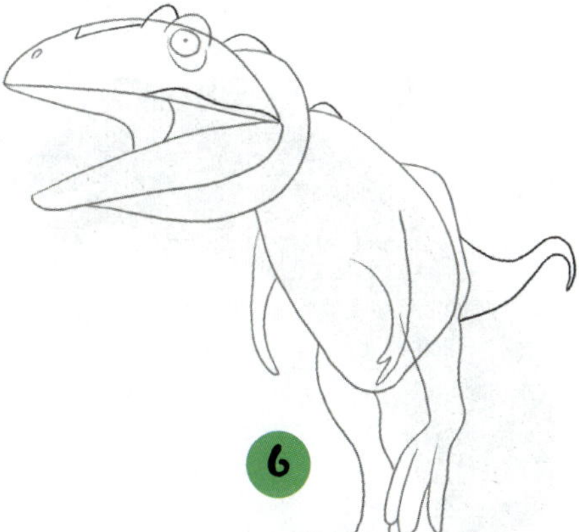

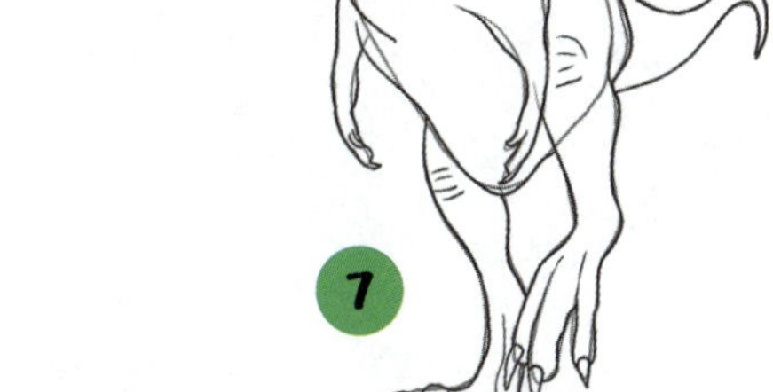

112 기라파티탄

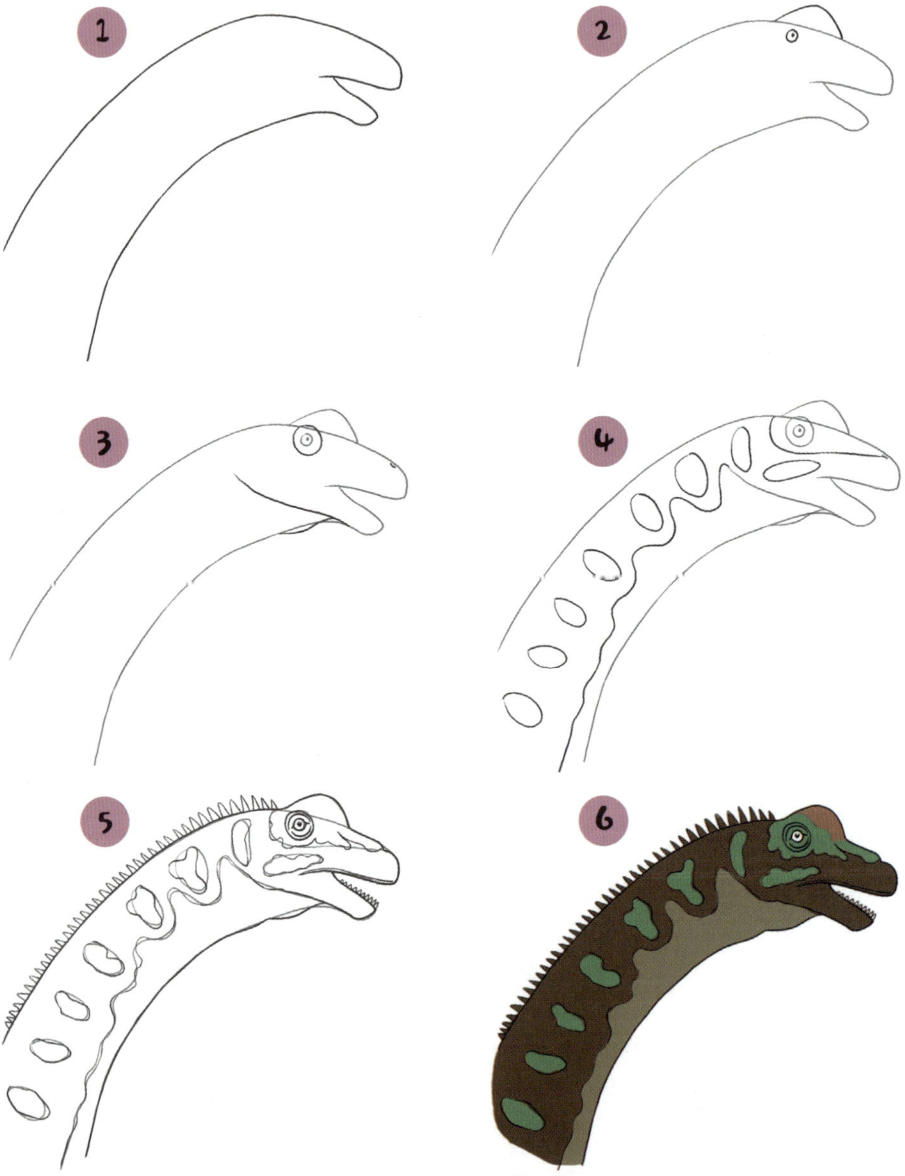

113 기라파티탄

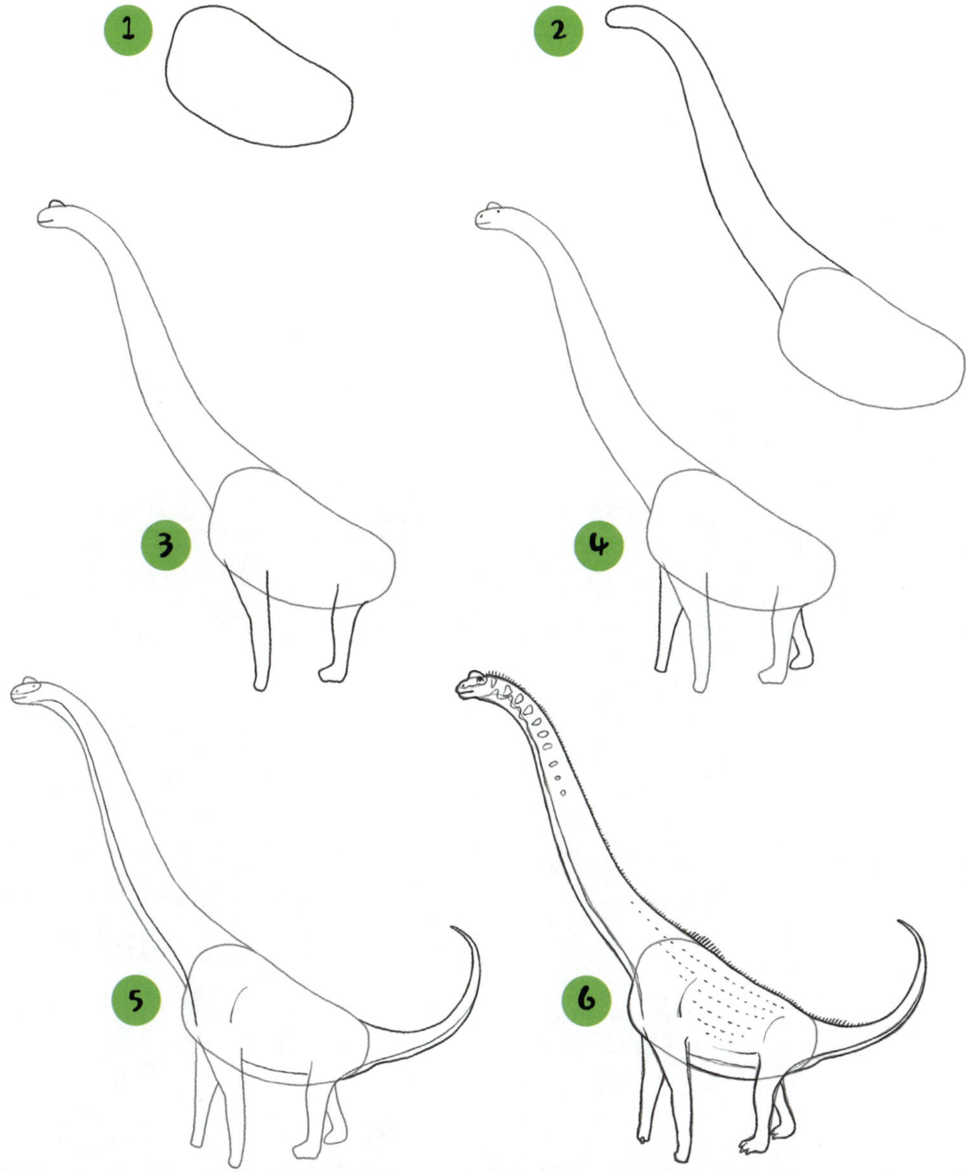

114 고르고사우루스

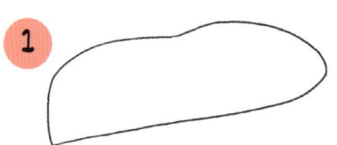
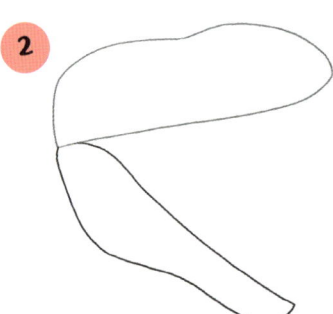
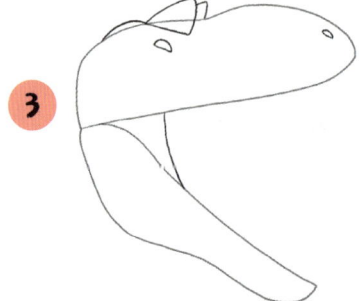
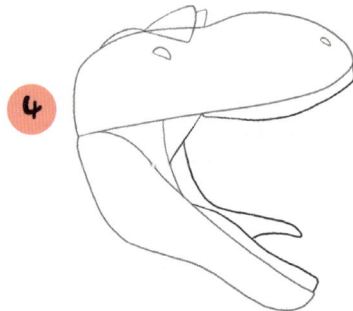
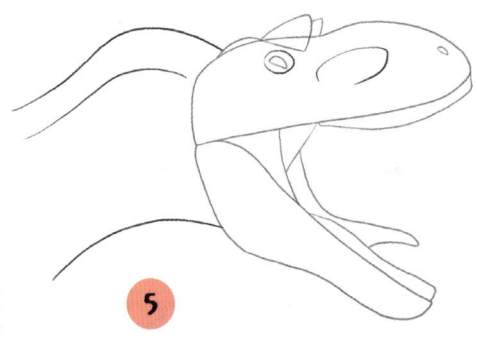
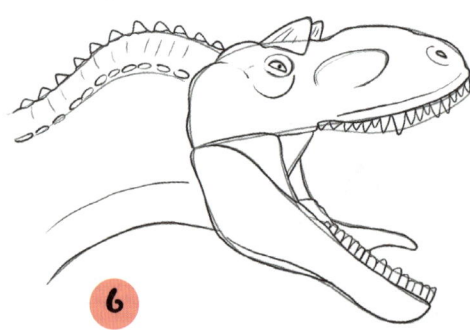

115 고르고사우루스

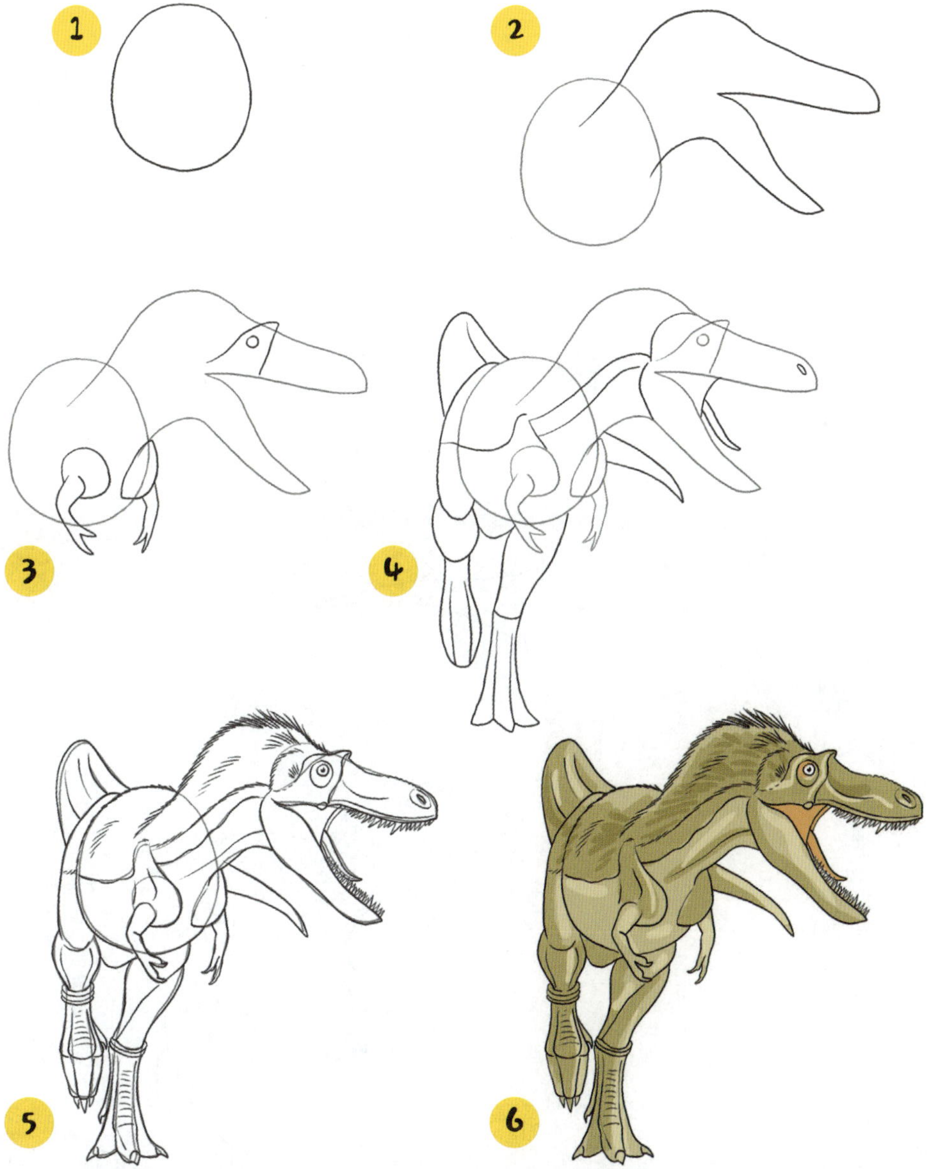

116 고르고사우루스

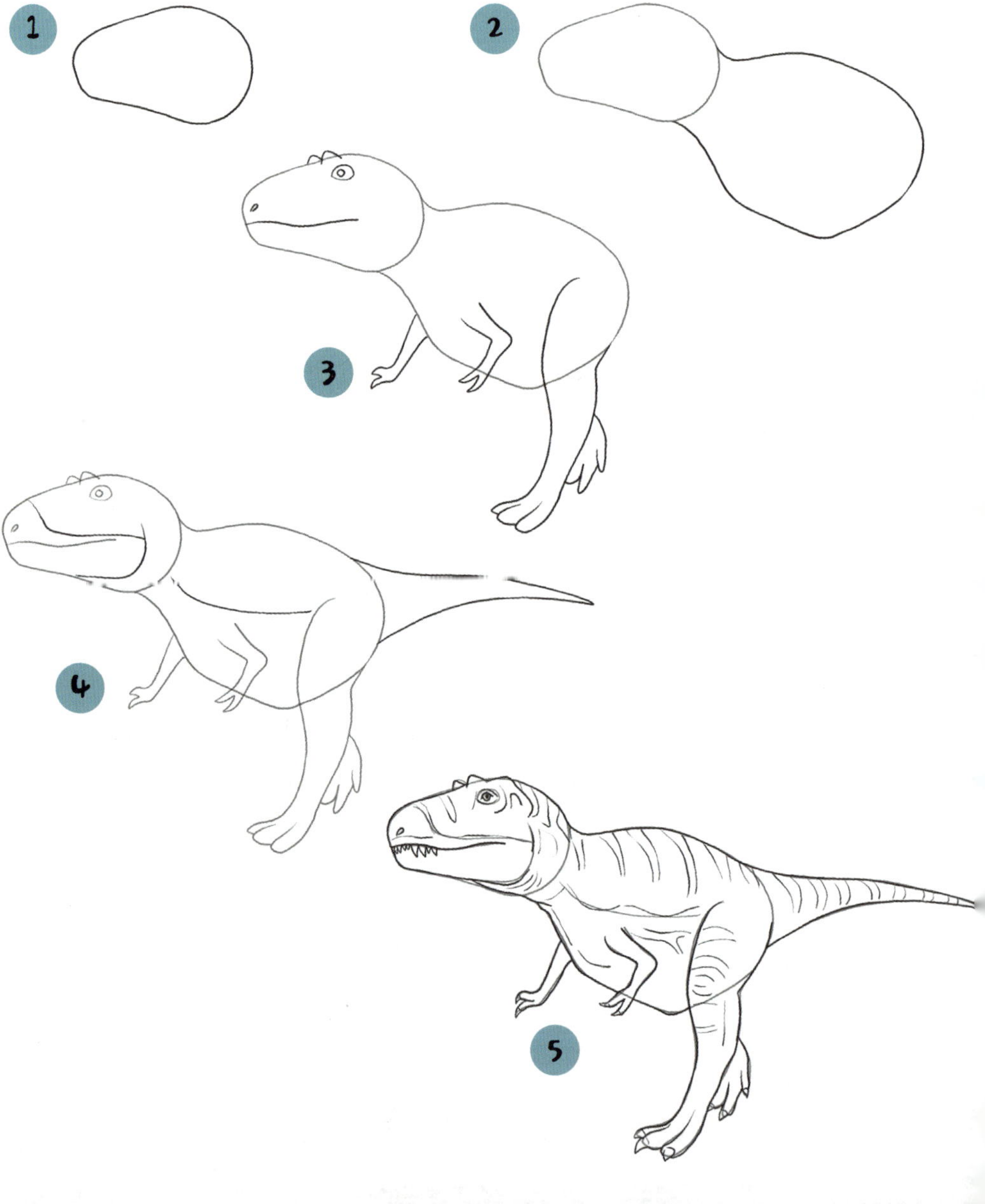

1
2
3
4
5

117 구안룡

118 구안롱

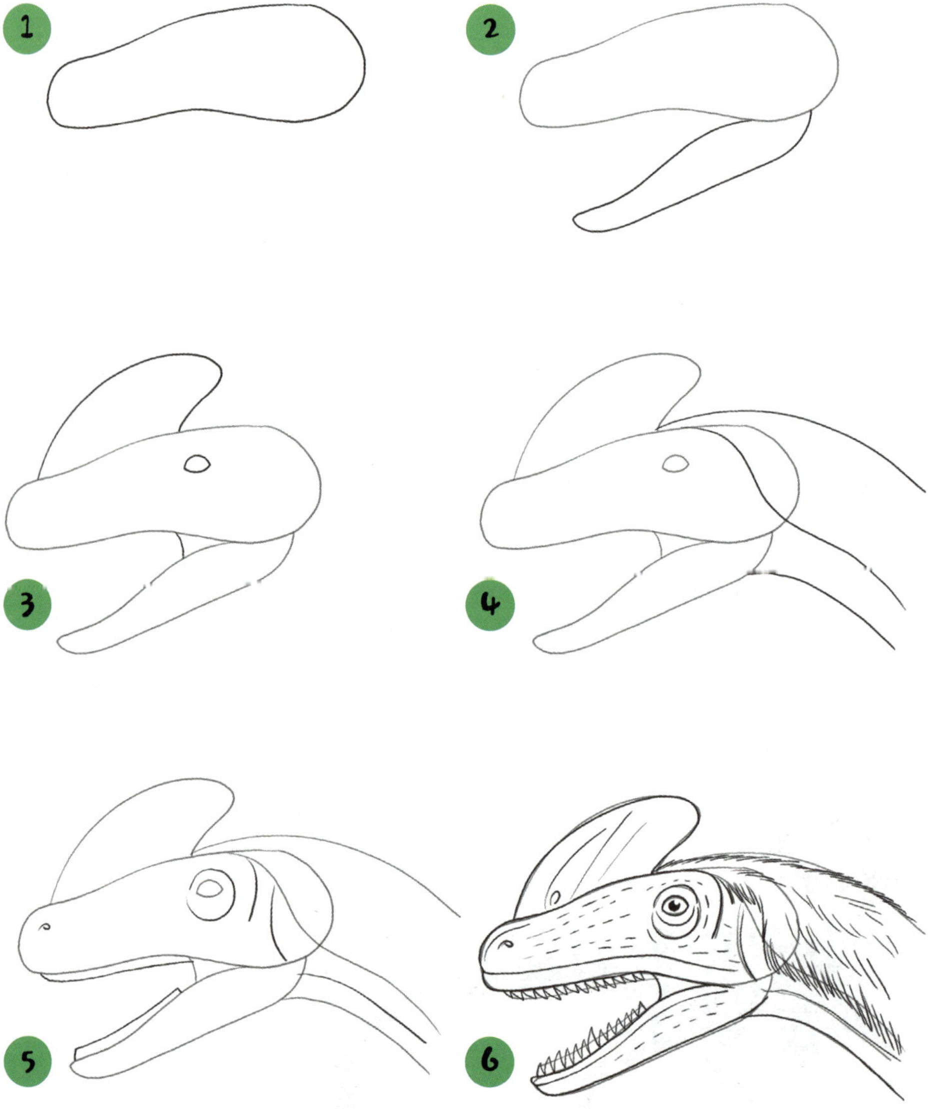

1
2
3
4
5
6

119 히포드라코

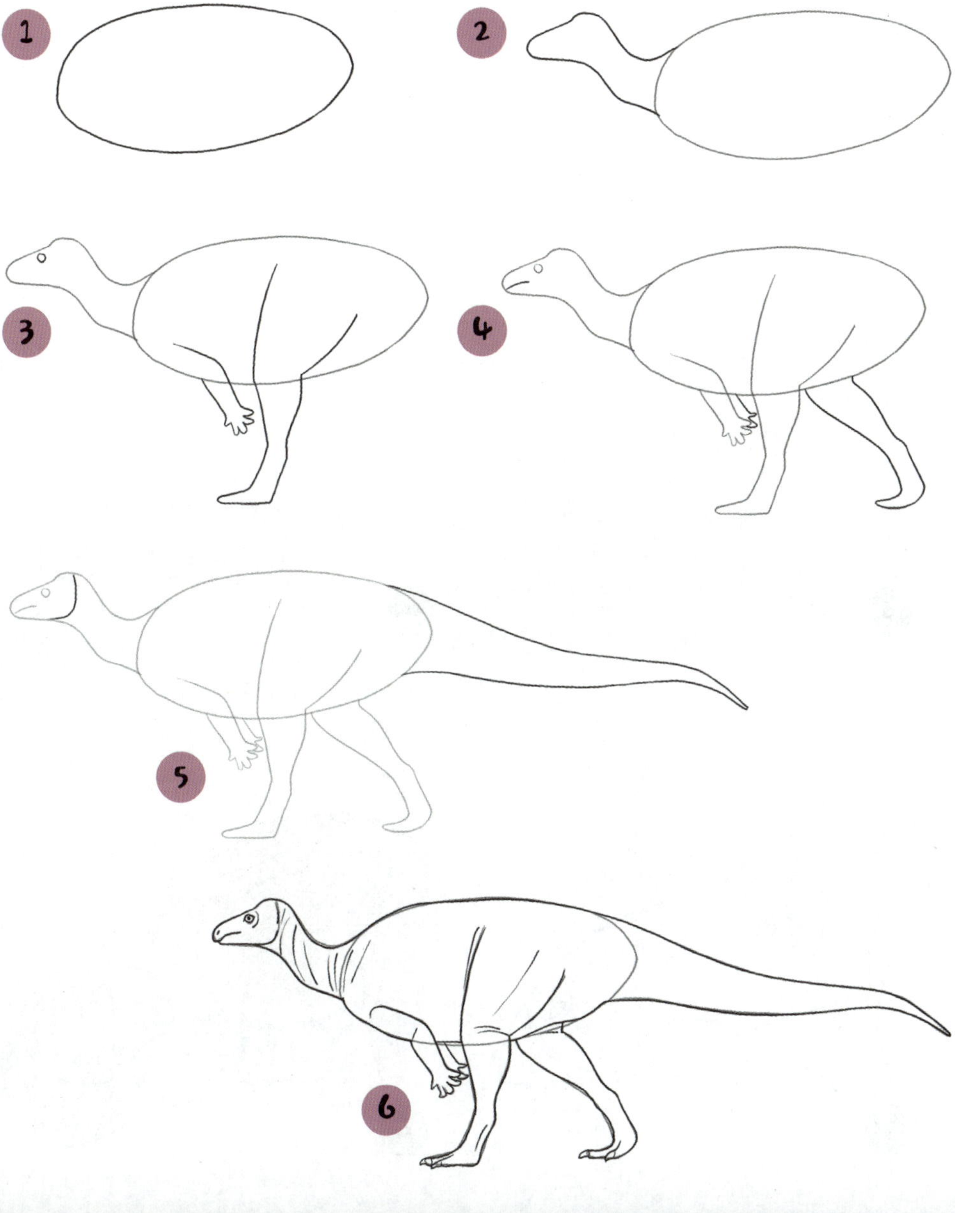

120 히포드라코

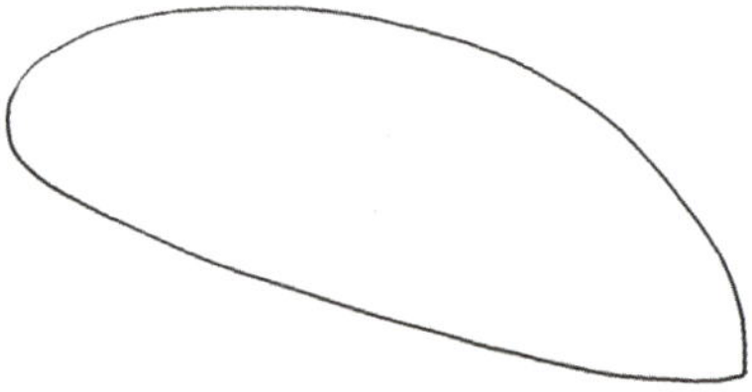

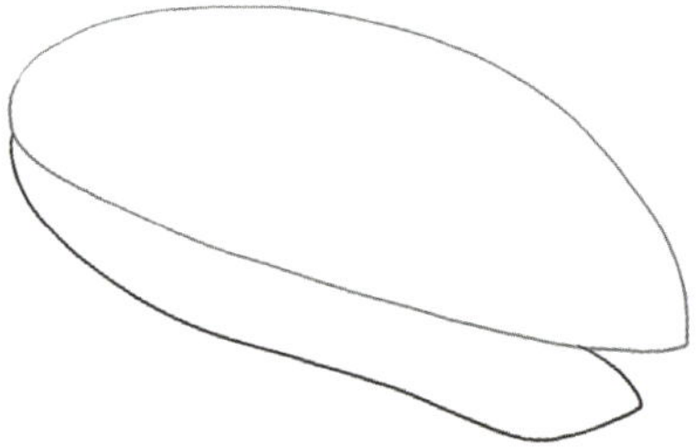

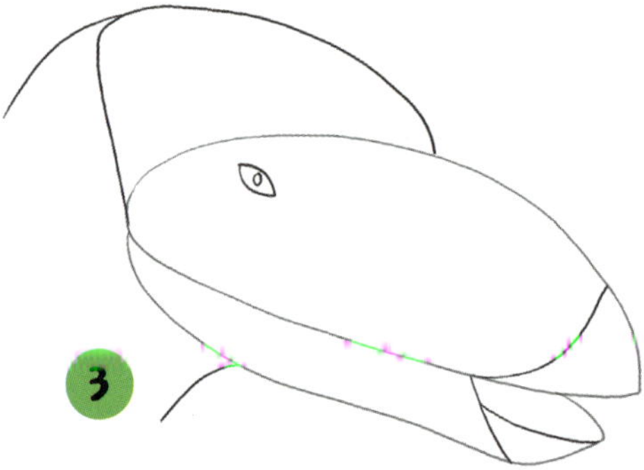

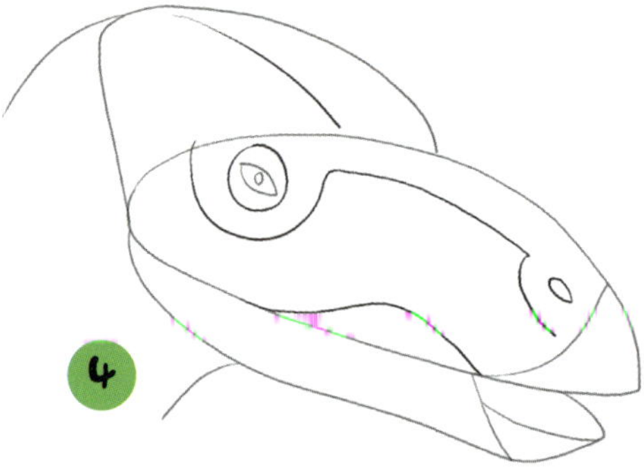

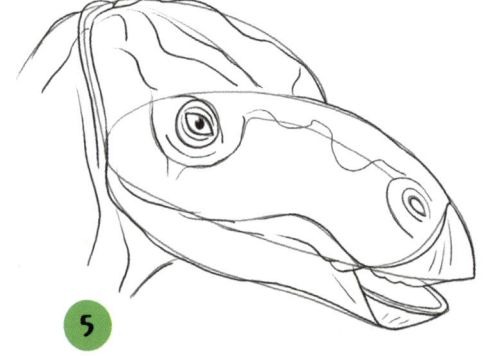

121 이크티오베나토르

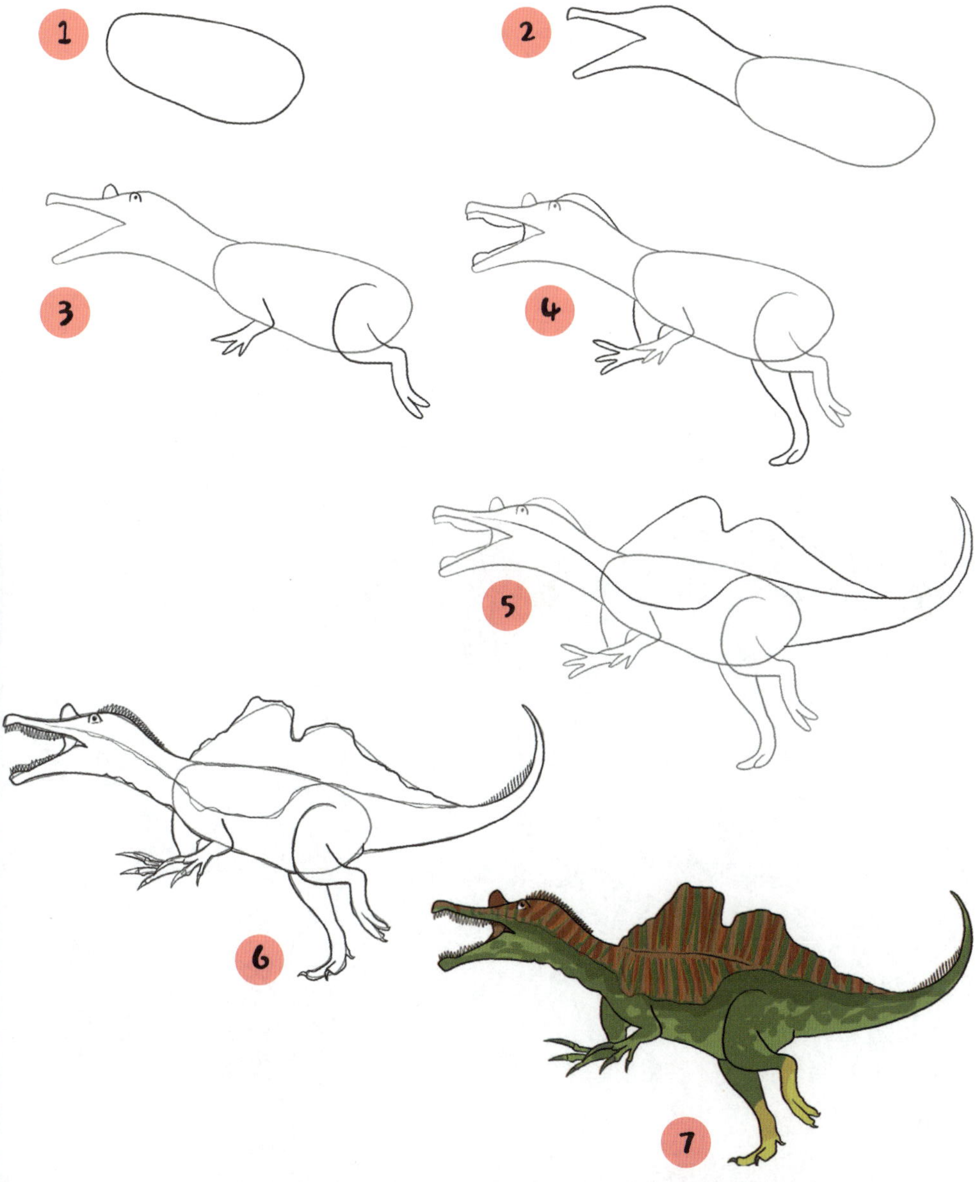

 이크티오베나토르

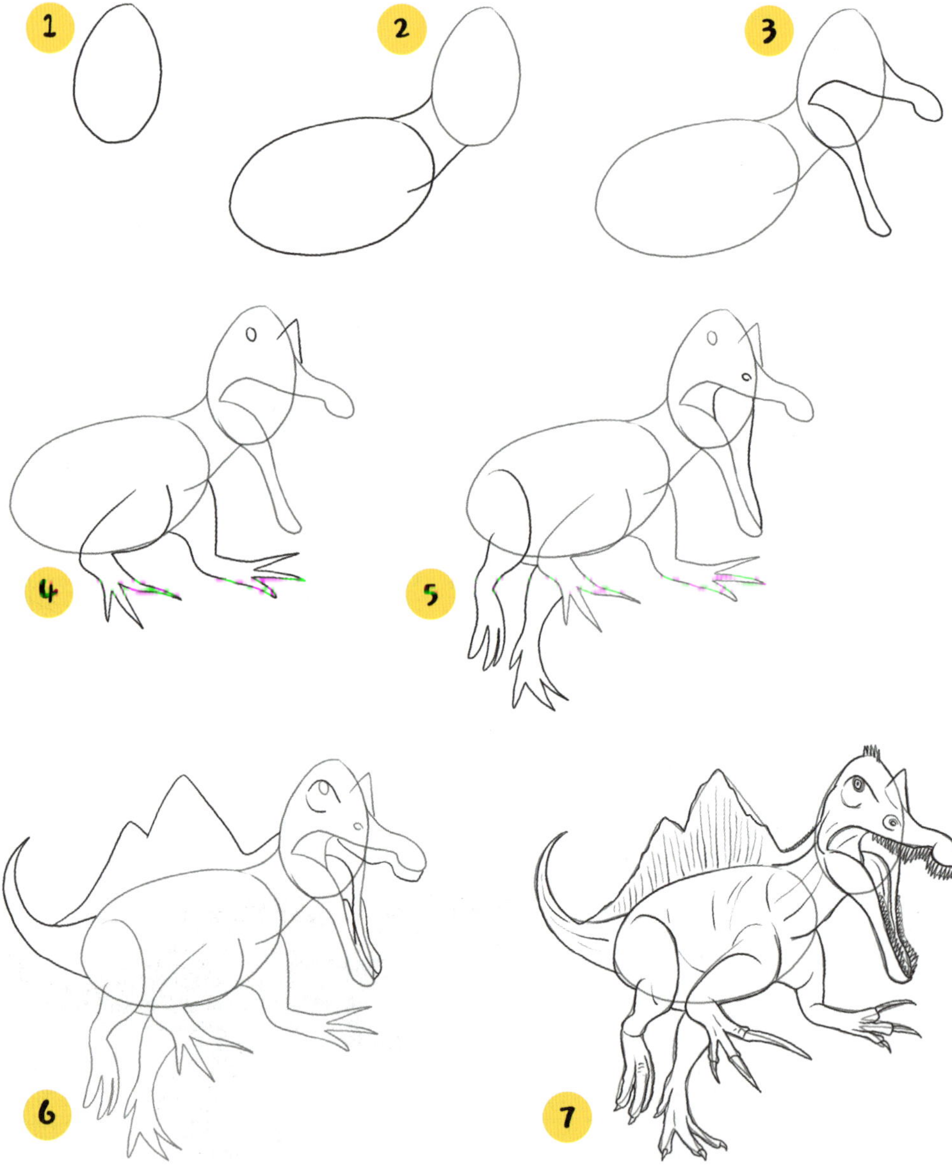

 # 123 이크티오베나토르

1.
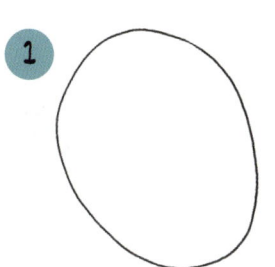

2.
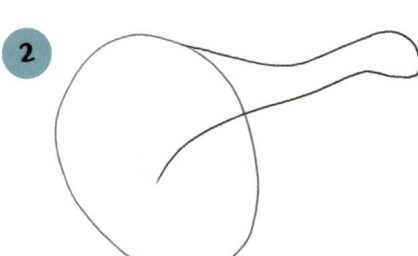

3.
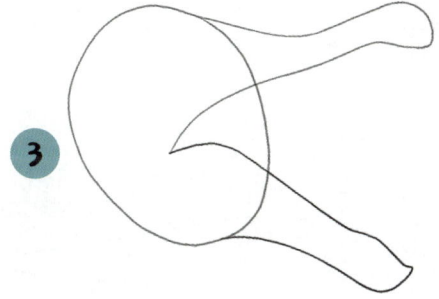

4.
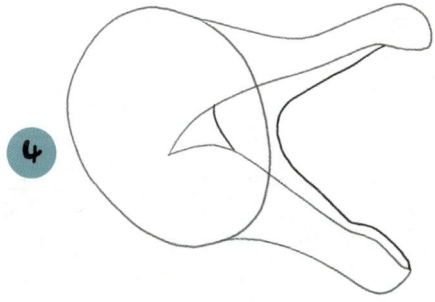

5.

6.
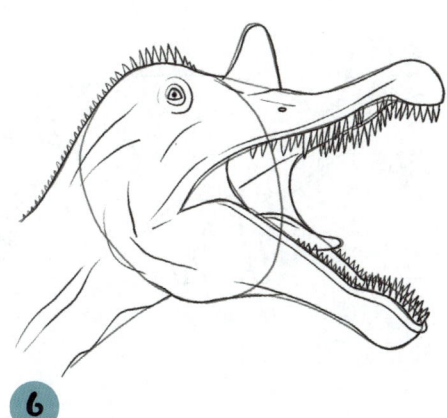

124 이구아노돈

125 이구아노돈

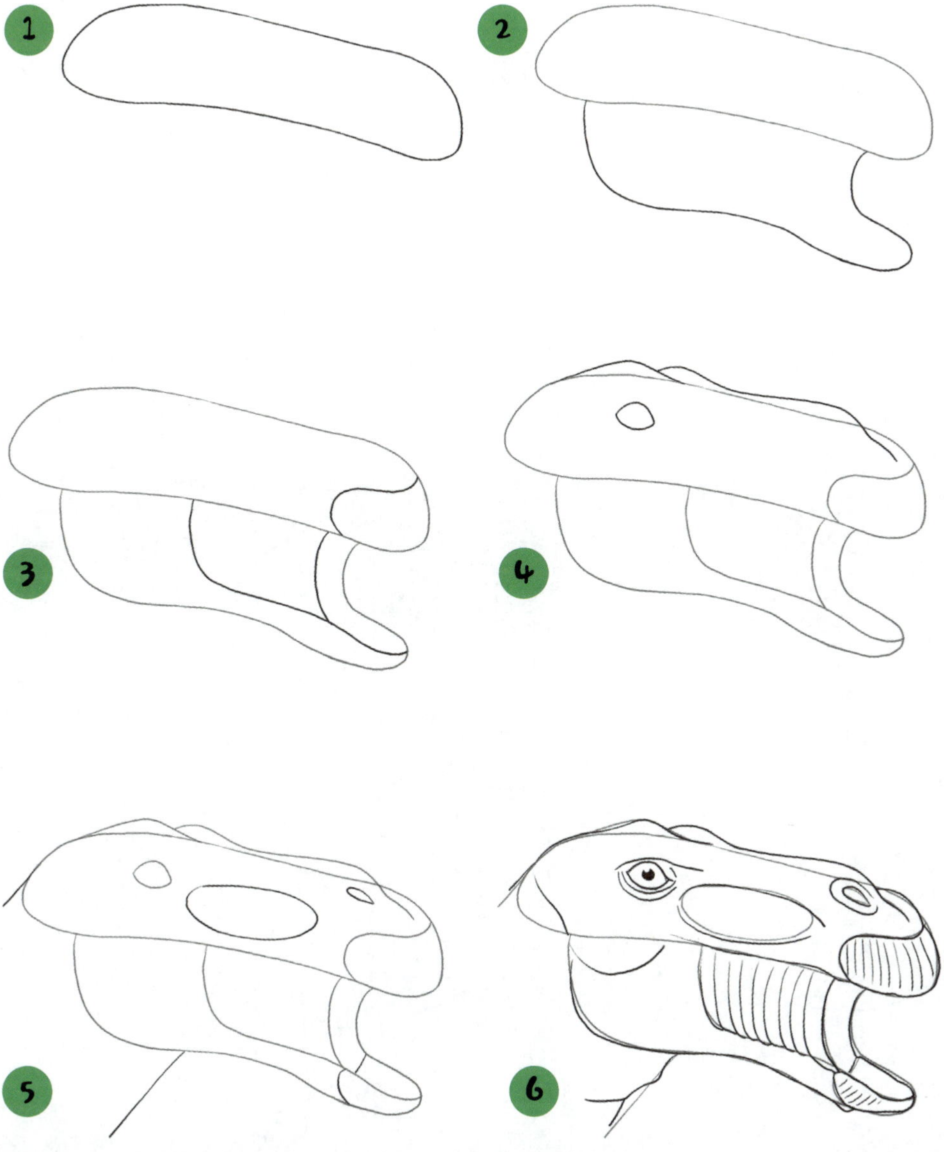

 # 126 이구아노돈

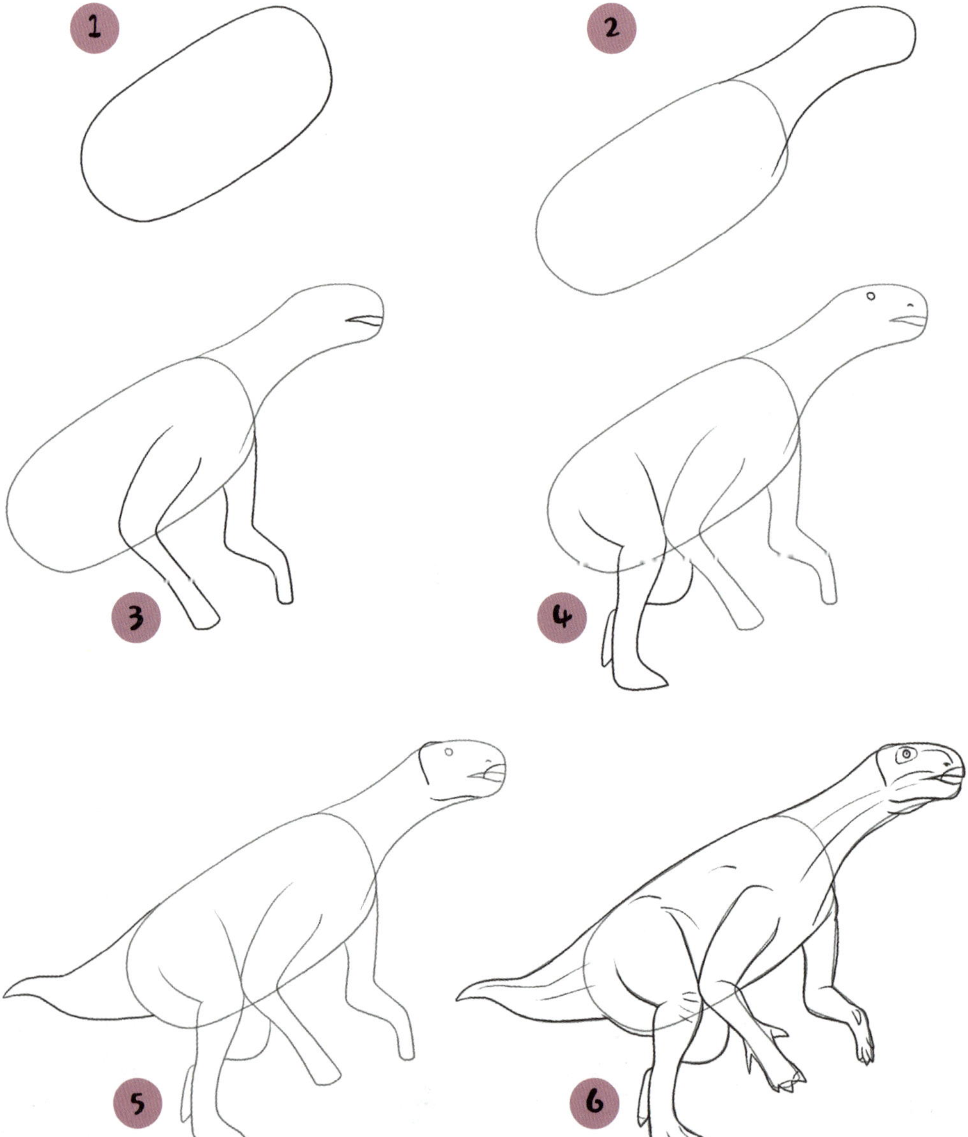

이사노사우루스

1
2
3
4
5
6

128 이사노사우루스

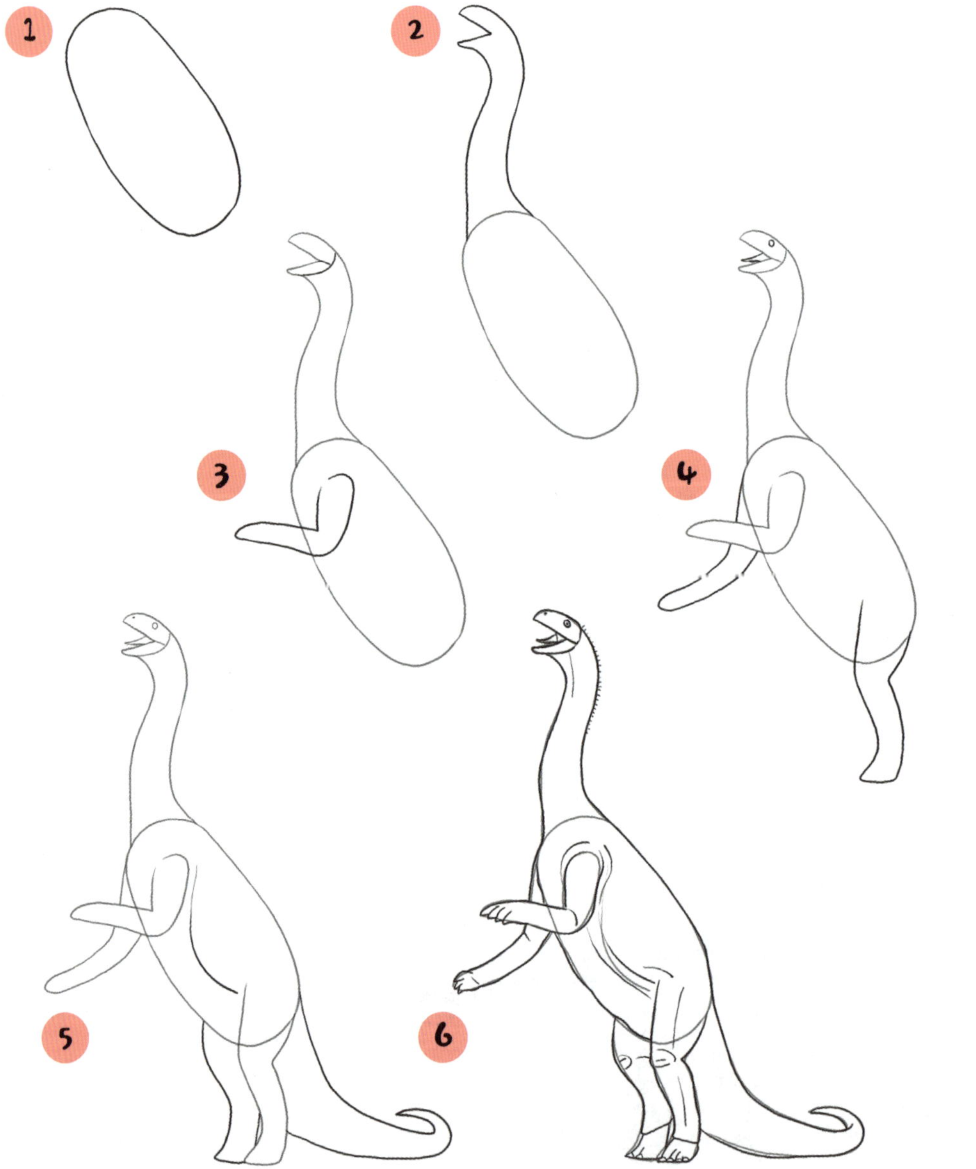

 헤레라사우루스

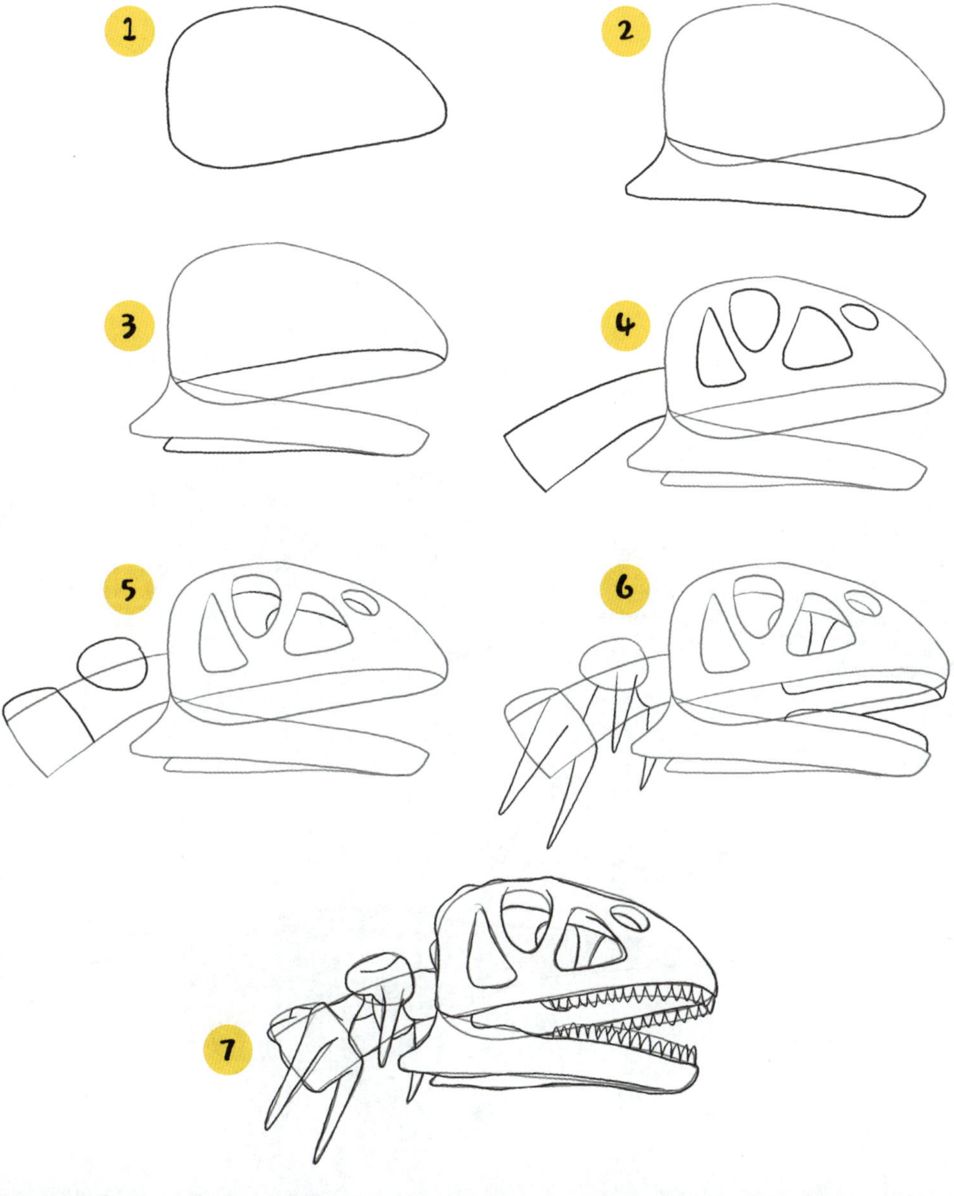

 제야와티

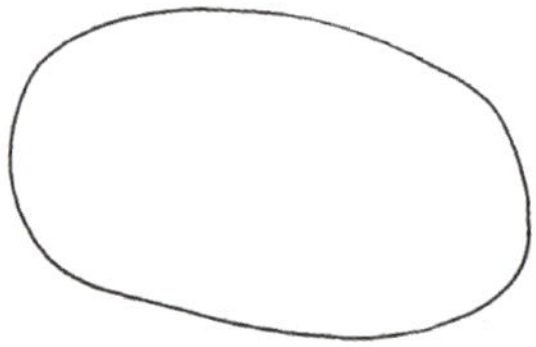

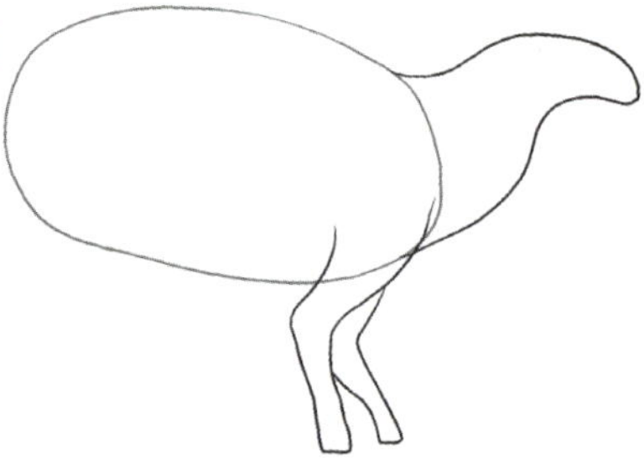

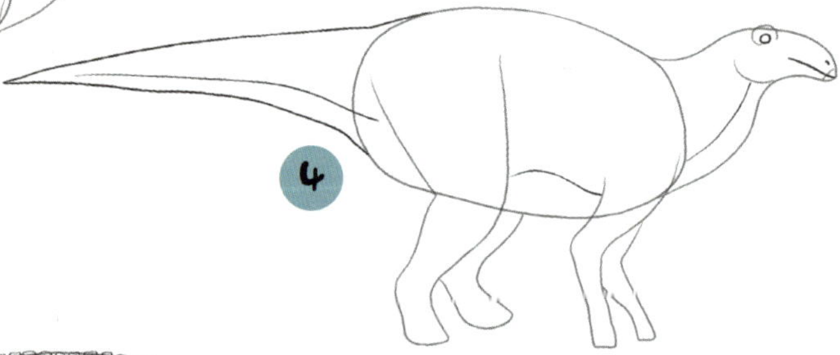

131 제야와티

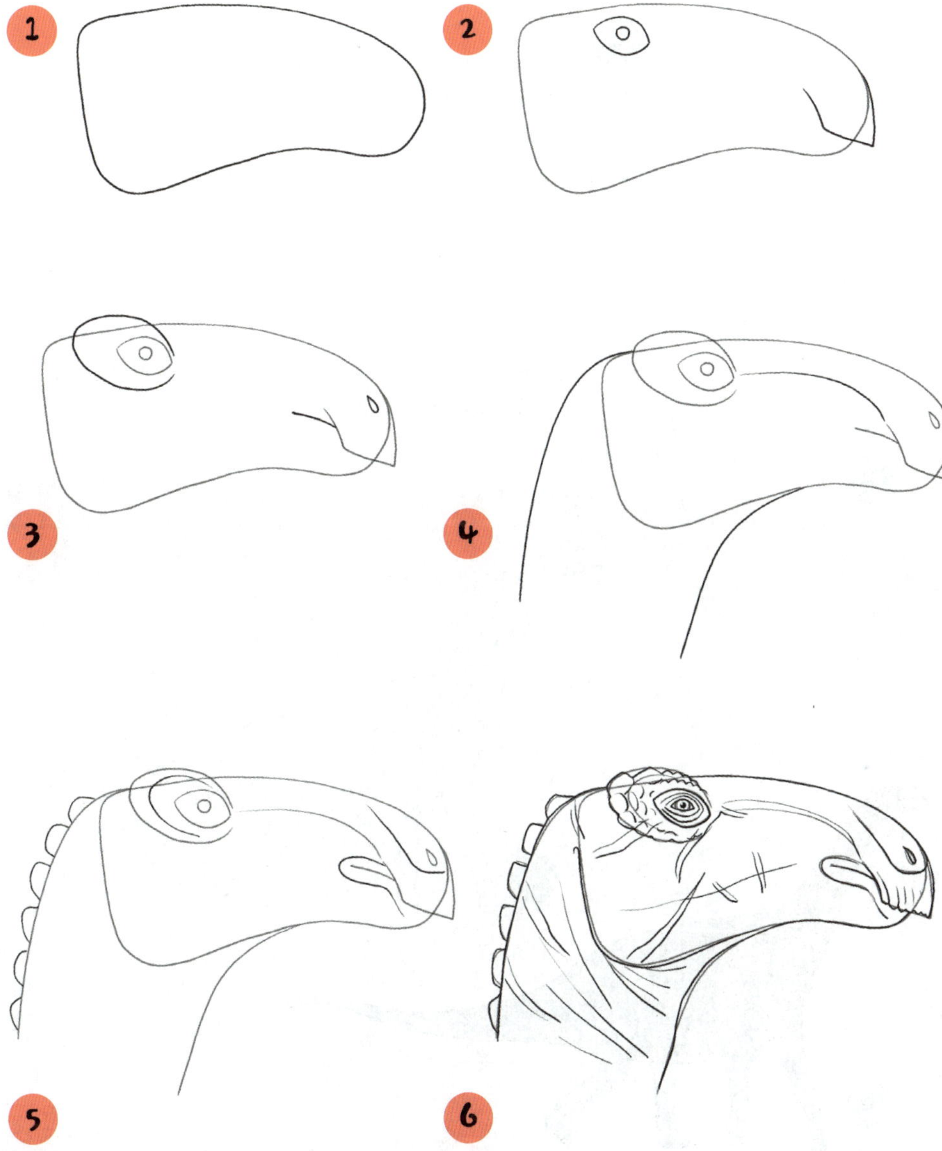

1
2
3
4
5
6

132 조바리아

133 조바리아

134 조바리아

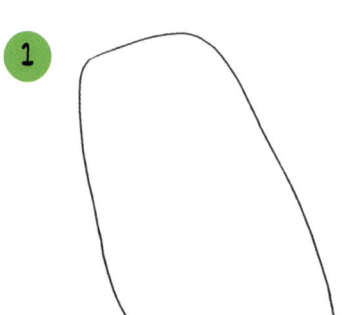

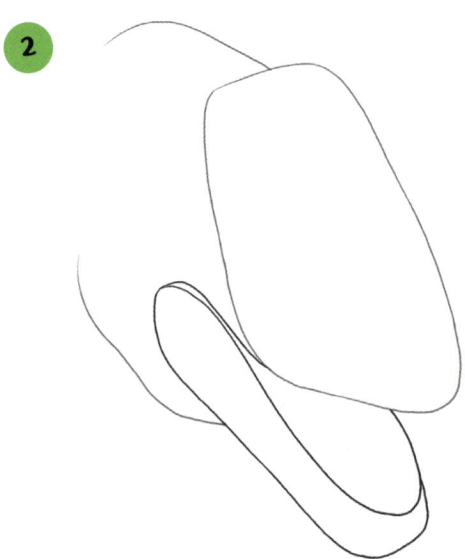

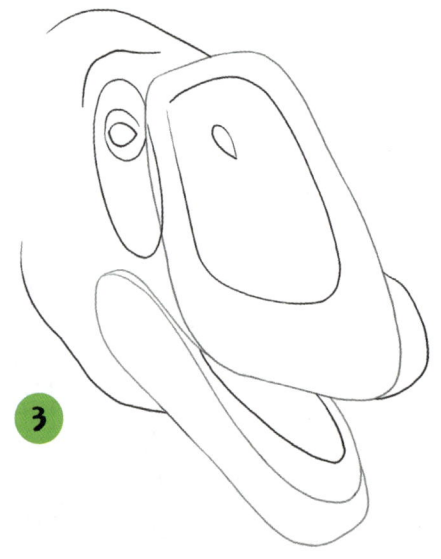

135 켄트로사우루스

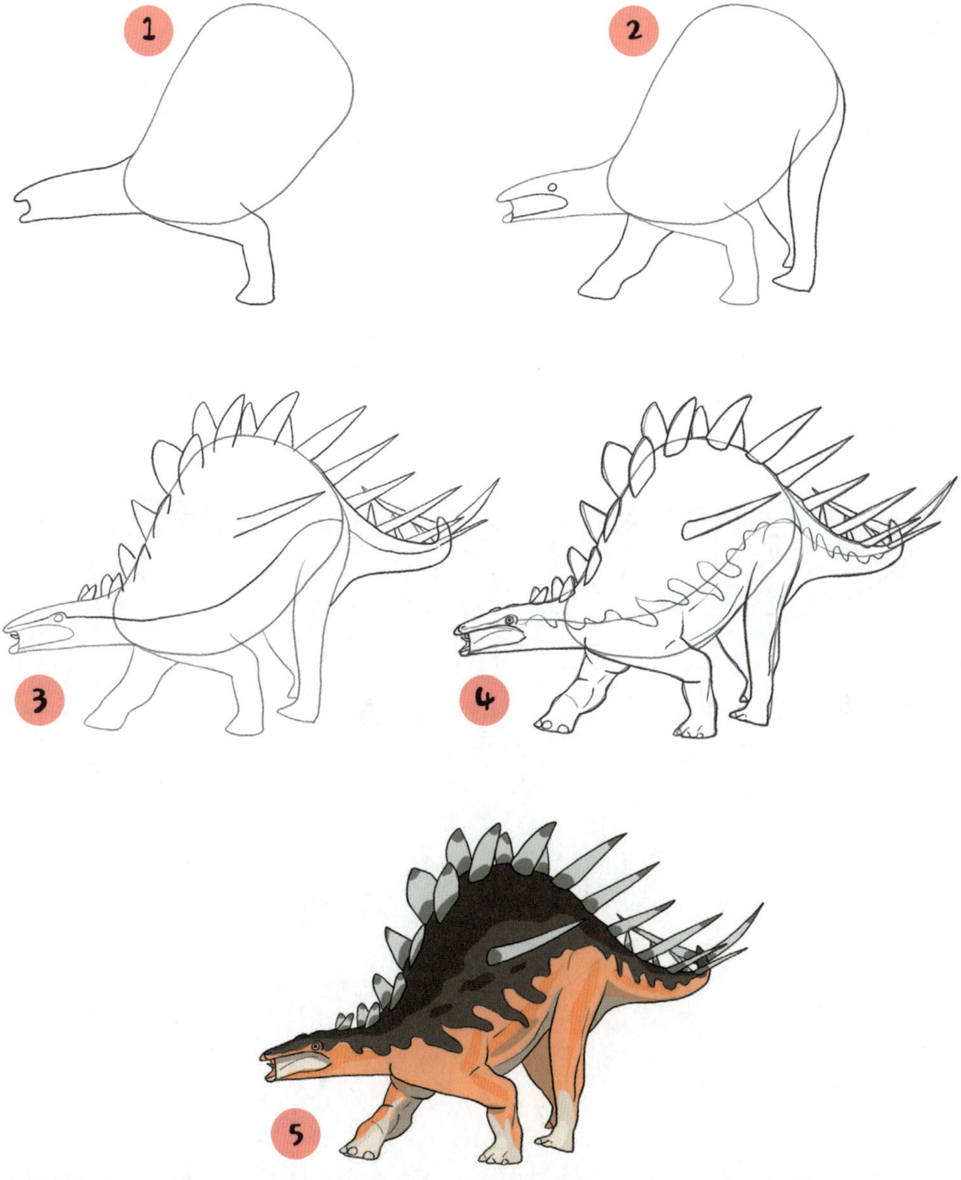

136 켄트로사우루스

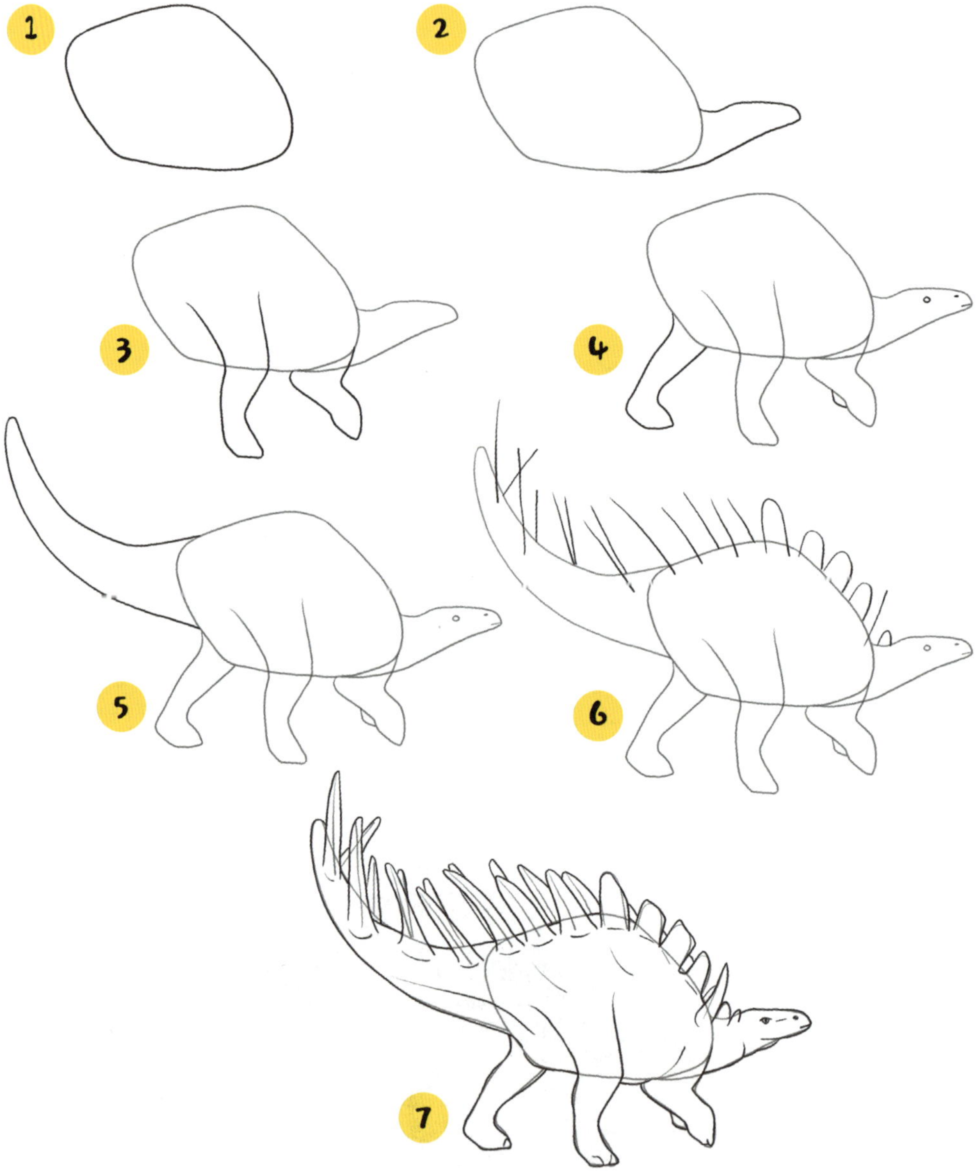

137 쿨린다드로메우스

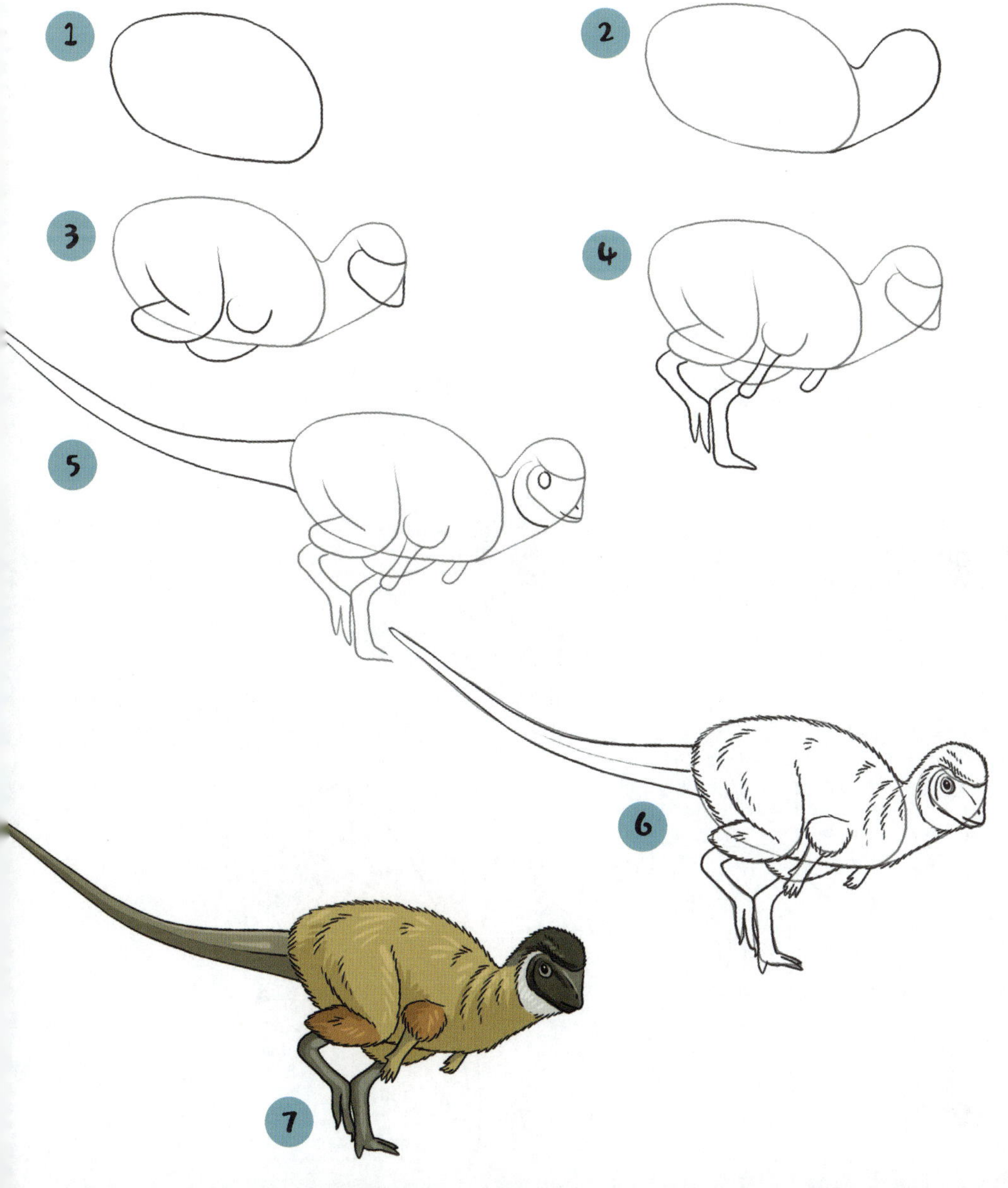

138 쿨린다드로메우스

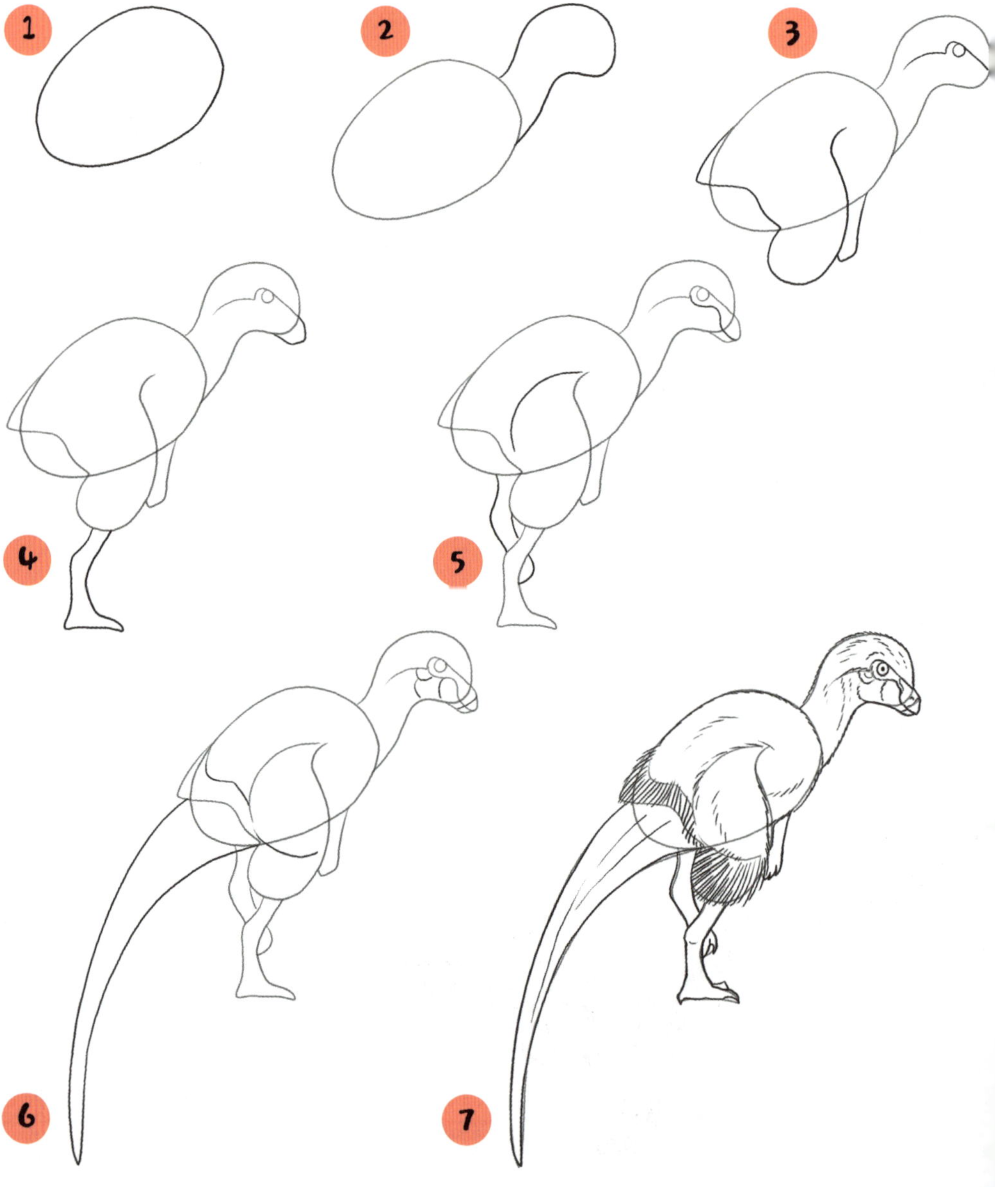

쿨린다드로메우스

 람베오사우루스

141 람베오사우루스

142 람베오사우루스

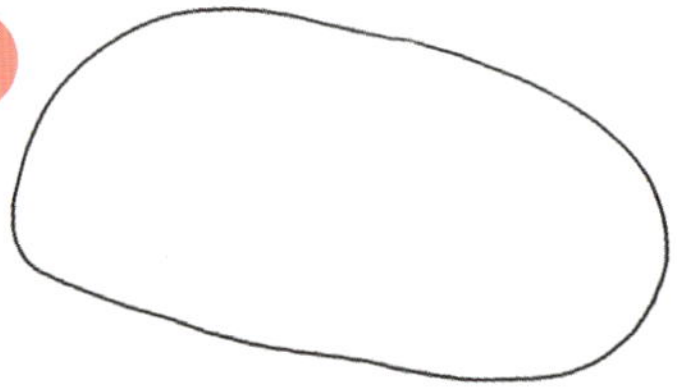

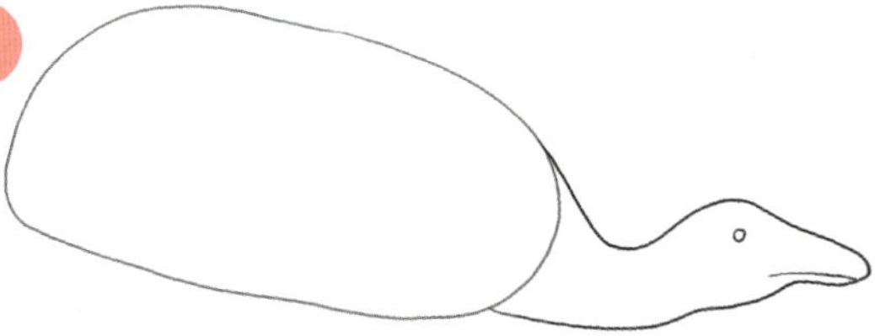

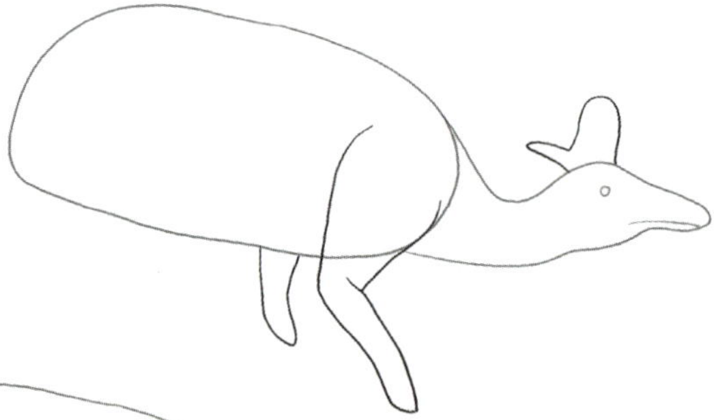

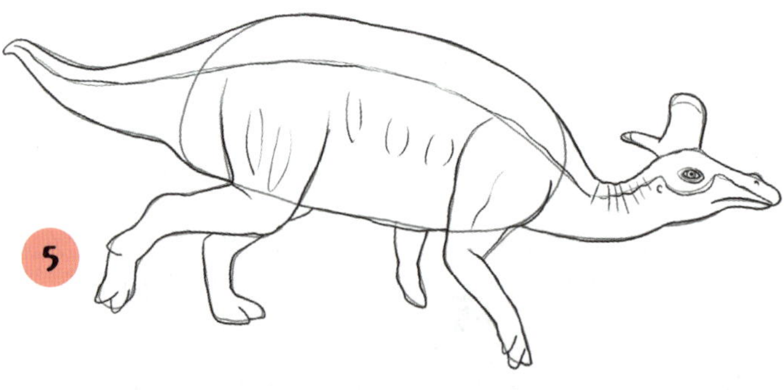

 143 람베오사우루스

144 렙토케라톱스

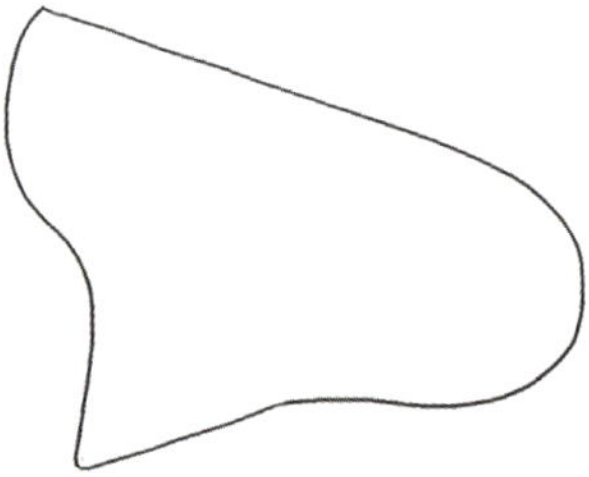

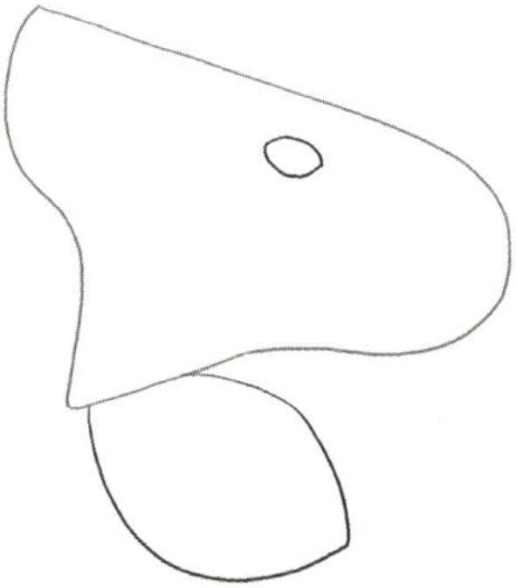

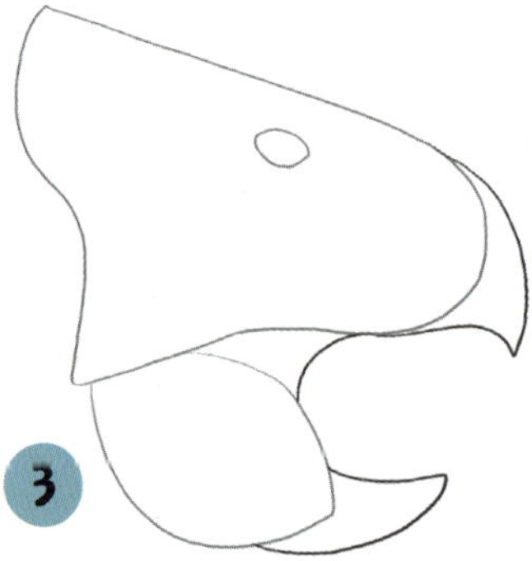

# 145 렙토케라톱스

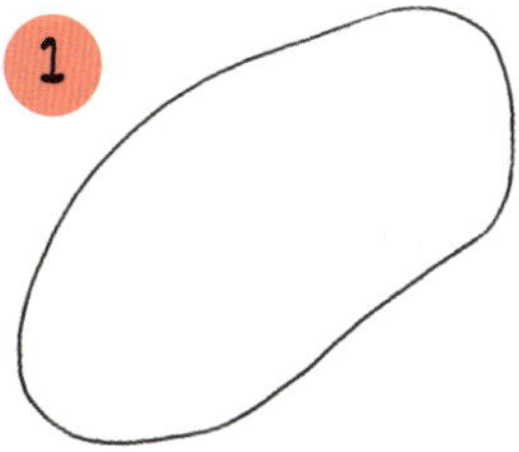

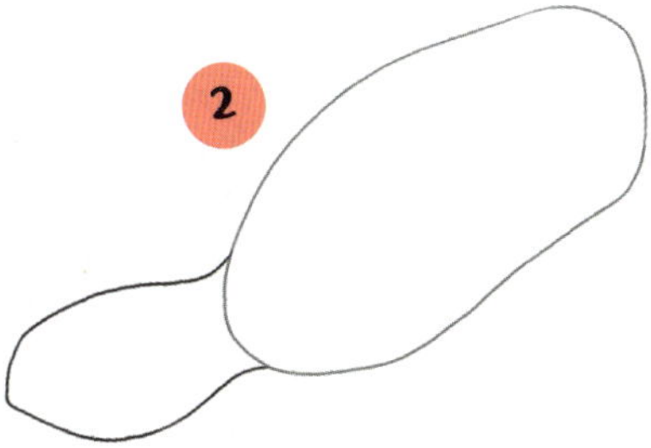

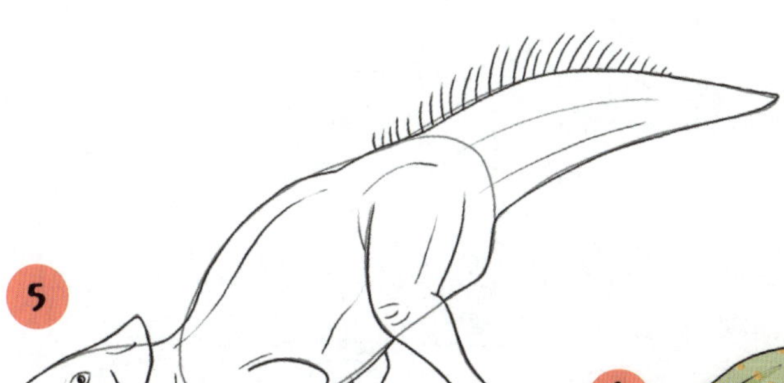

146 렙토케라톱스

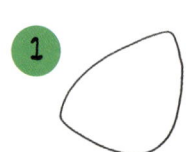
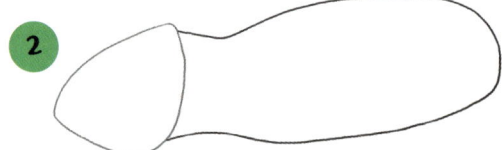
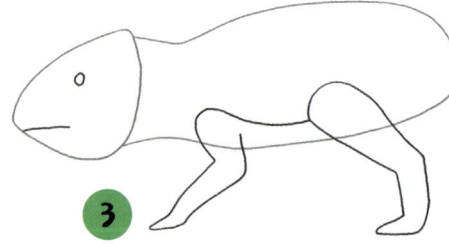

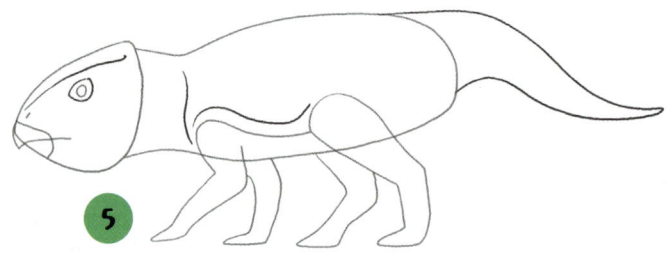
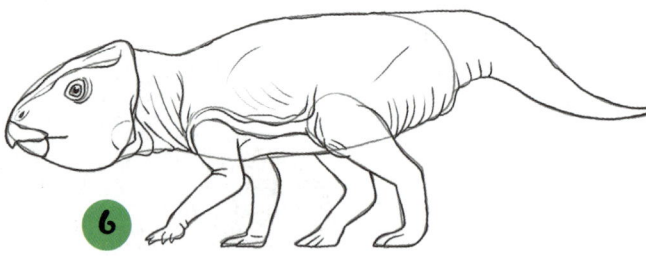

리라이노사우루스

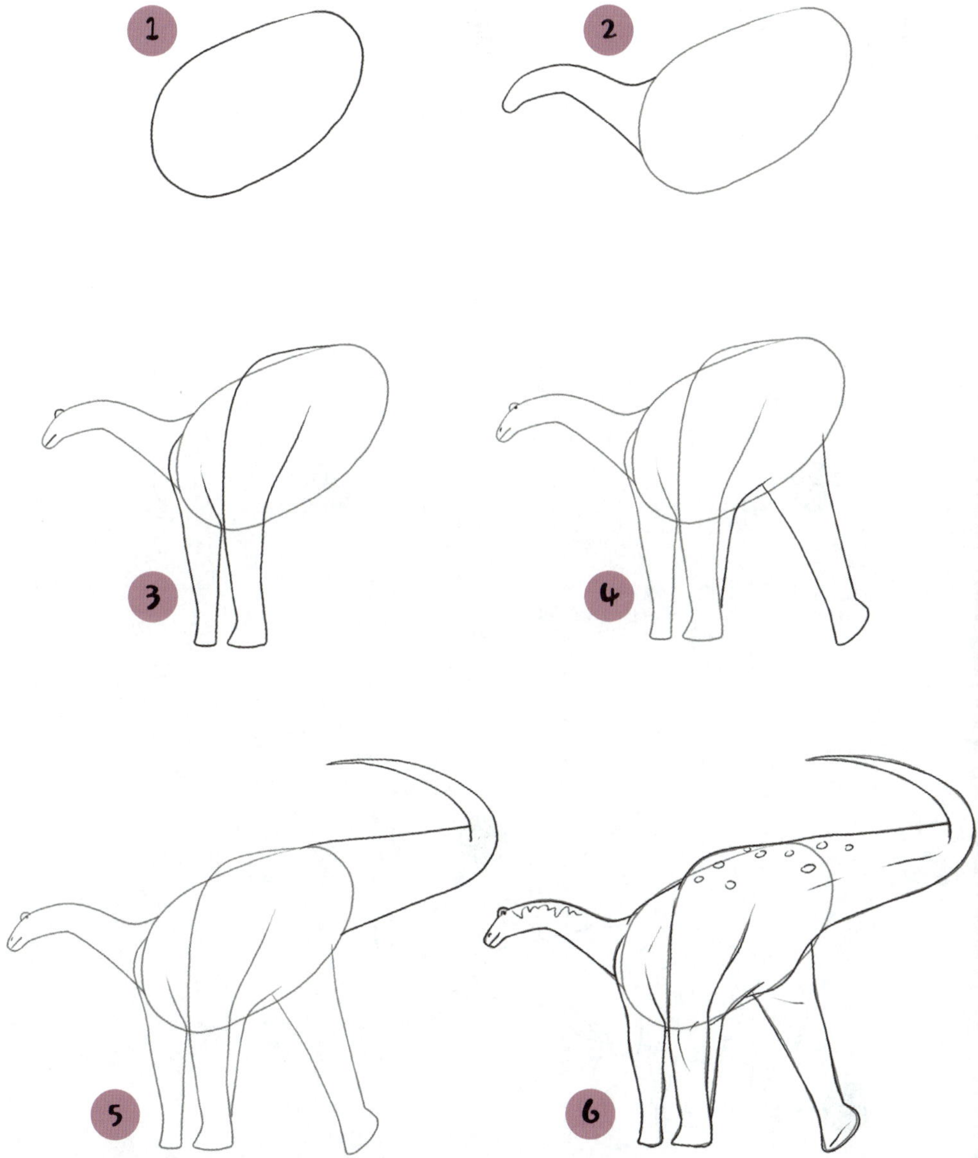

루펜고사우루스

# 149 루펜고사우루스

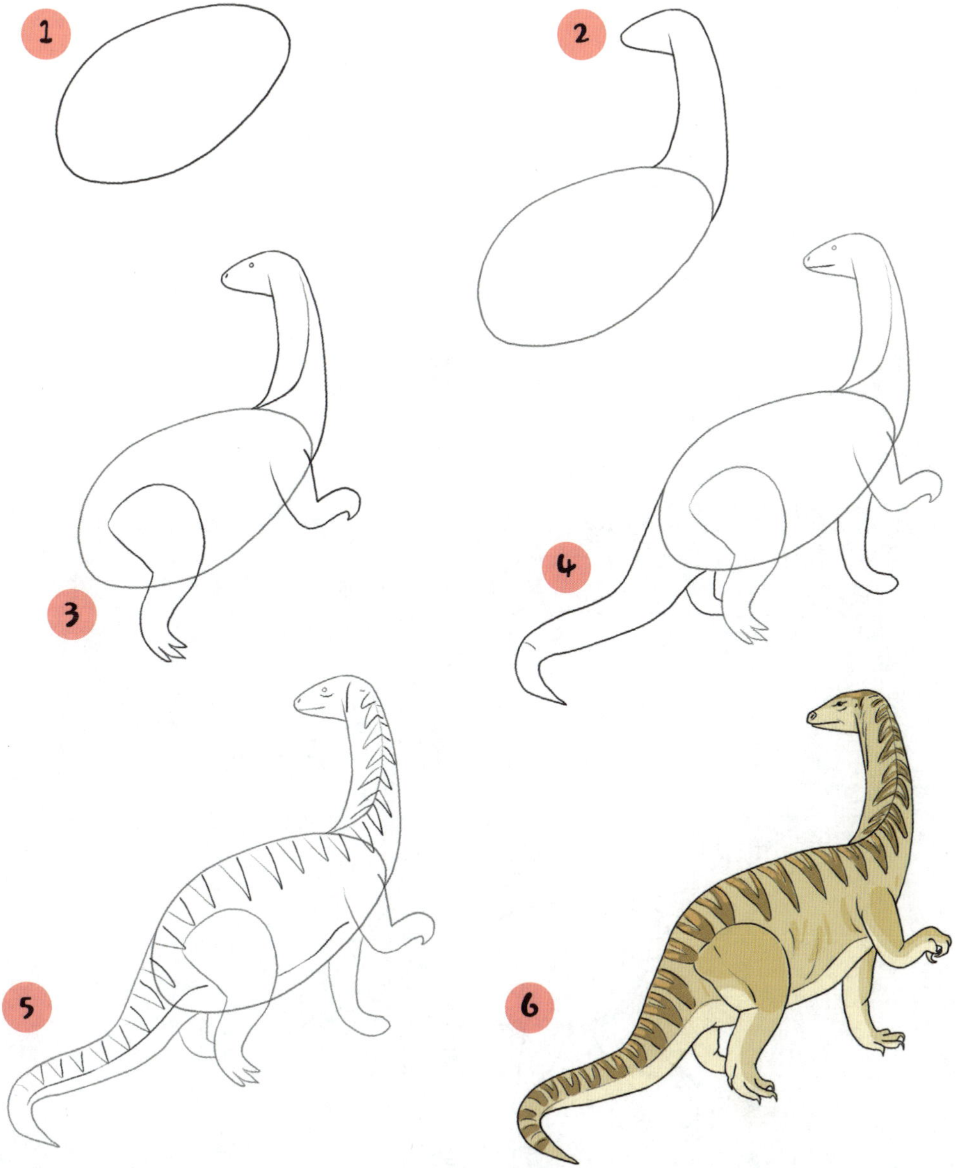

150 메갈로사우루스

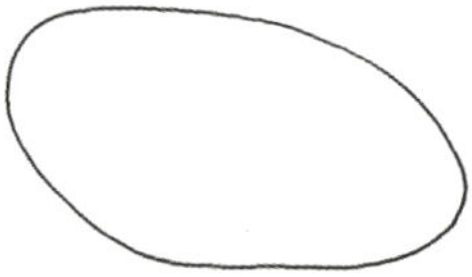

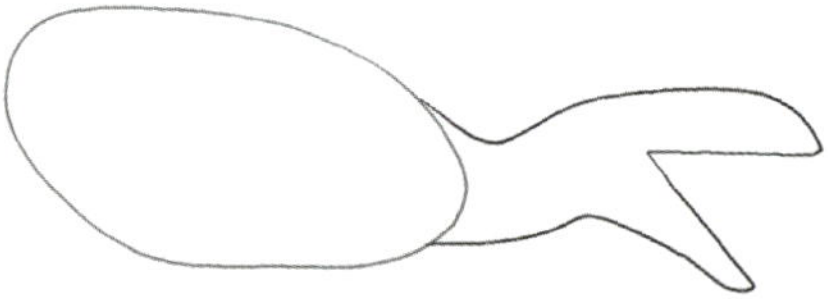

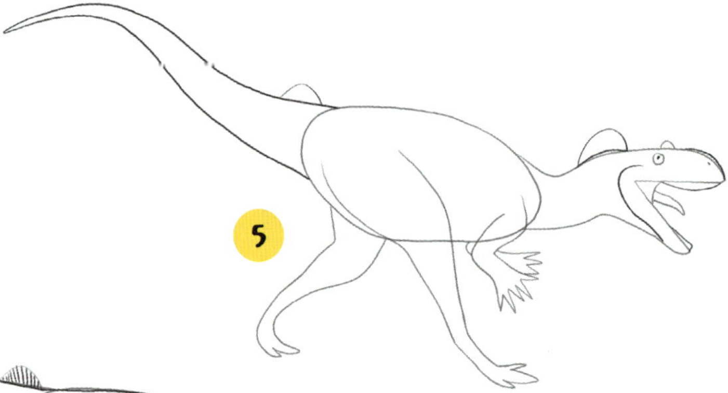

151 메갈로사우루스

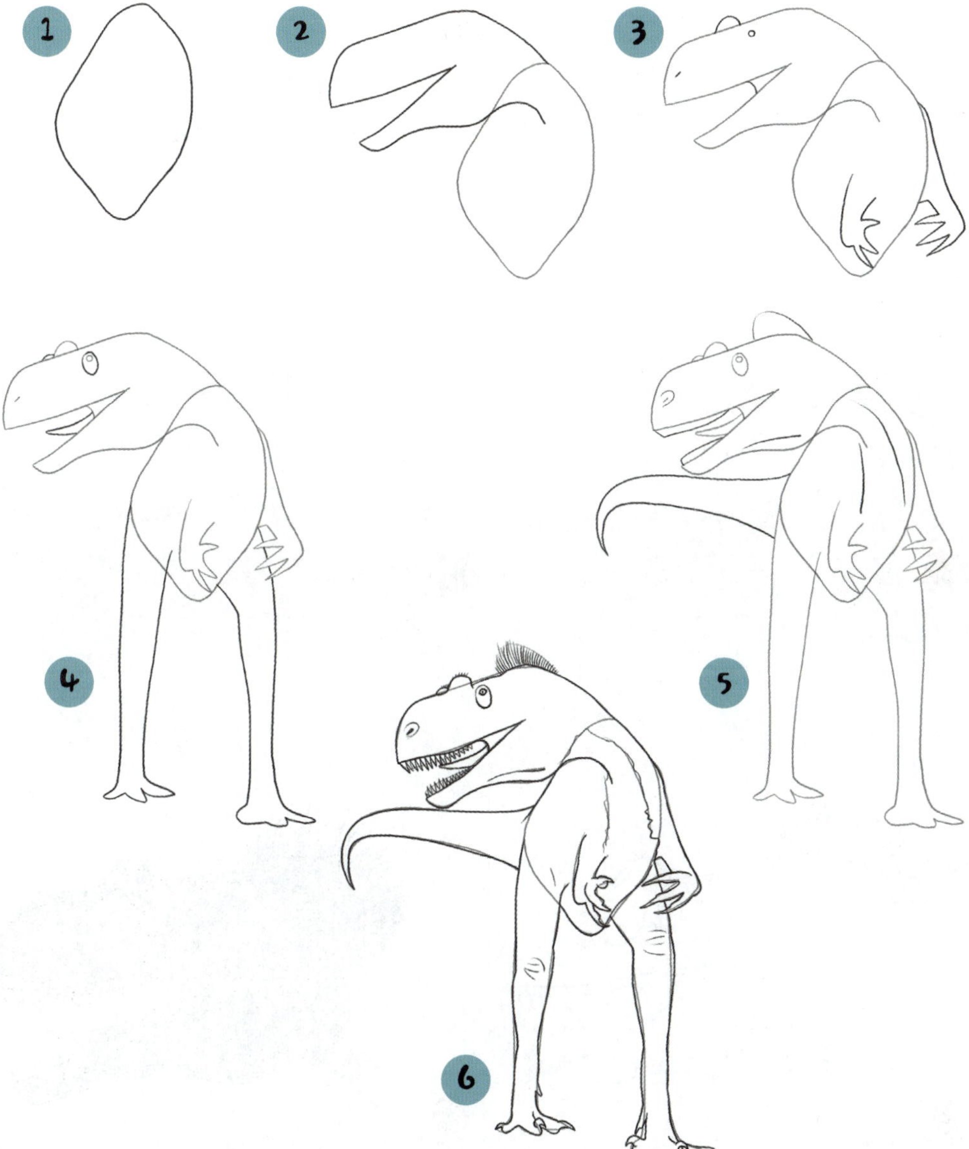

 # 152 메갈로사우루스

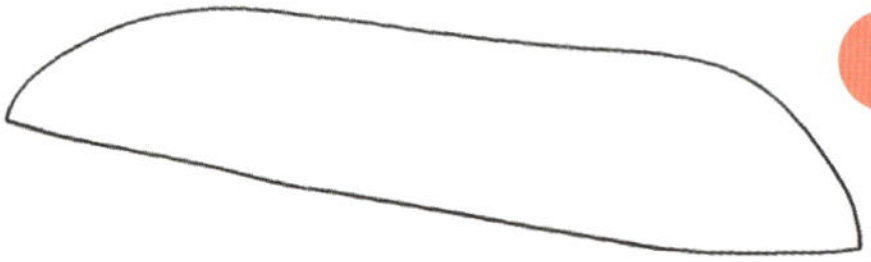

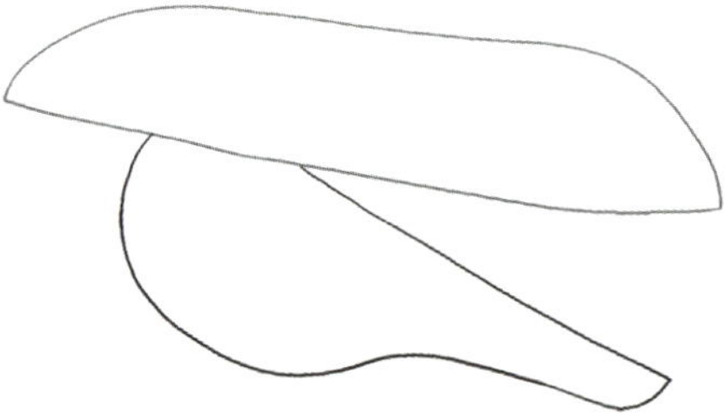

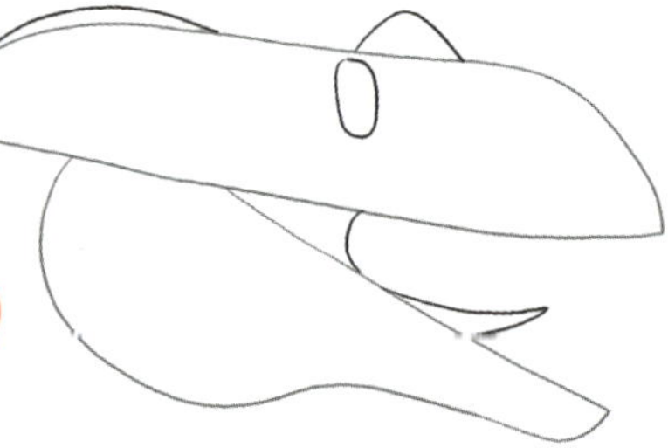

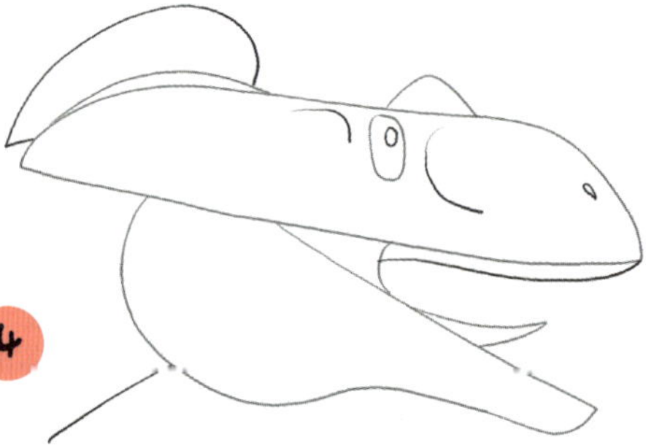

153 마이아사우라

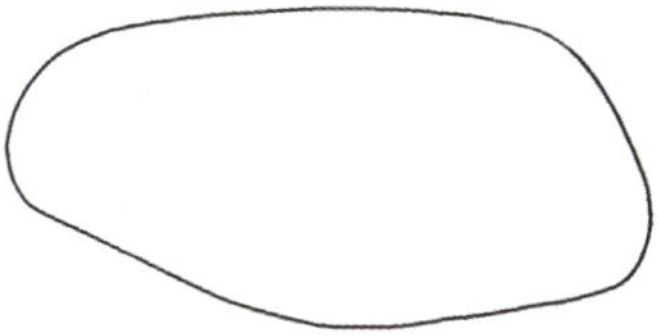

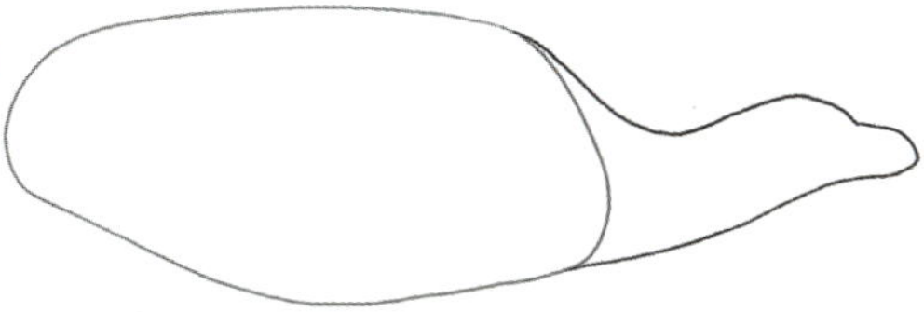

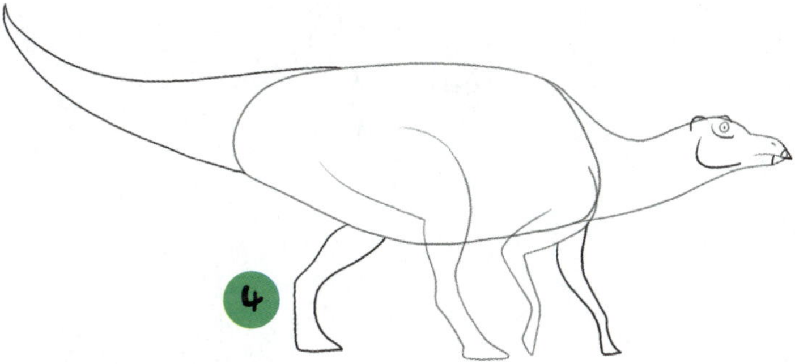

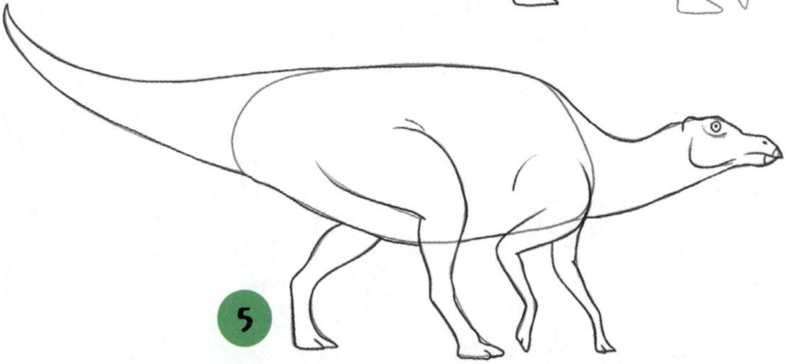

154 마이아사우라

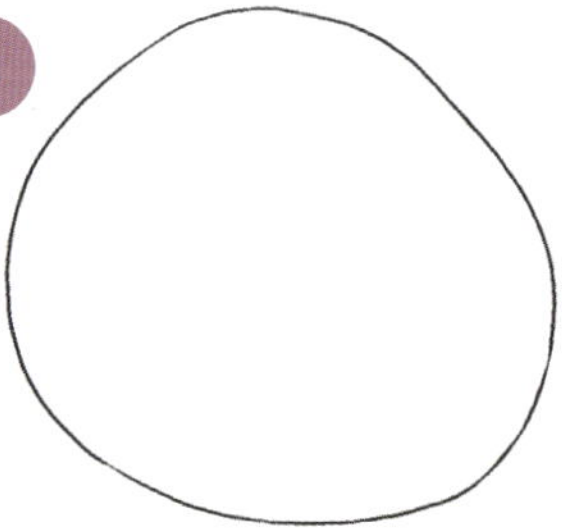

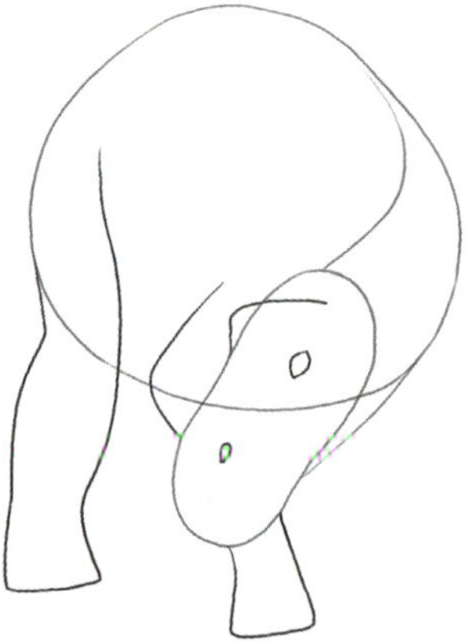

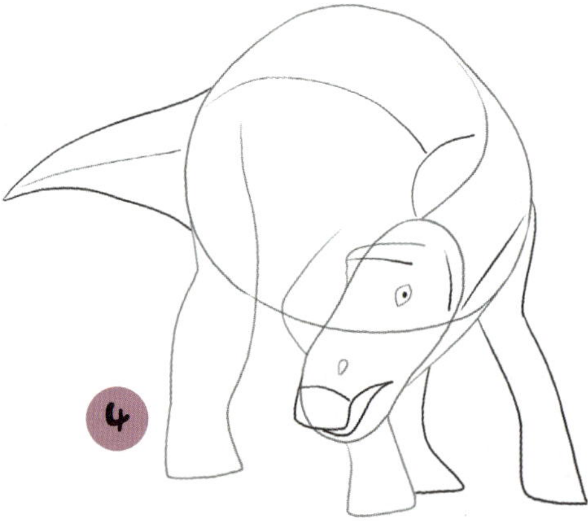

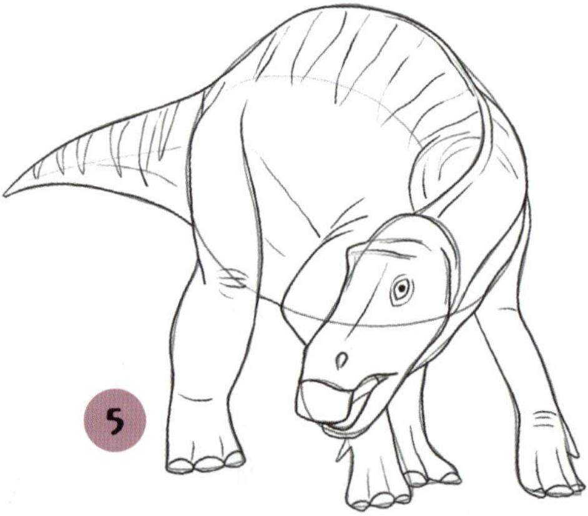

155 마이아사우라

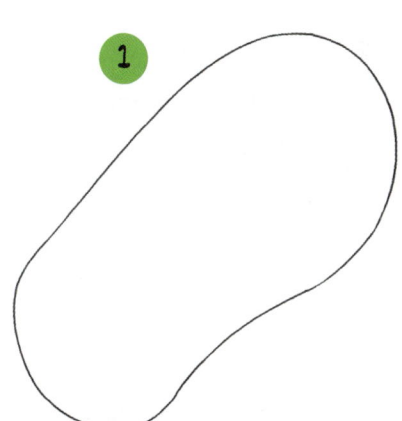
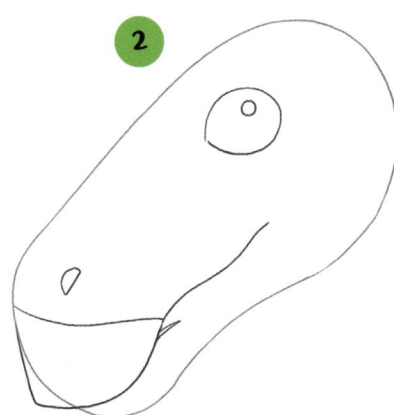

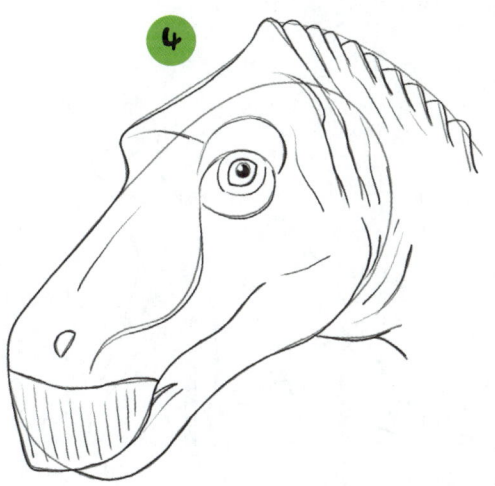

156 마이아사우라

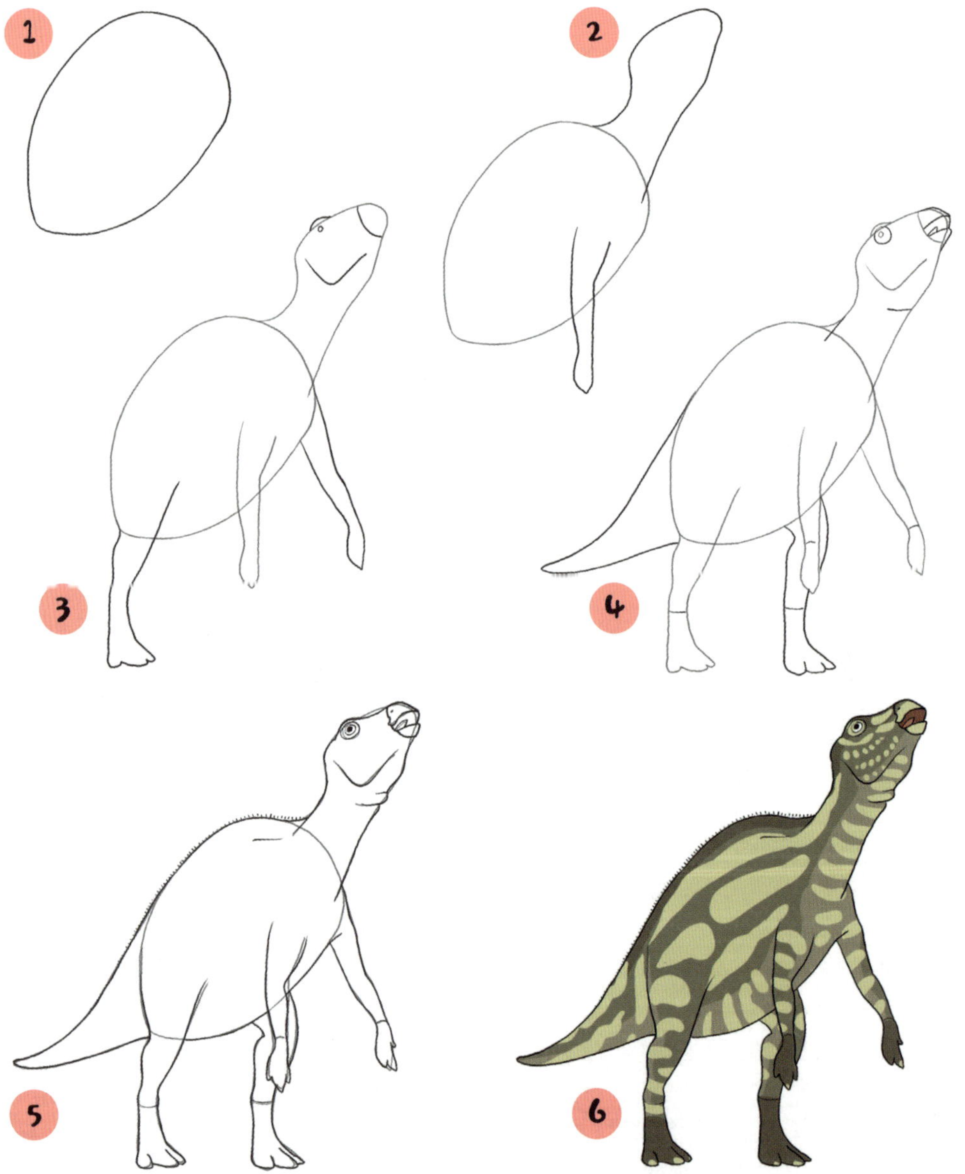

157 마이아사우라

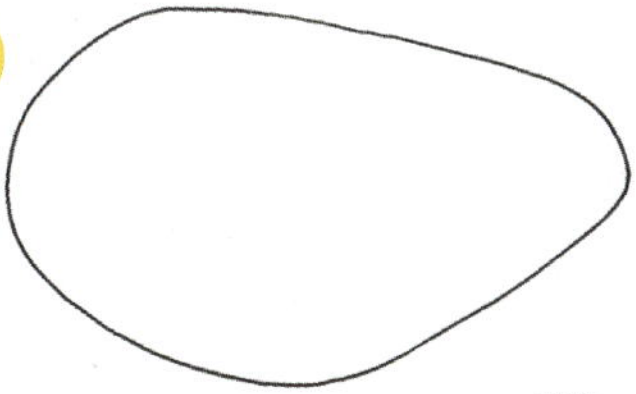

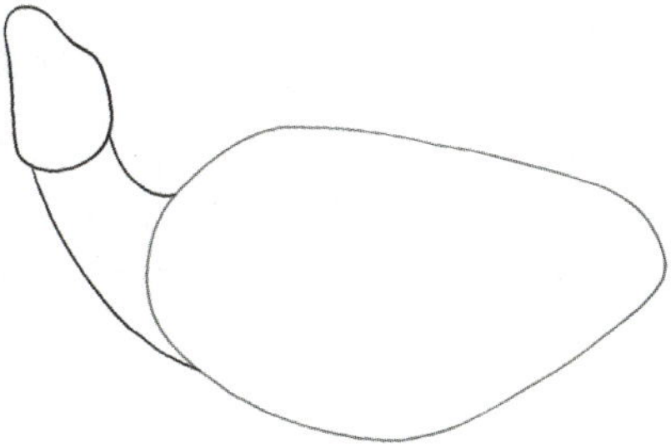

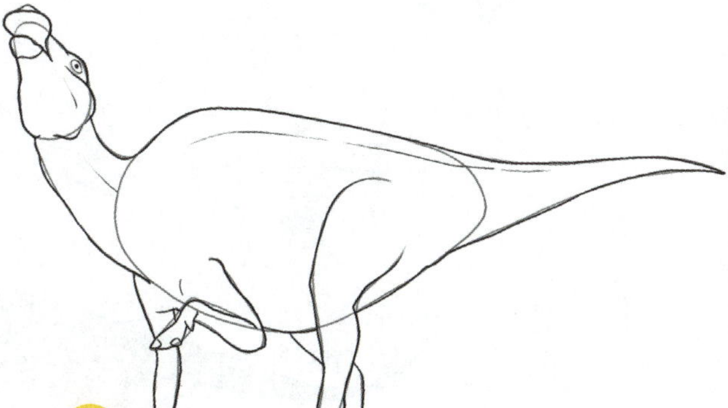

158 마멘키사우루스

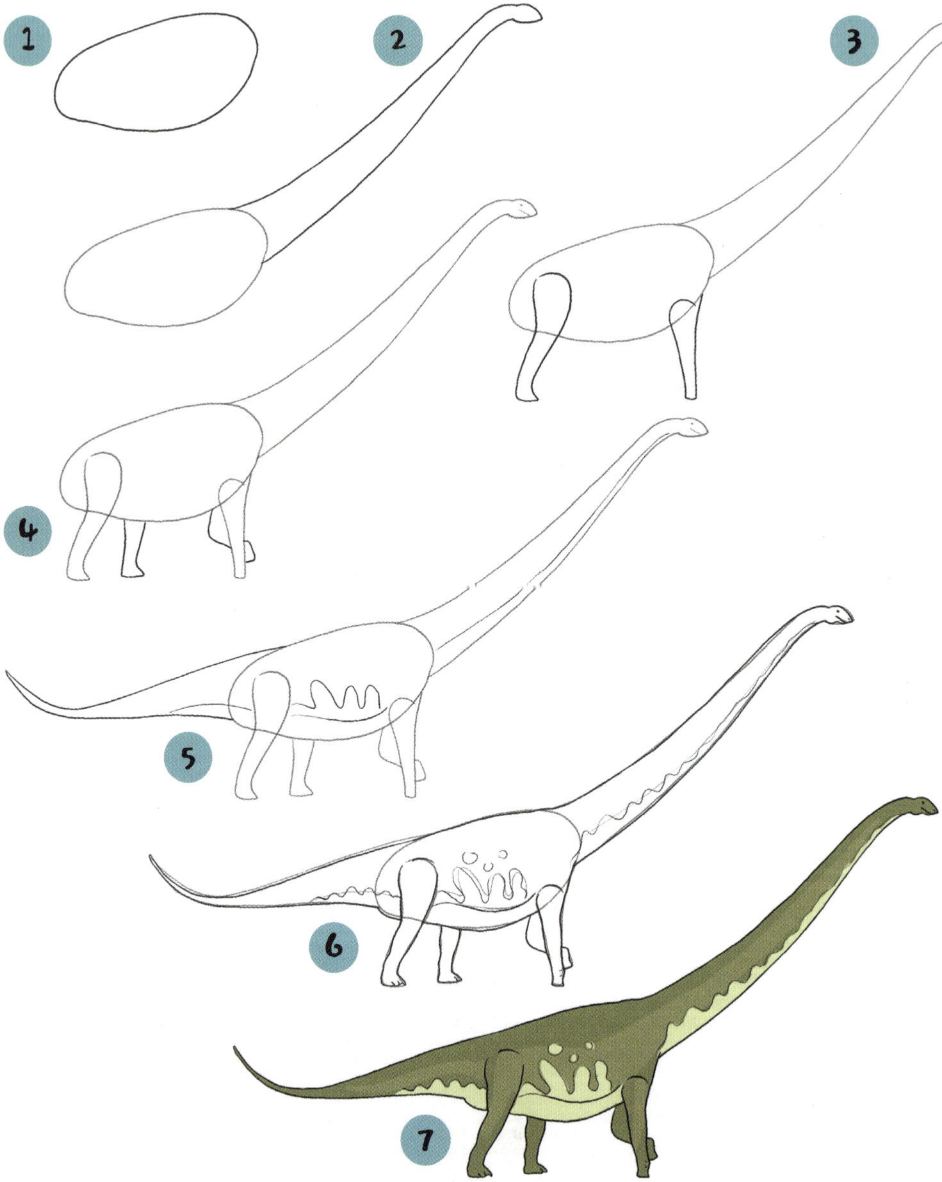

159 마멘키사우루스

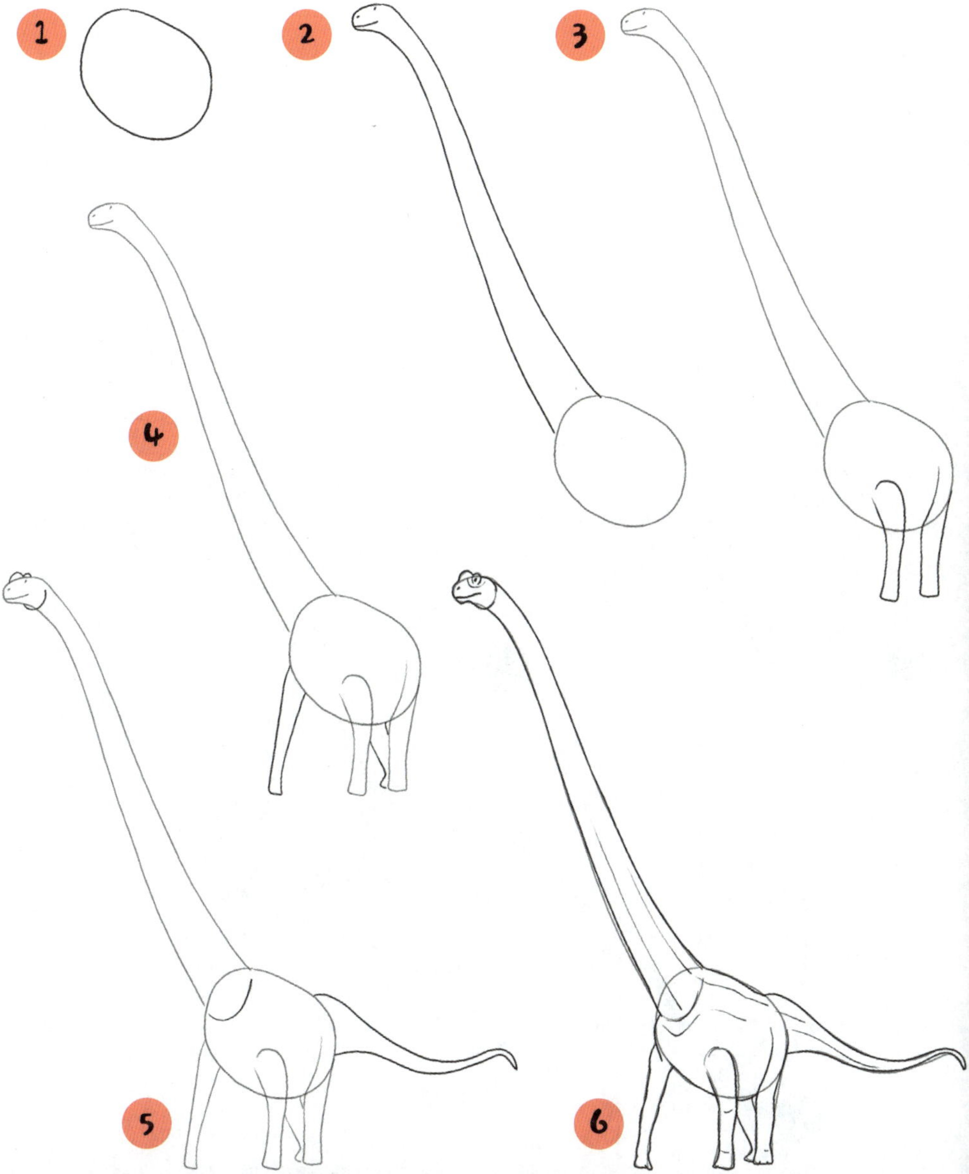

1
2
3
4
5
6

160 마멘키사우루스

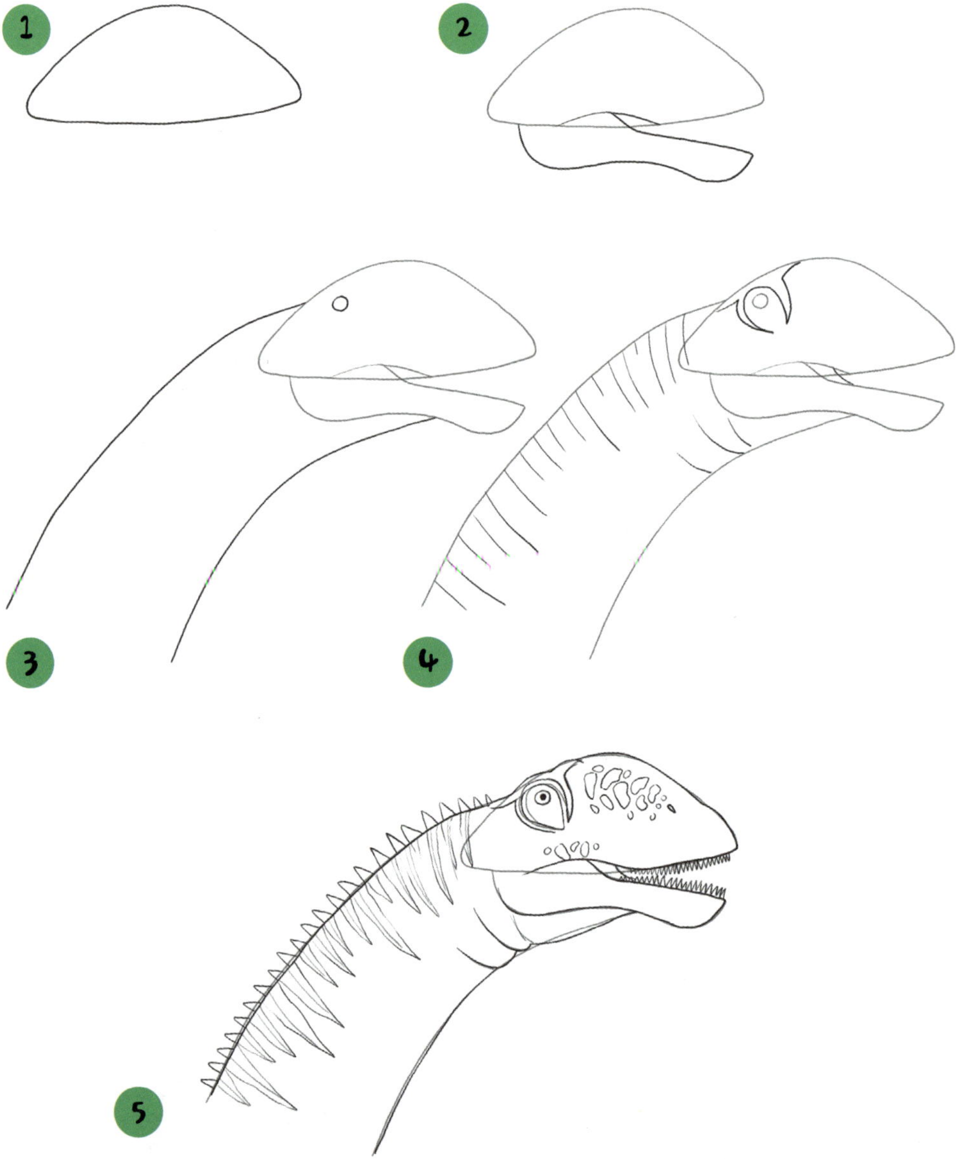

1.
2.
3.
4.
5.

161 마시아카사우루스

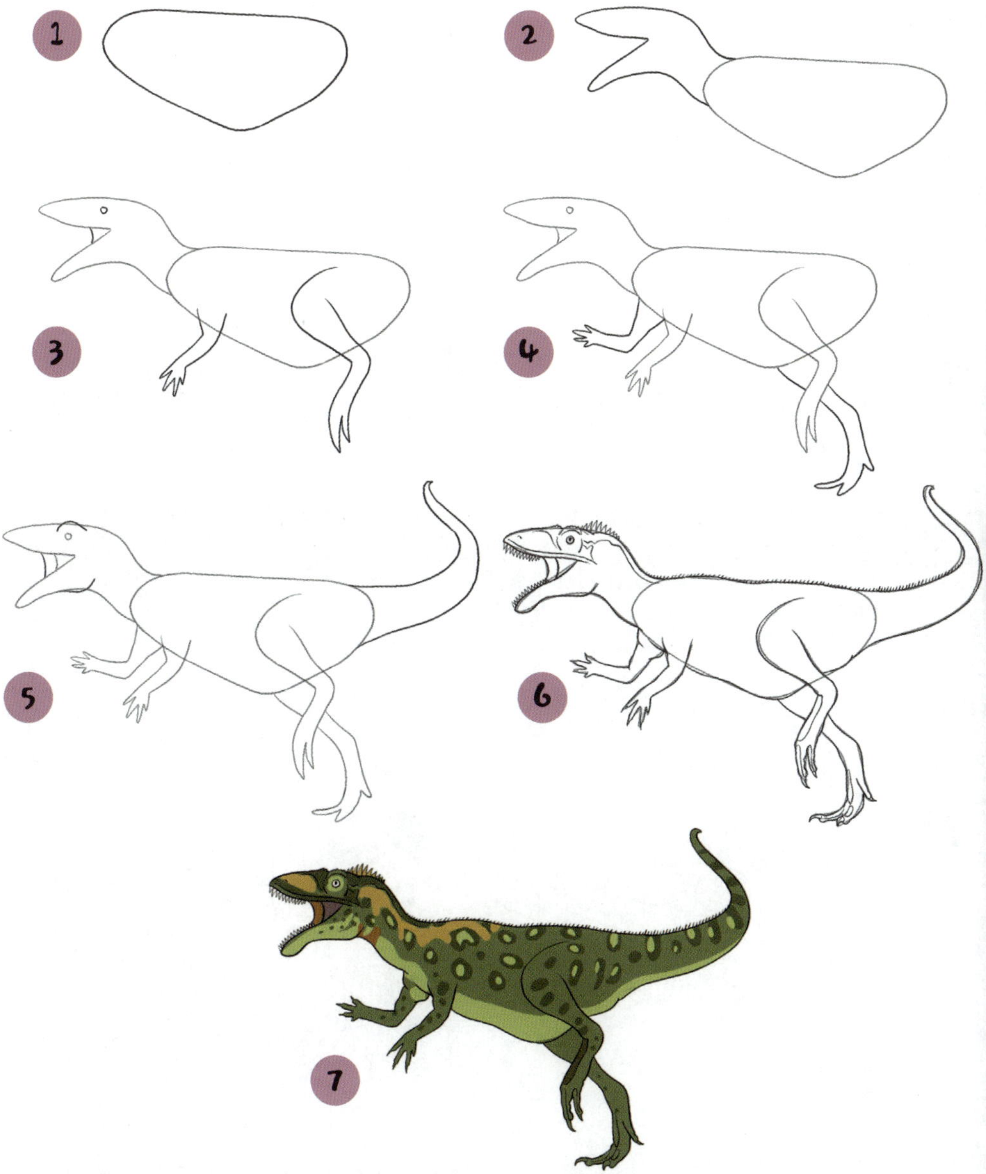

162 마시아카사우루스

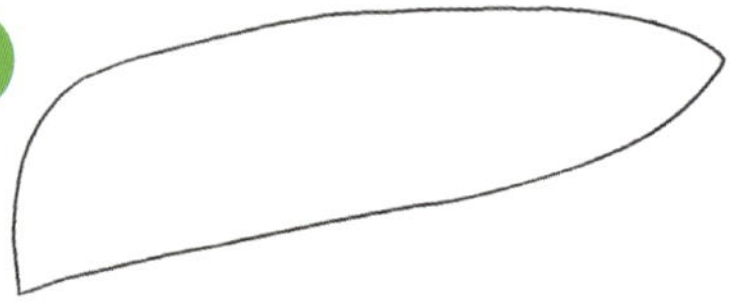

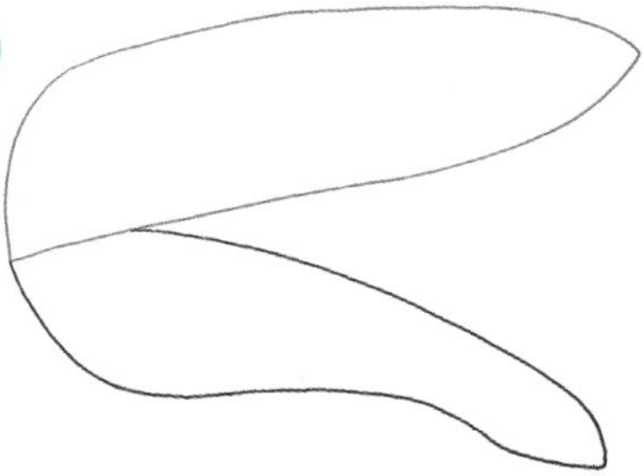

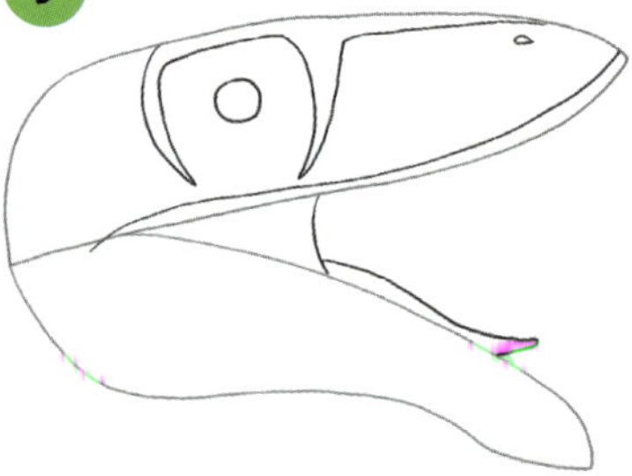

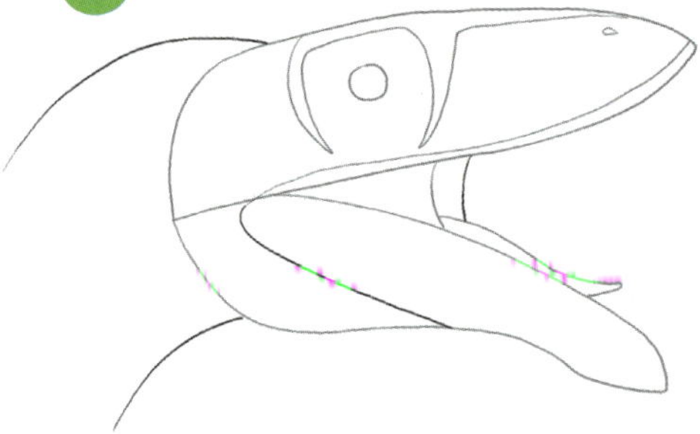

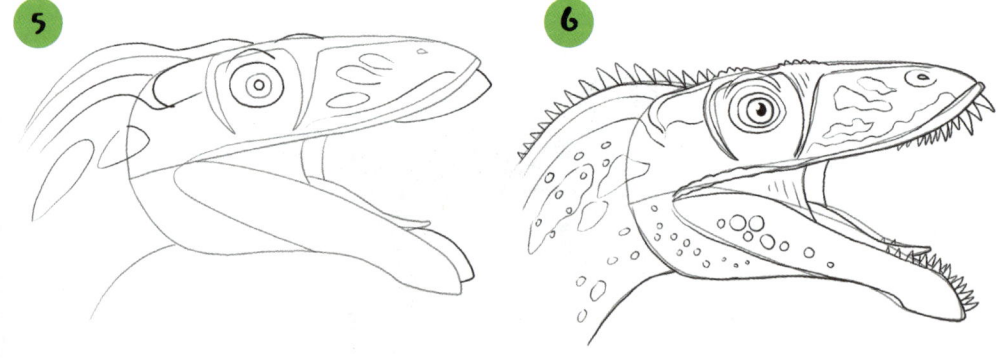

163 미크로랍토르

164 미크로랍토르

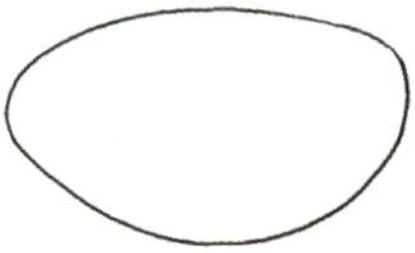

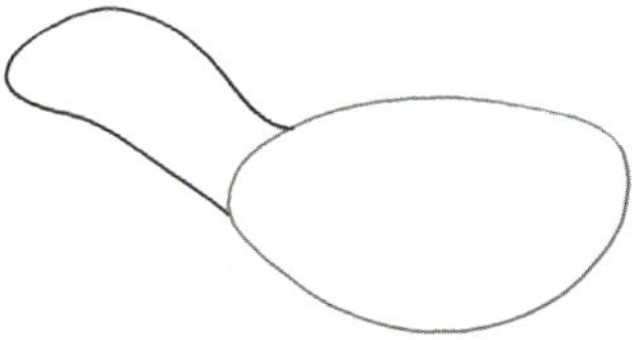

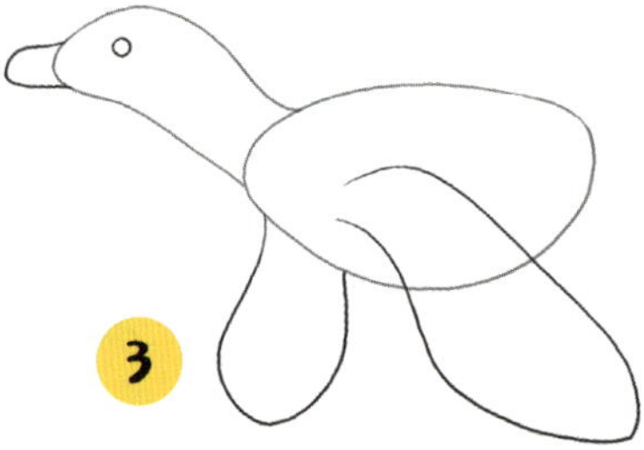

165 미크로랍토르

166 미크로랍토르

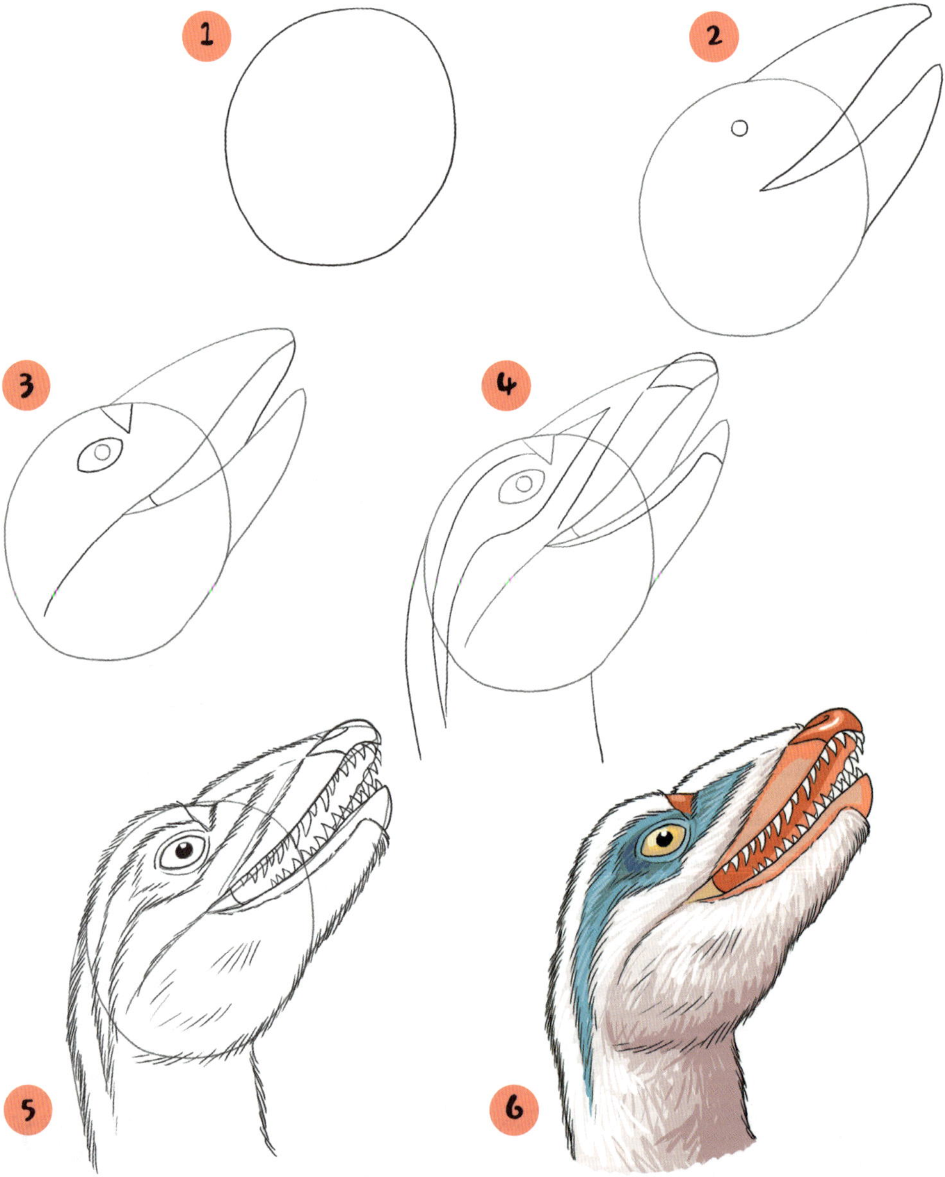

167 미라가이아

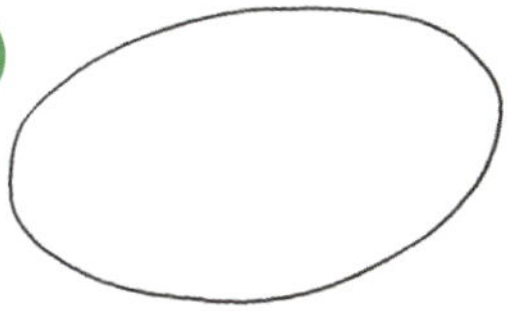

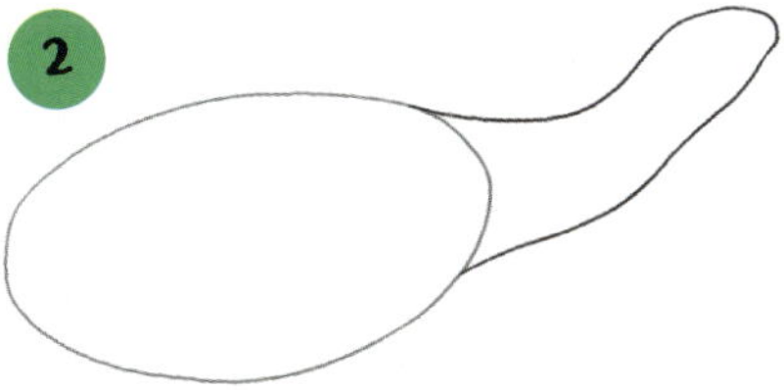

168 미라가이아

169 미라가이아

170 미라가이아

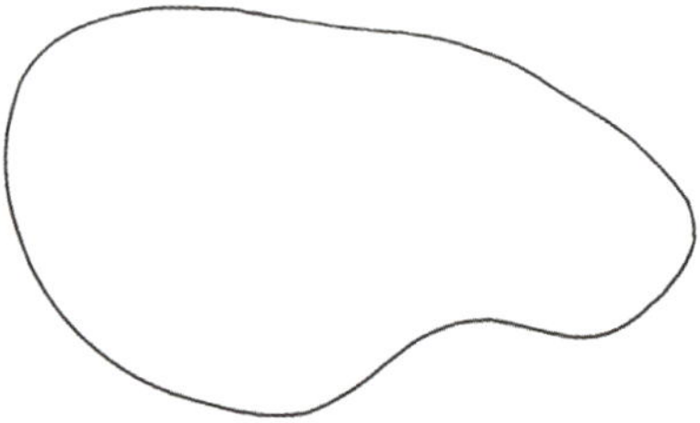

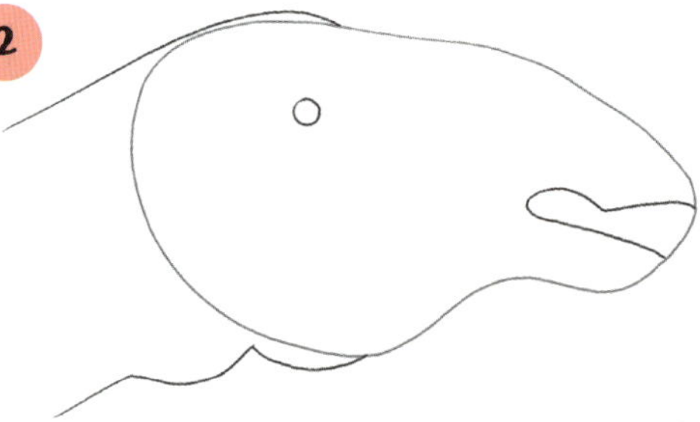

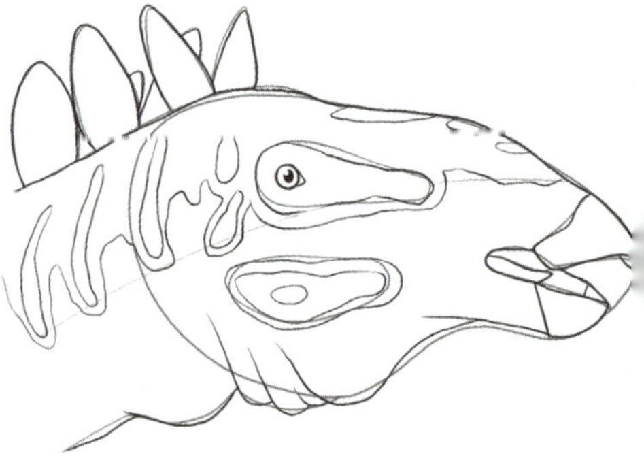

171 니제르사우루스

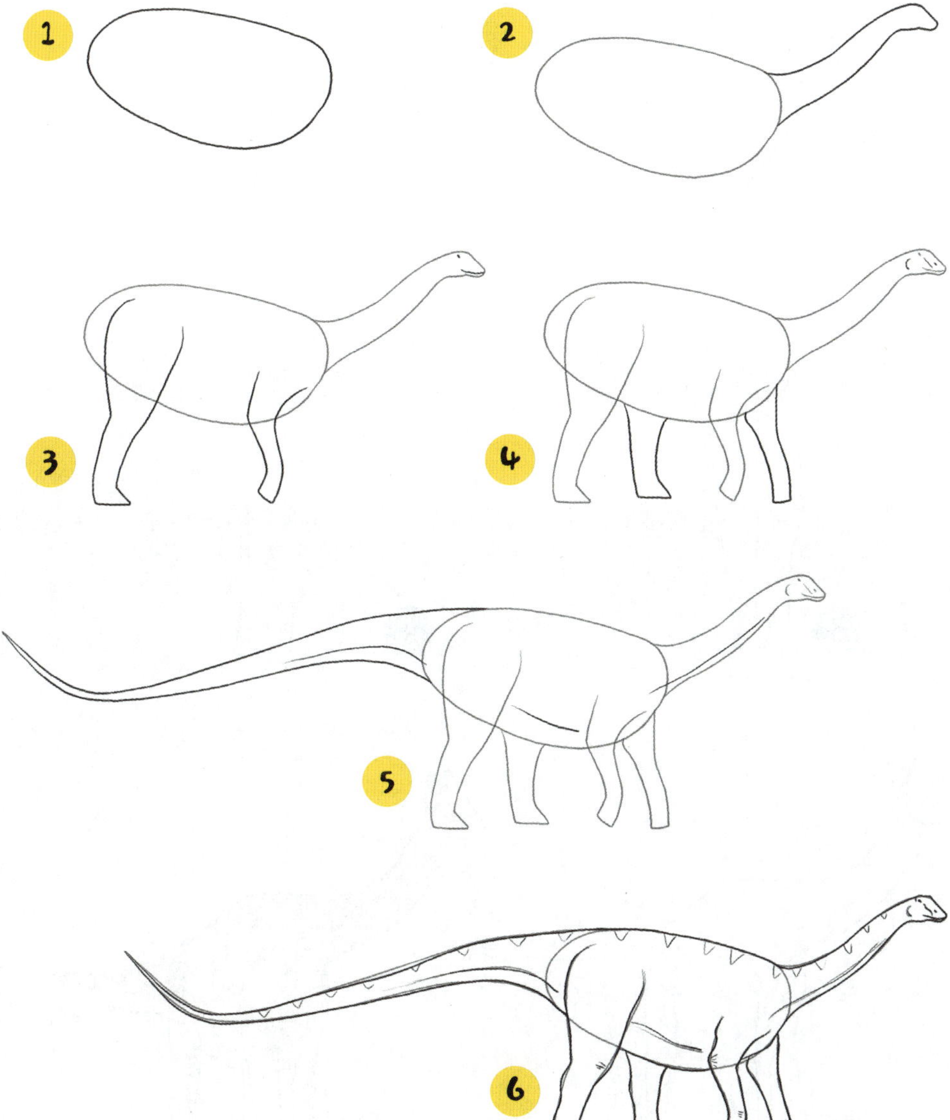

172 니제르사우루스

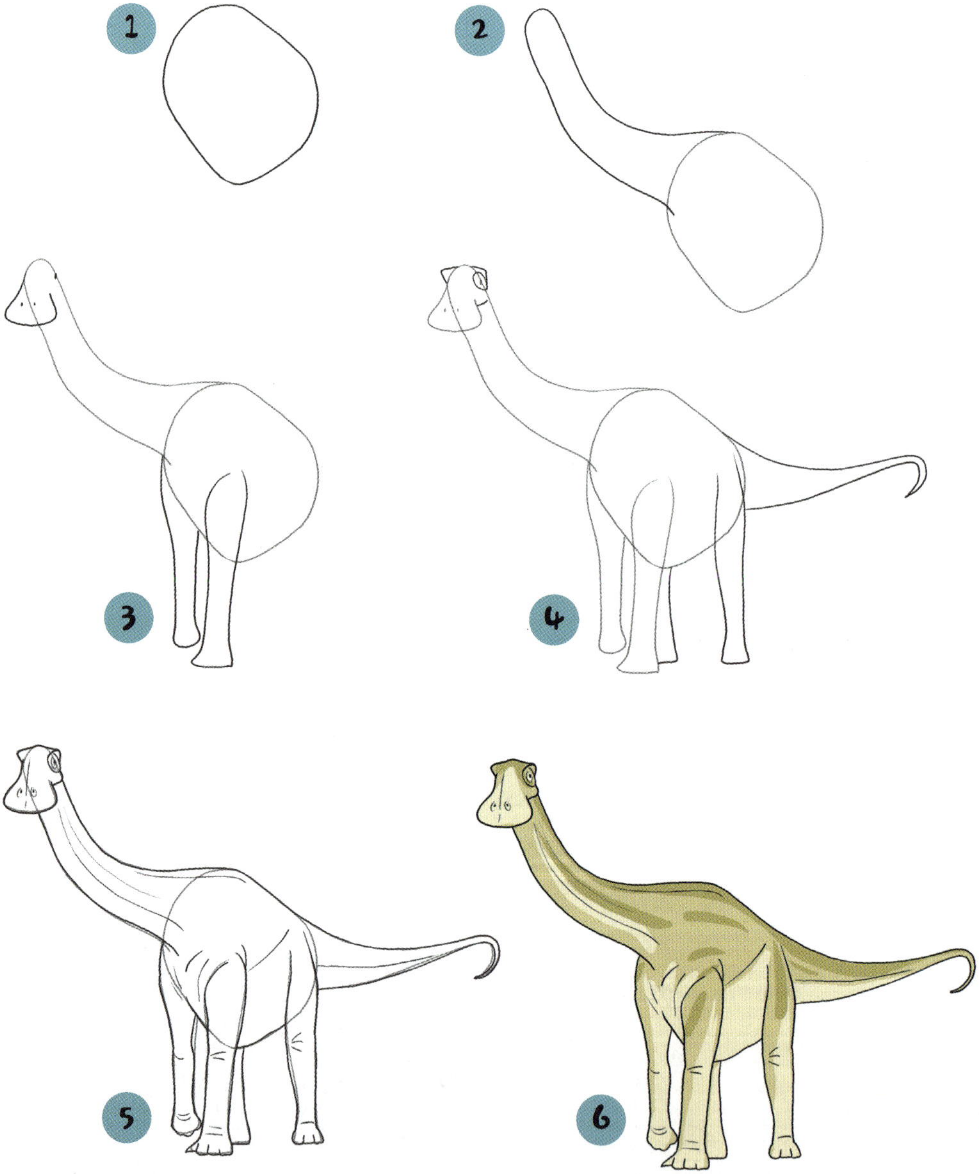

173 니제르사우루스

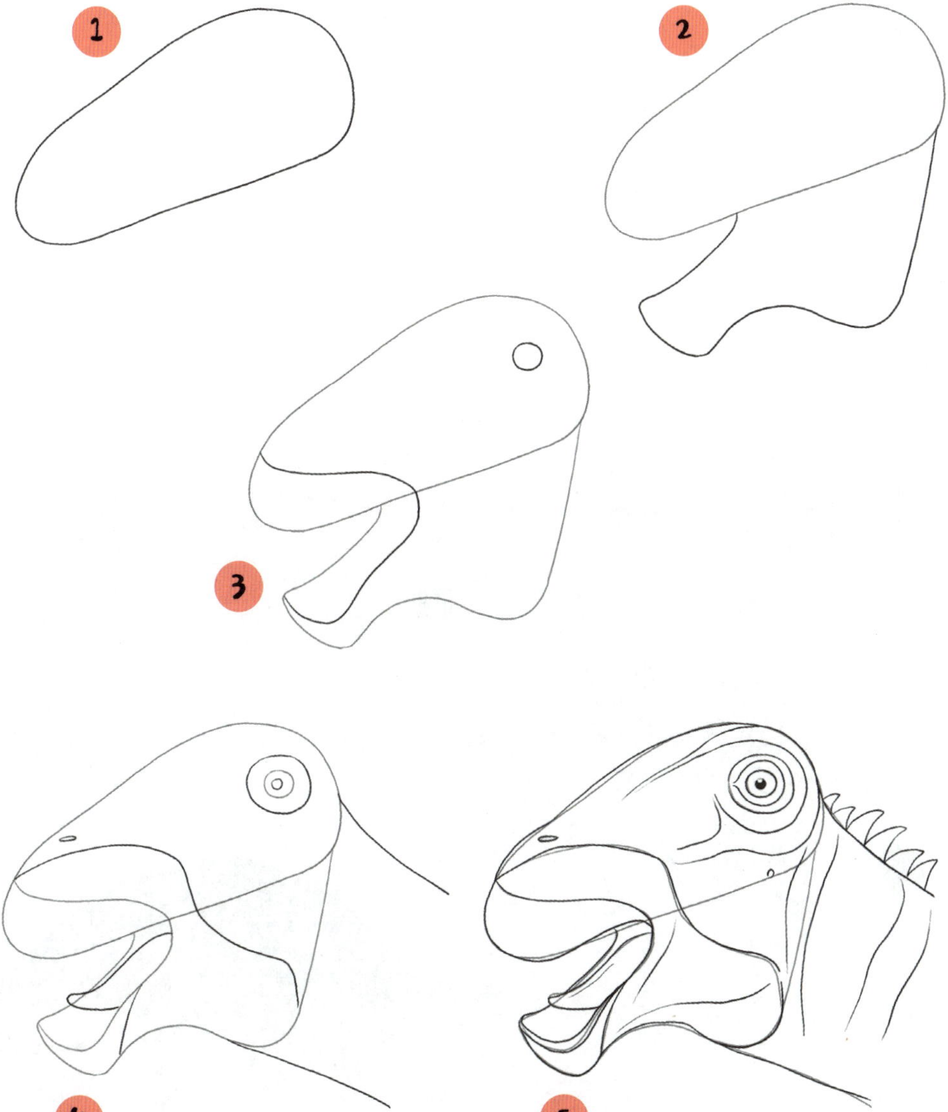

174 노도사우루스

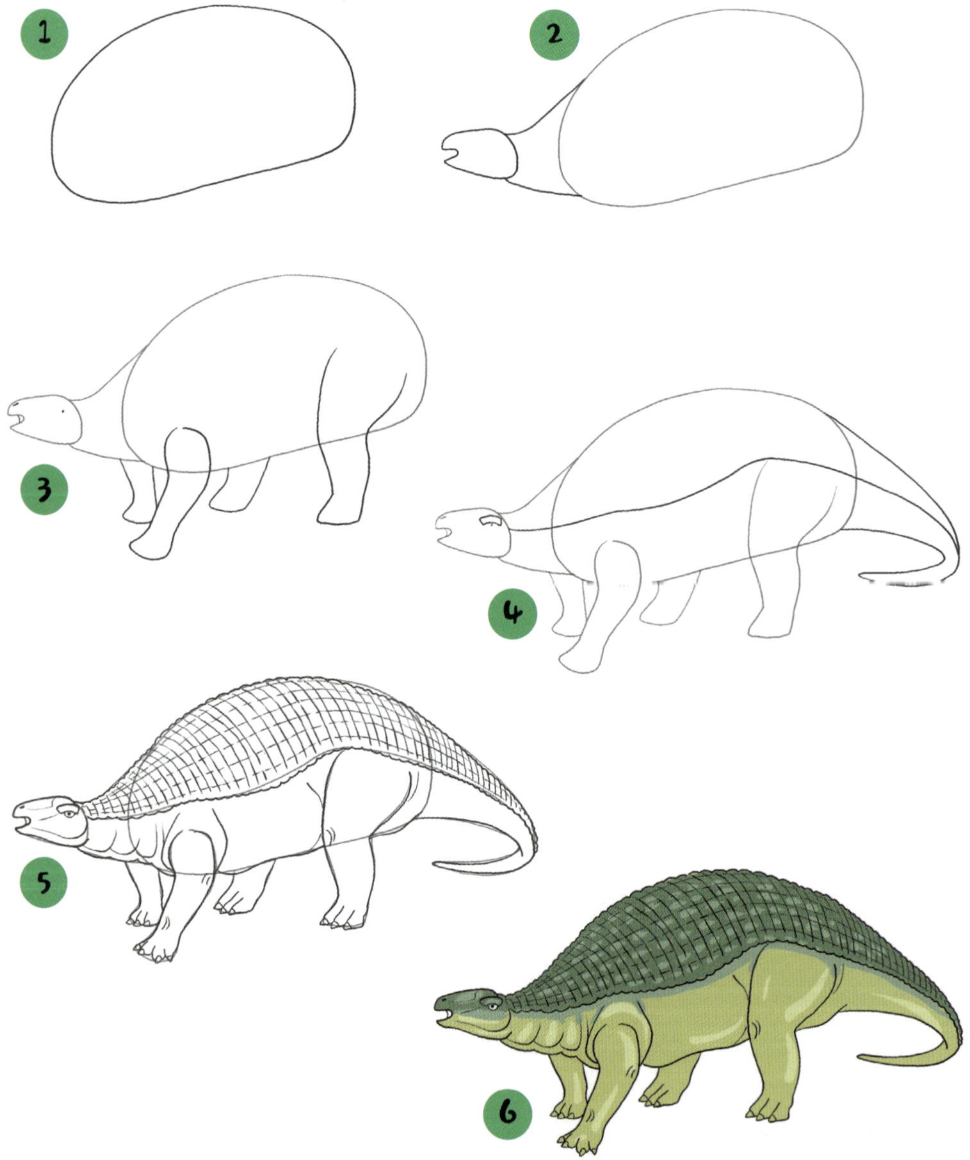

175 노도사우루스

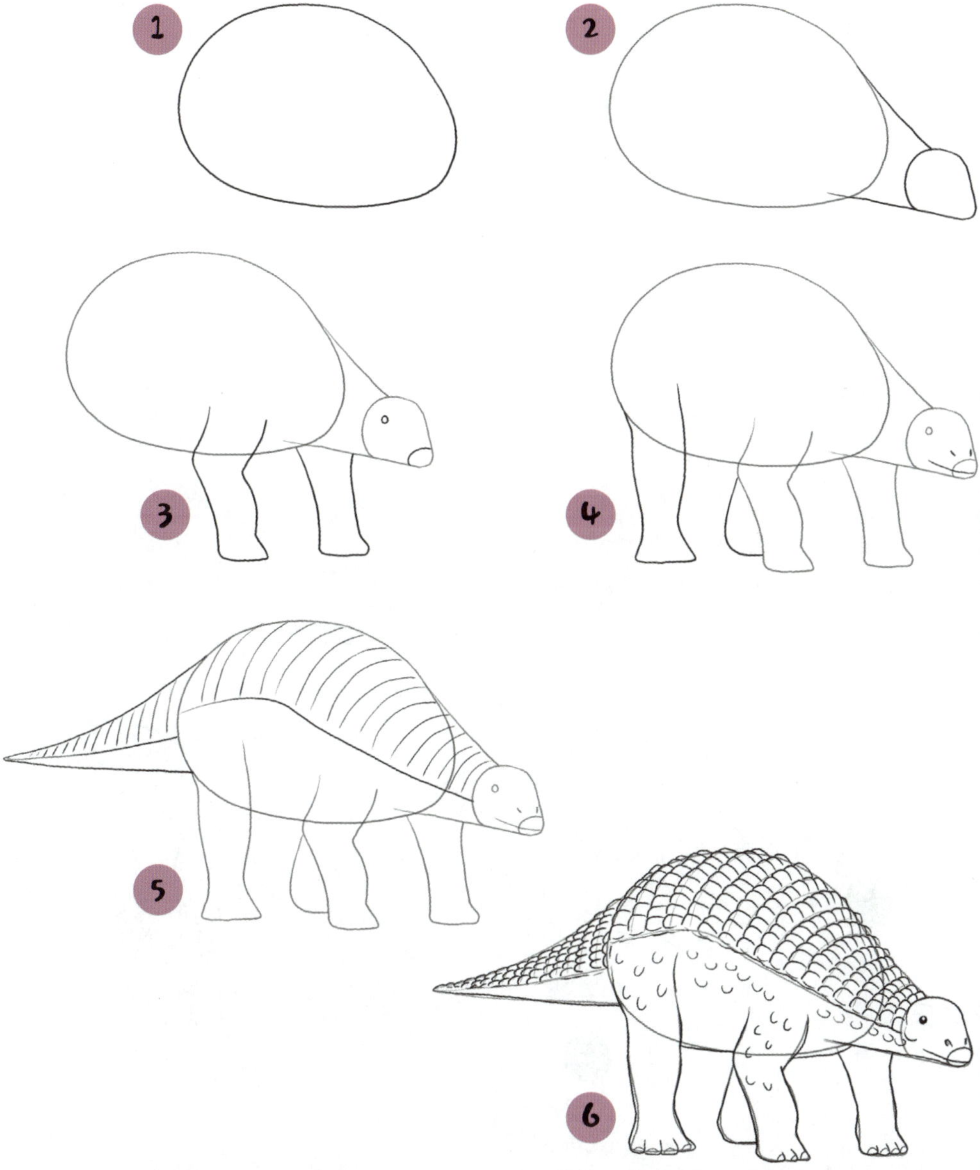

176 노트로니쿠스

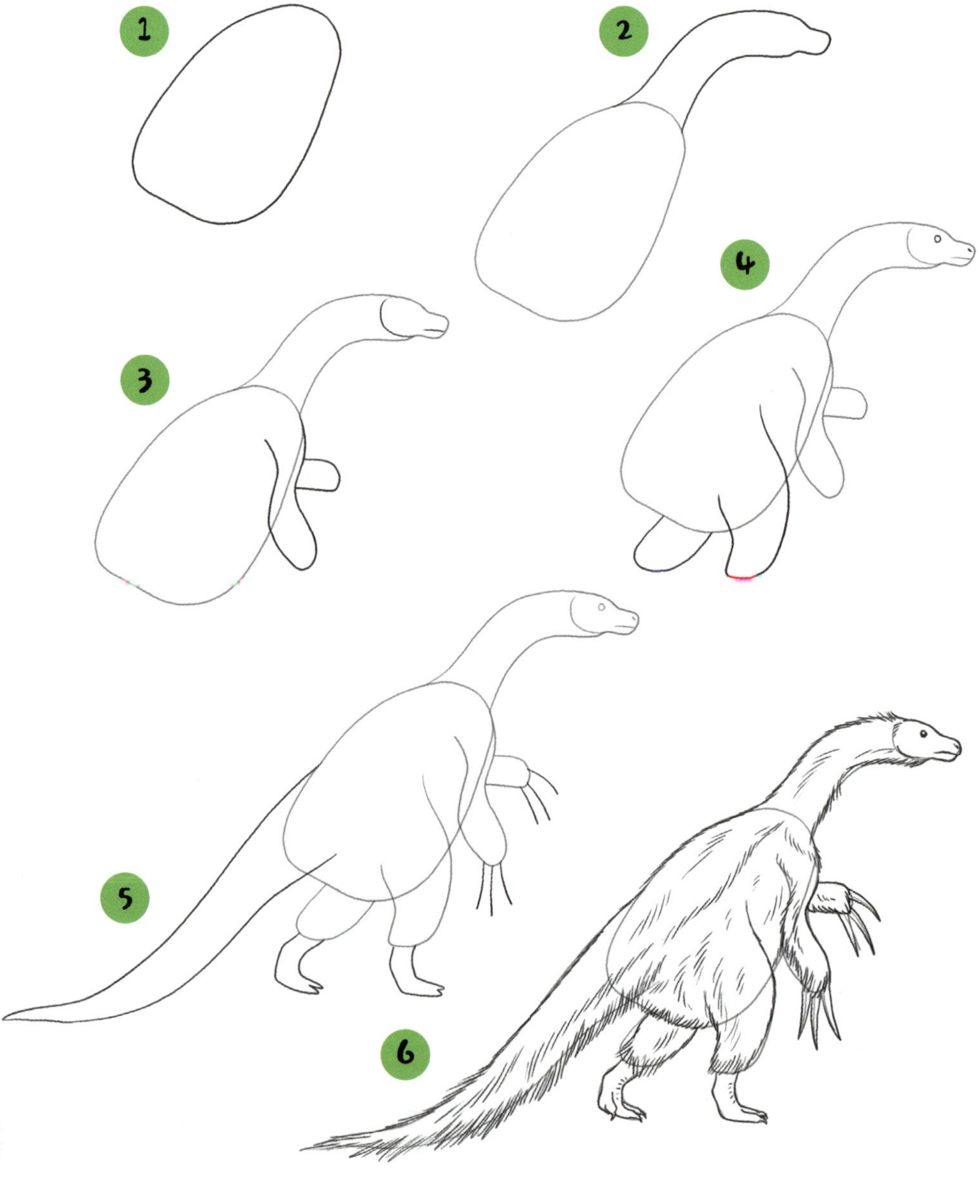

177 노트로니쿠스

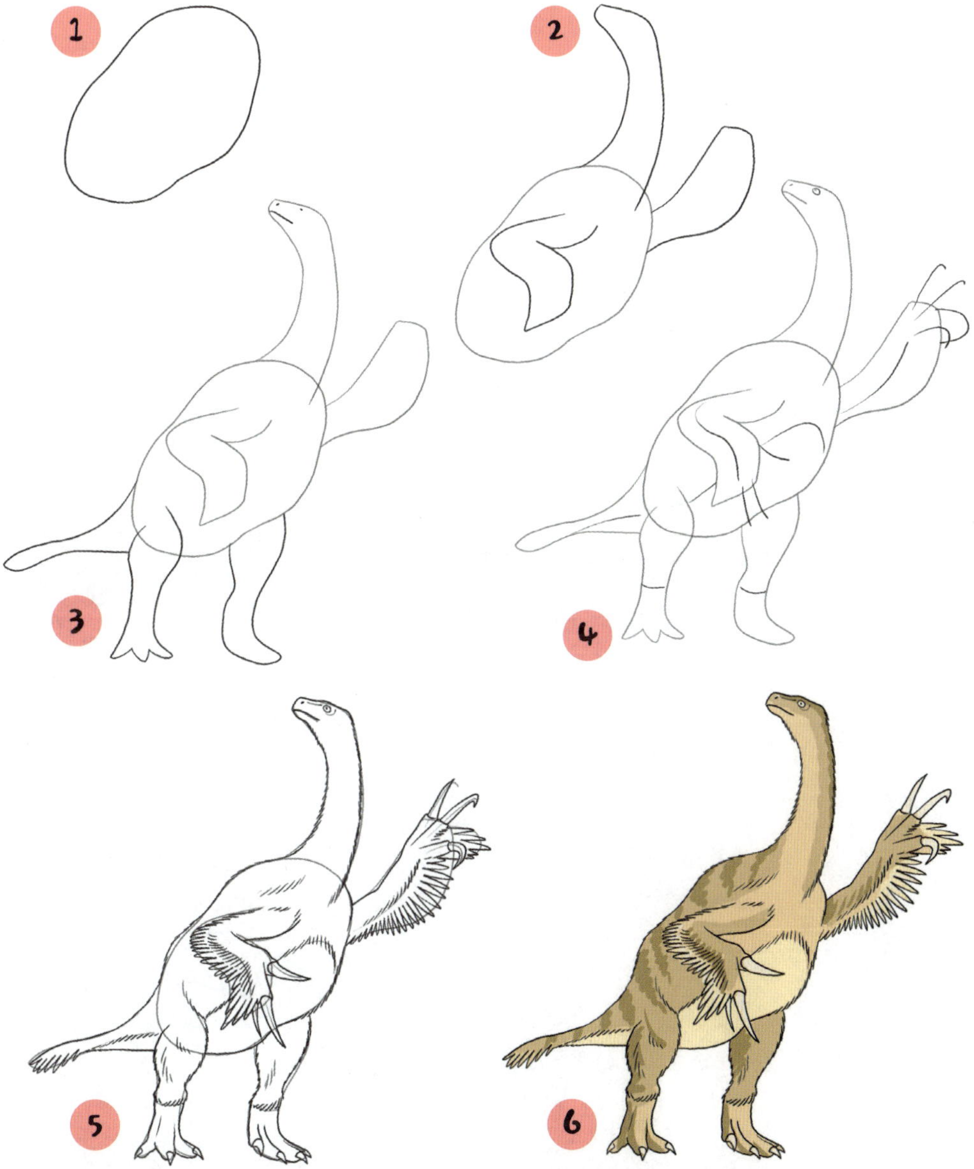

178 올로로티탄

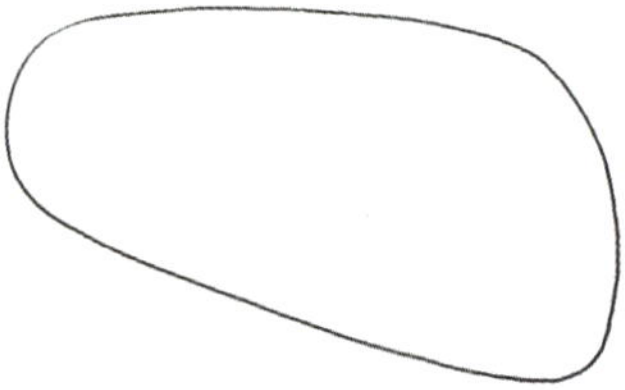

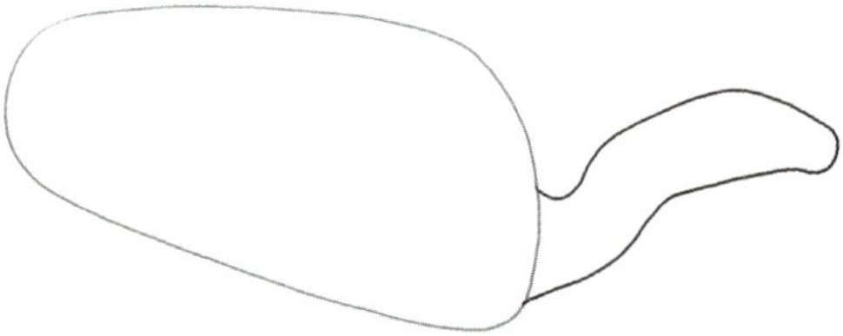

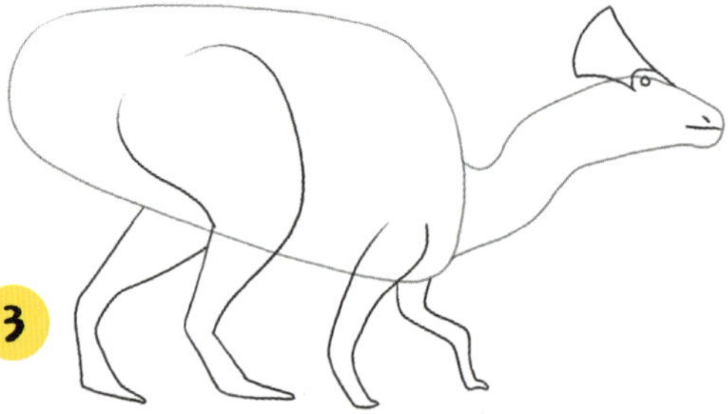

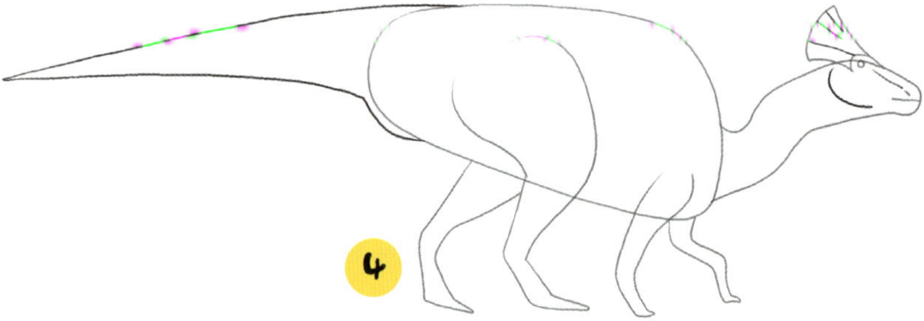

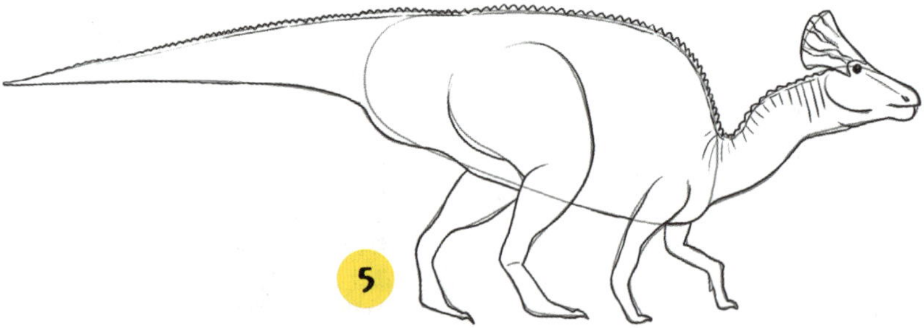

179 올로로티탄

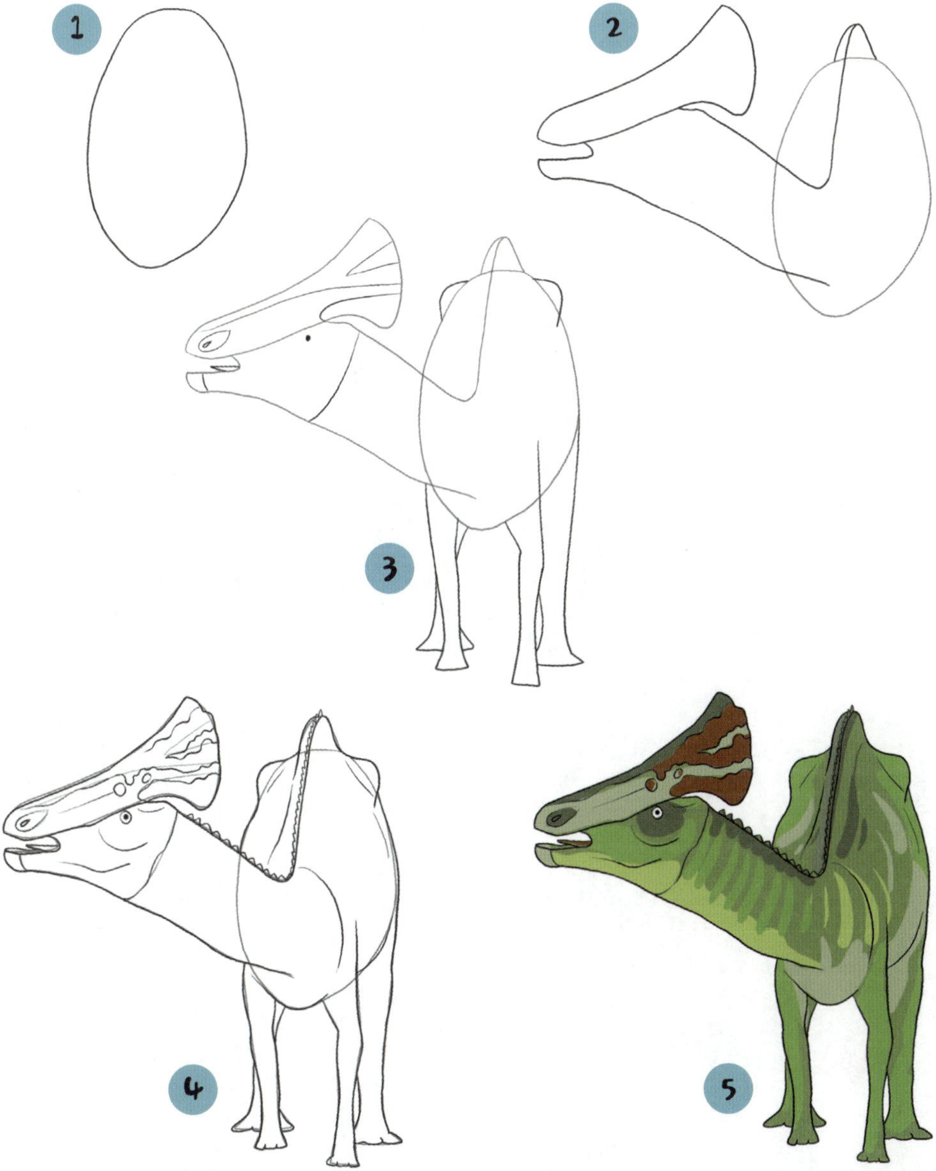

180 올로로티탄

 181 오르니토미무스

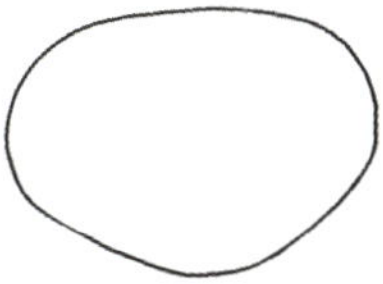

182 오르니토미무스

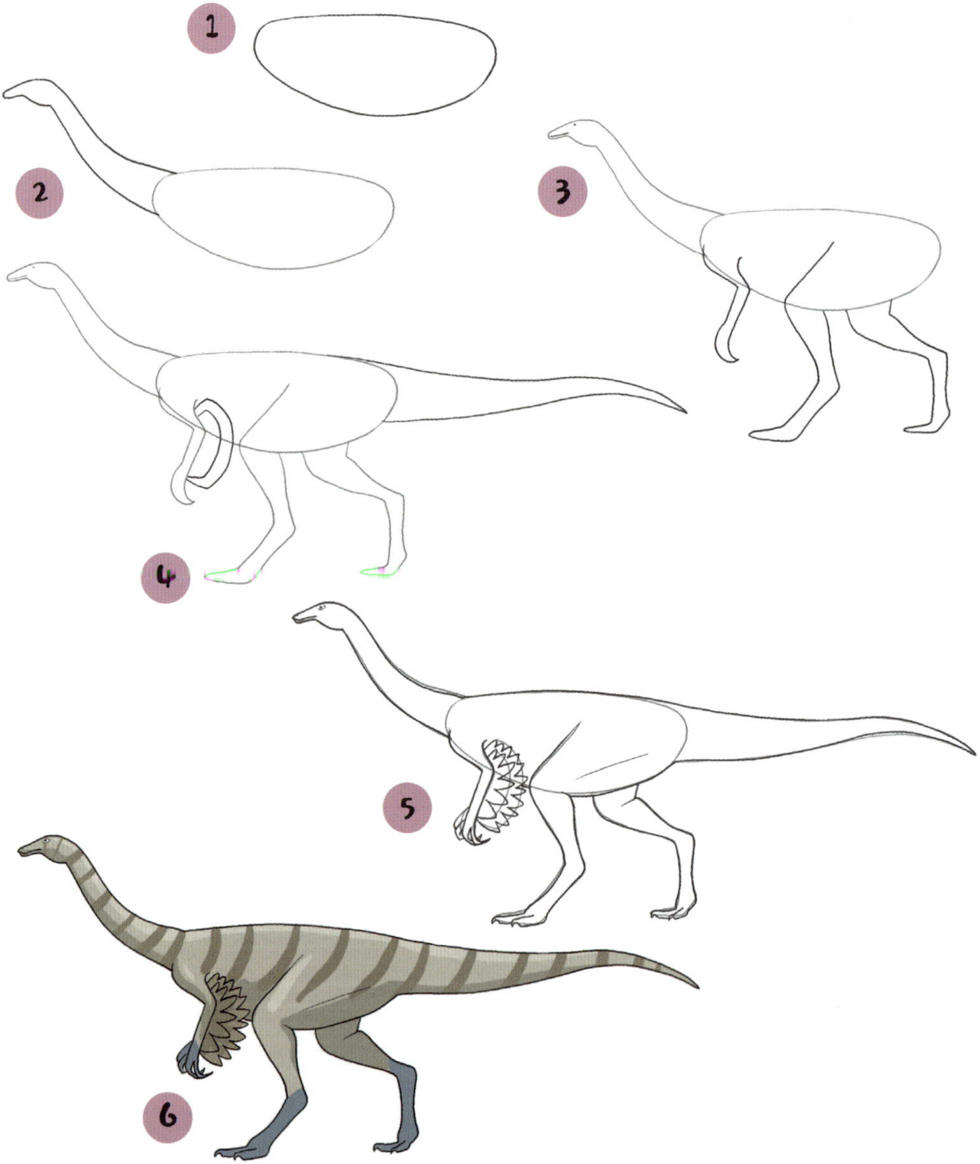

 183 오르니토미무스

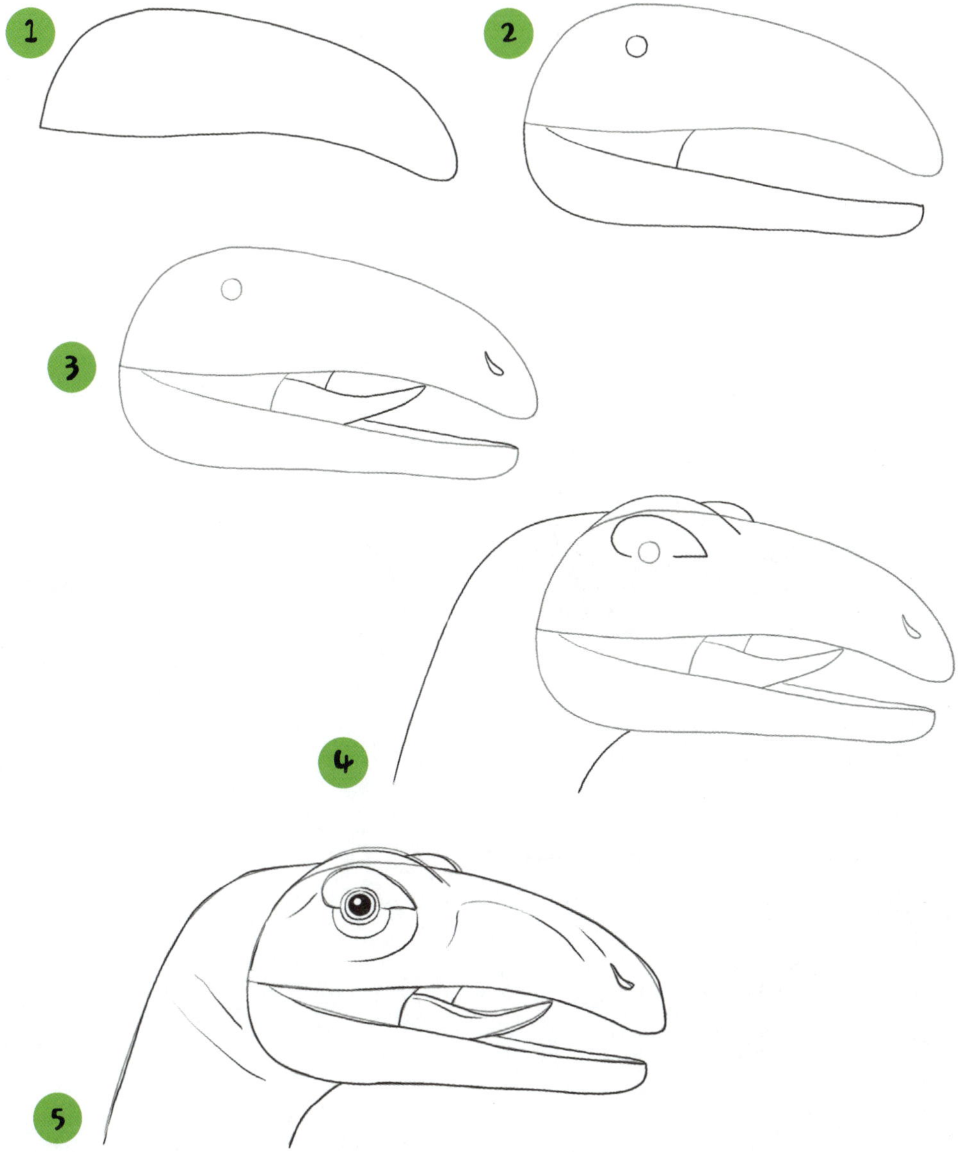

1
2
3
4
5

184 오르니토미무스

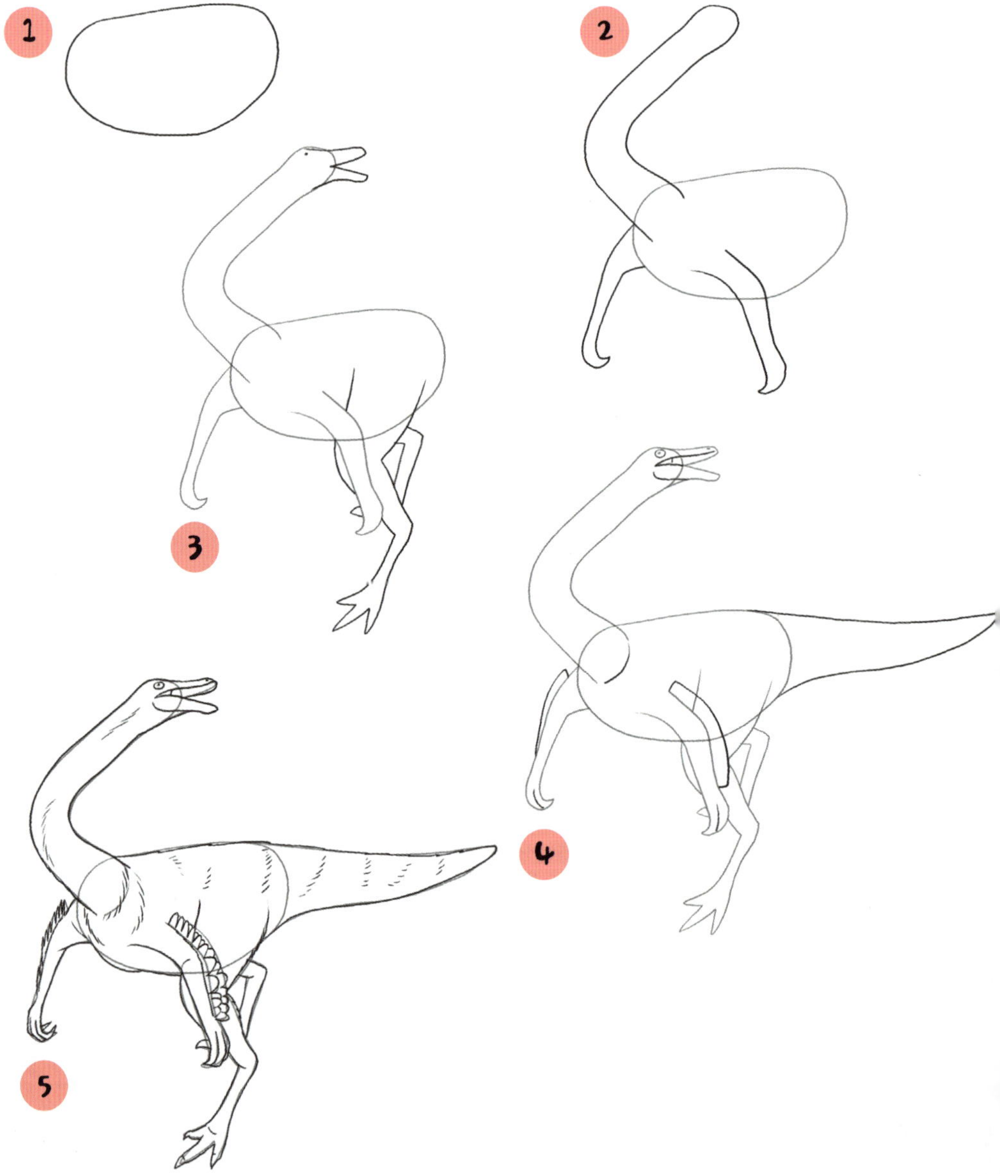

 185 오우라노사우루스

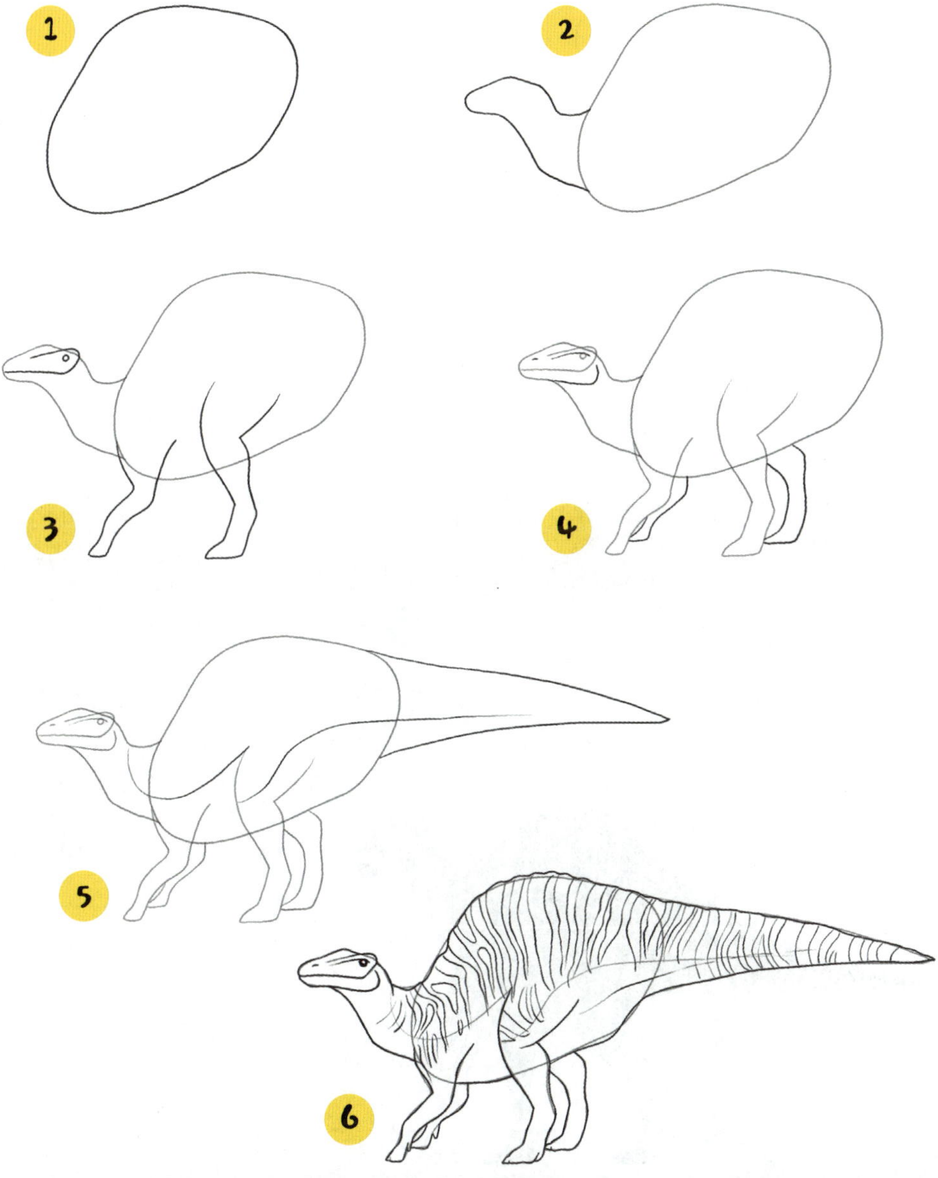

186 오우라노사우루스

 오우라노사우루스

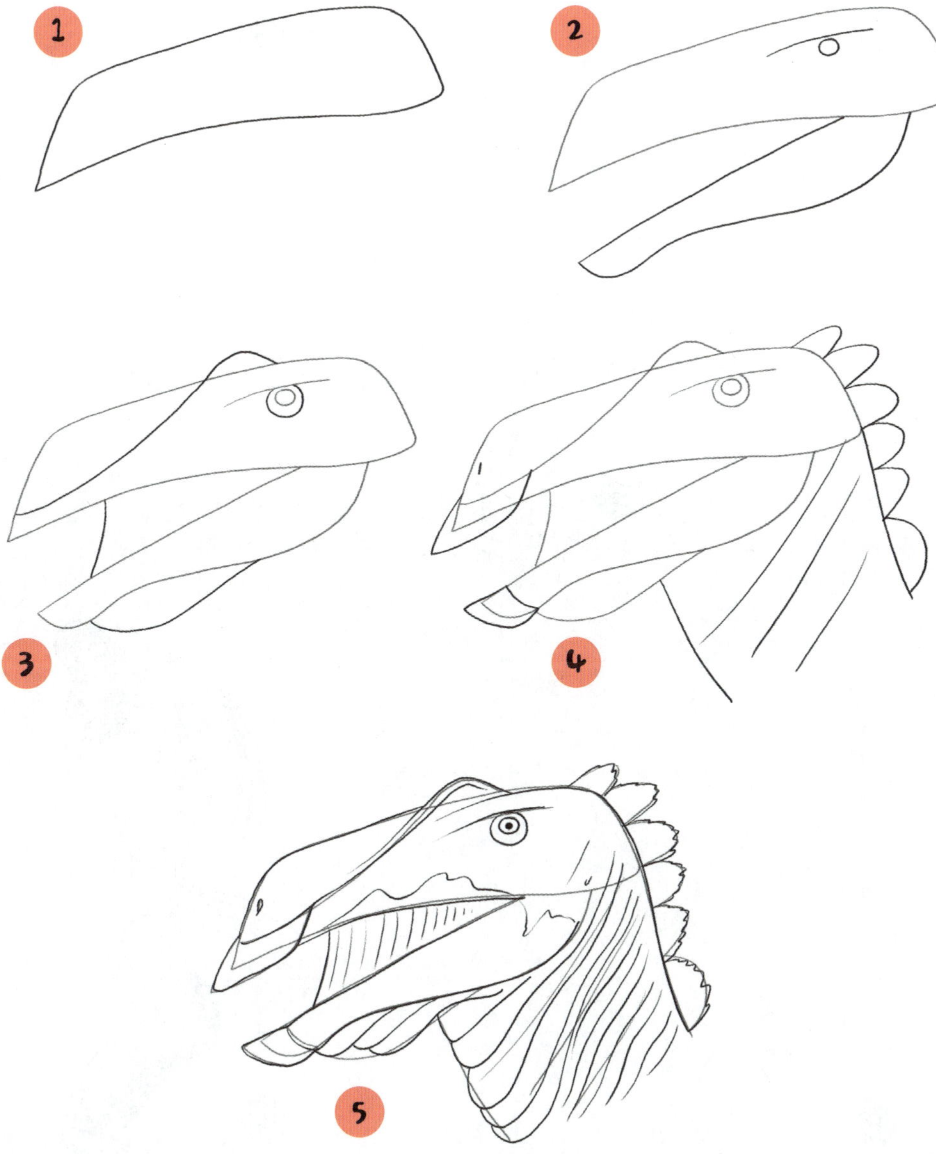

188 오비랍토르

189 오비랍토르

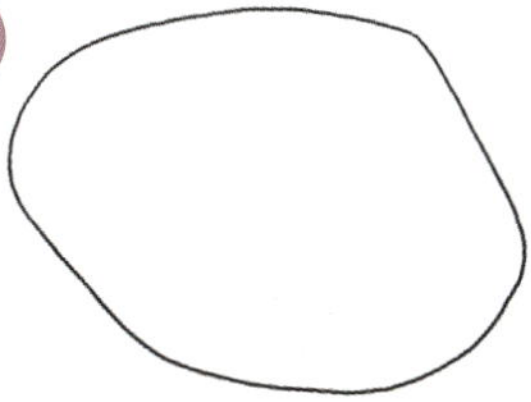

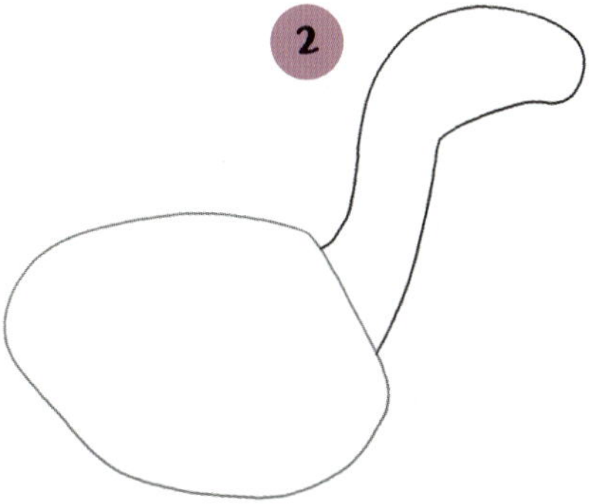

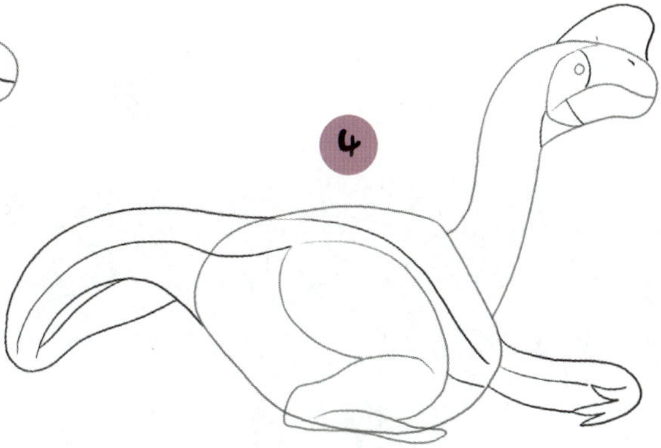

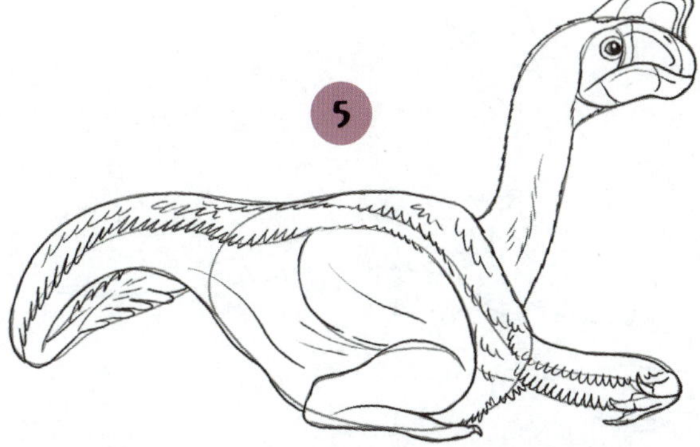

190 오비랍토르

1 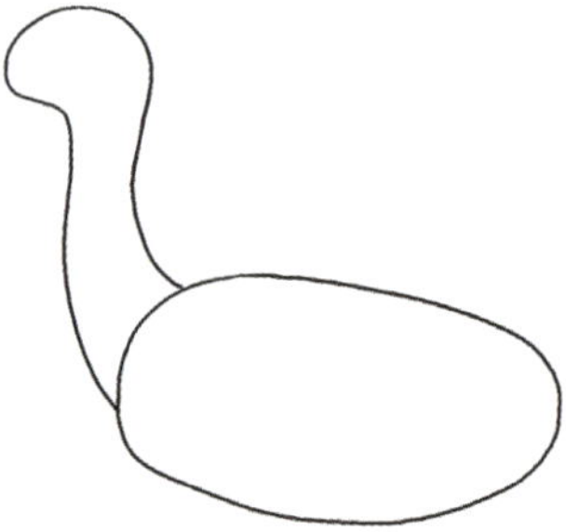
2 
3 
4 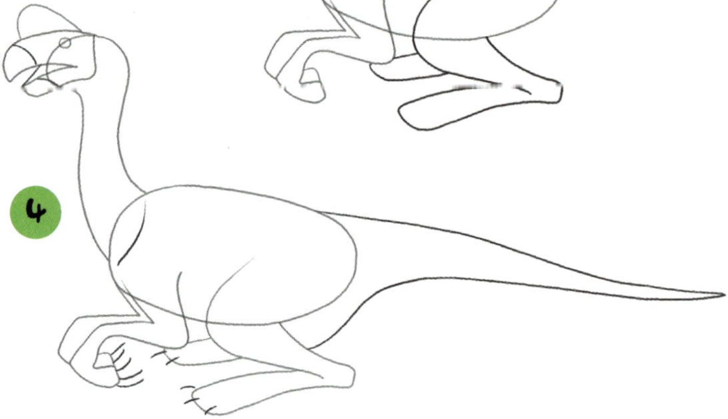
5

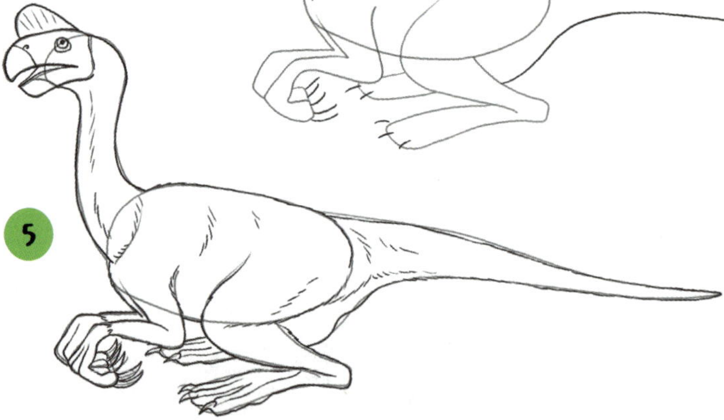

191 파키케팔로사우루스

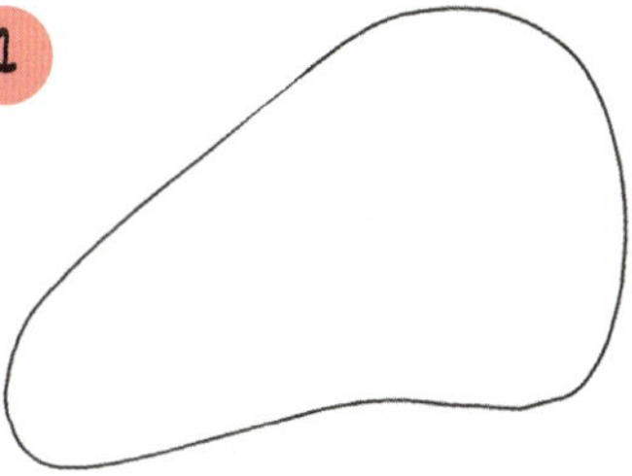

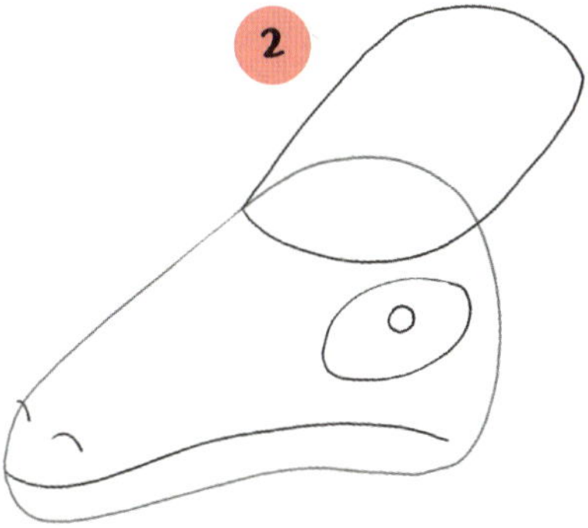

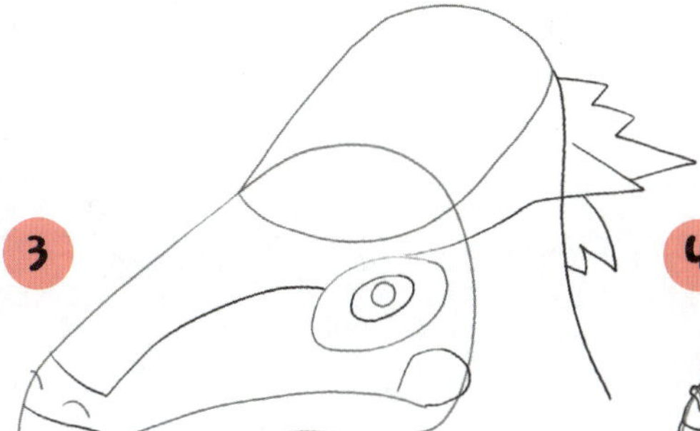

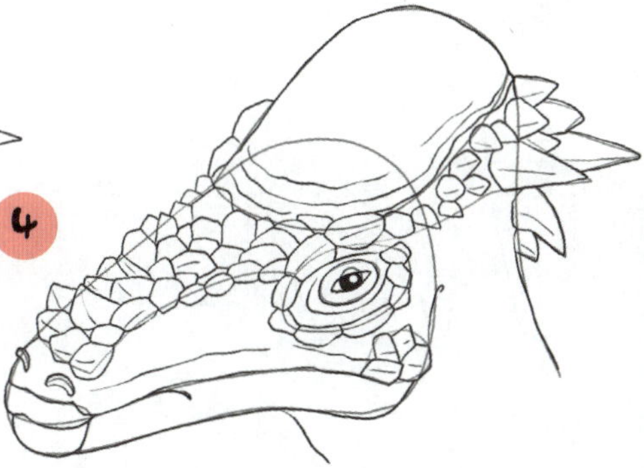

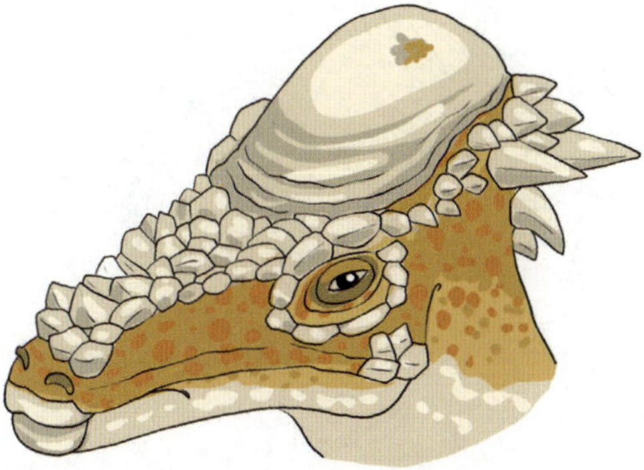

 192 파키케팔로사우루스

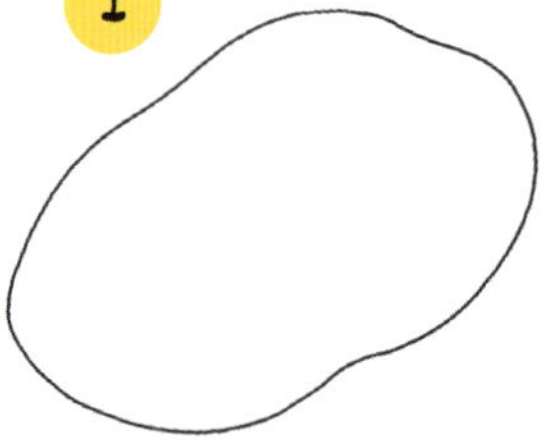

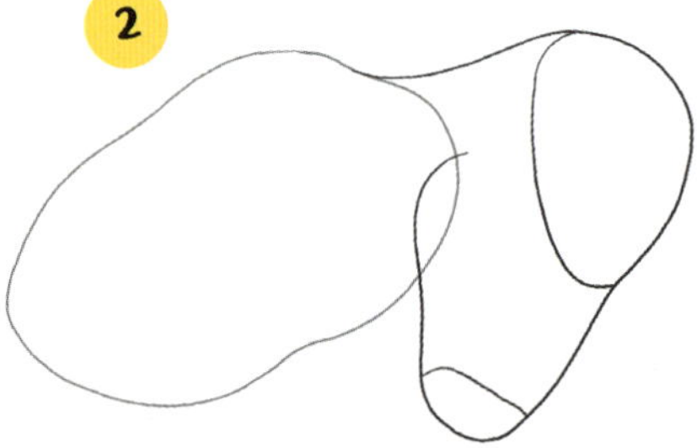

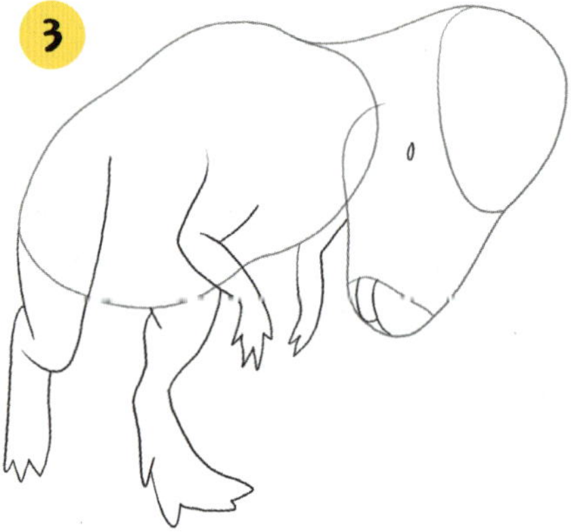

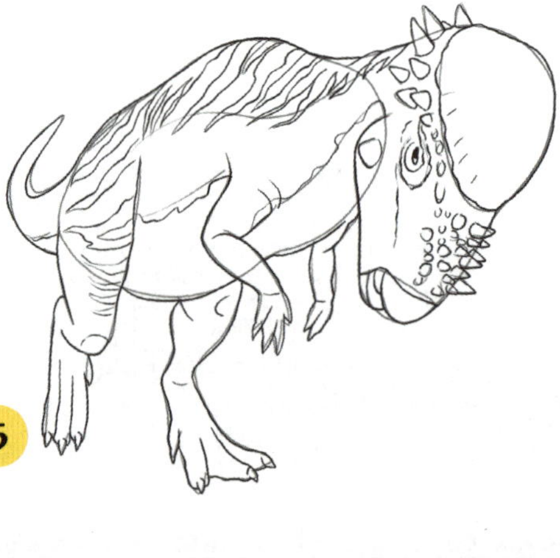

# 193 파키케팔로사우루스

194 파키리노사우루스

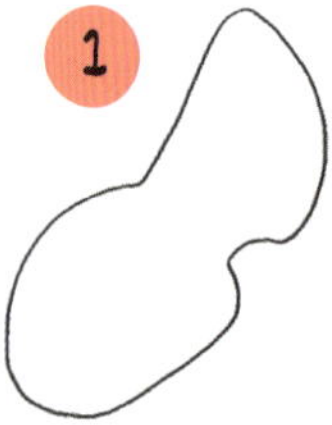

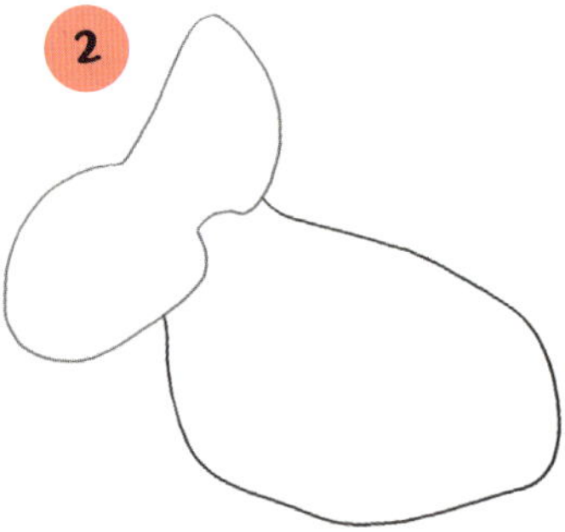

195 파키리노사우루스

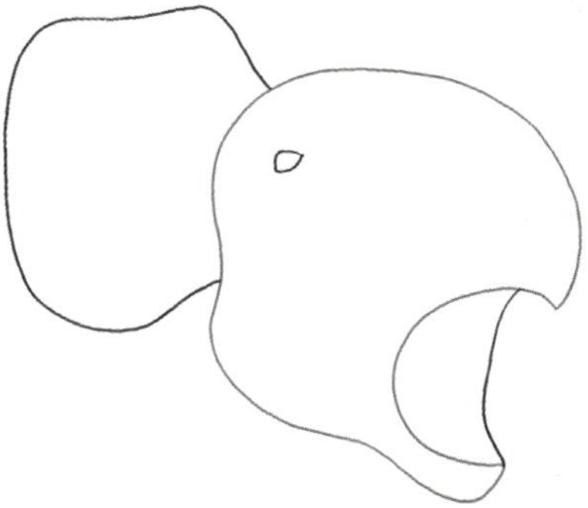

 196 파키리노사우루스

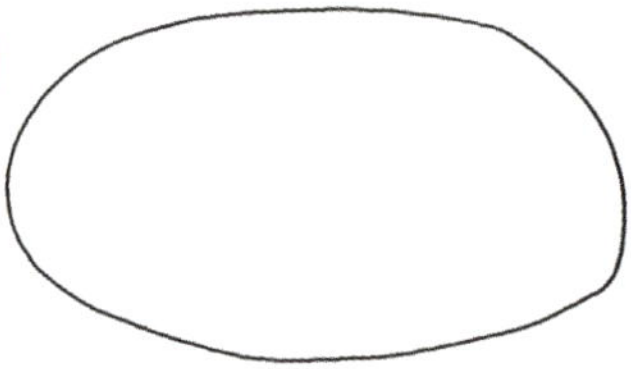

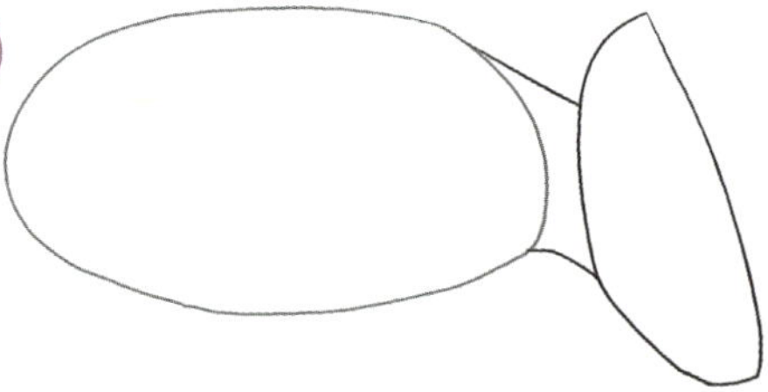

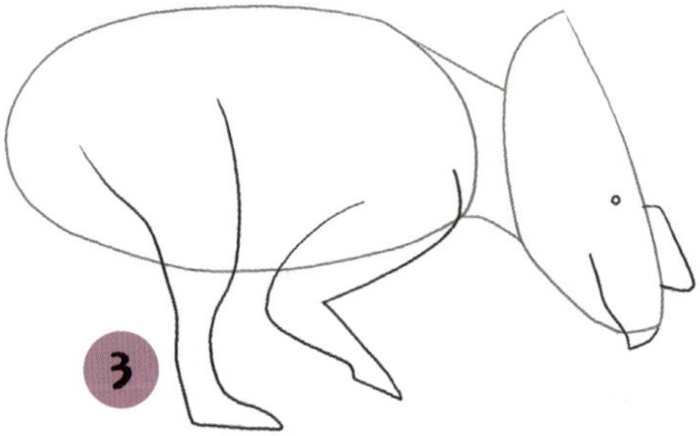

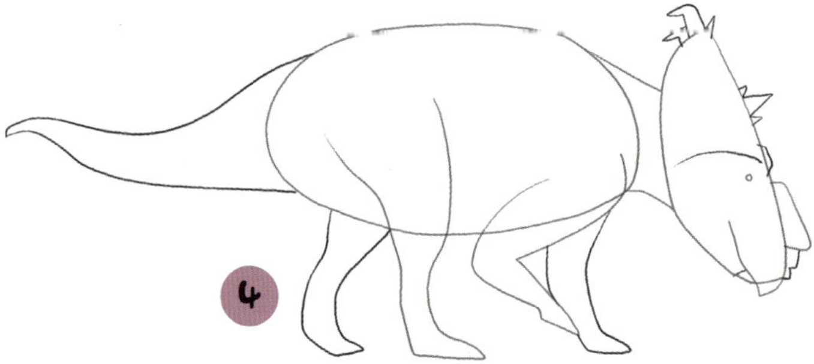

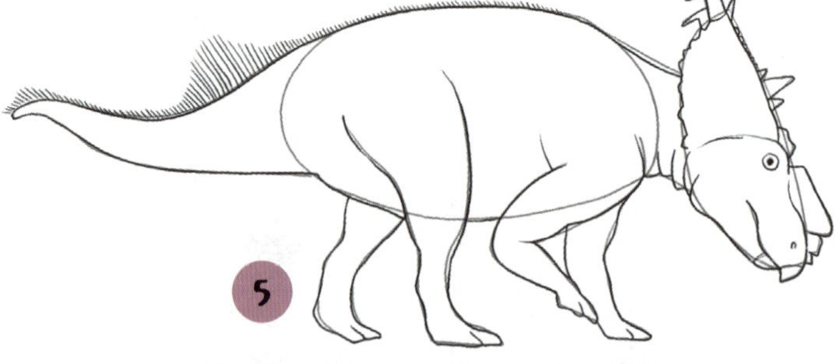

# 197 파키리노사우루스

198 파라사우롤로푸스

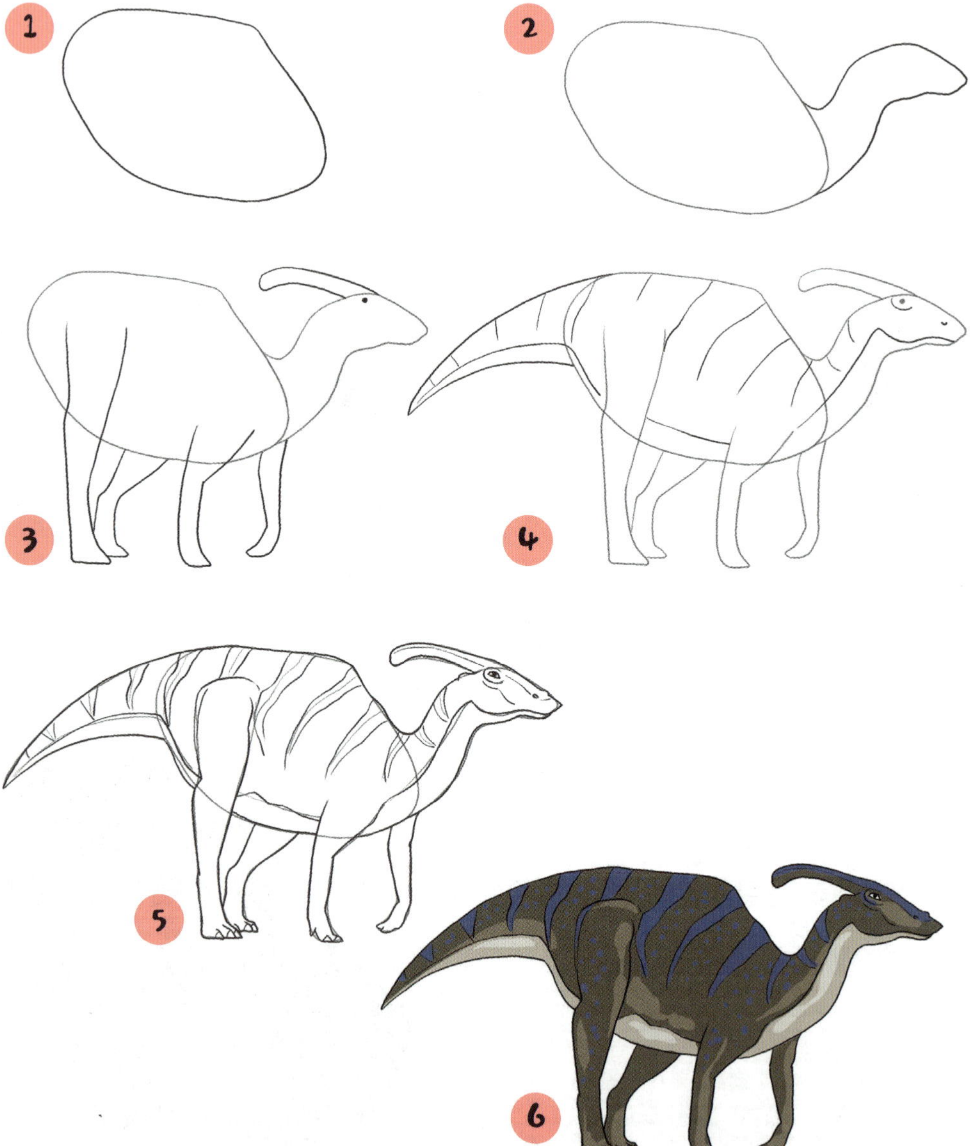

 # 199 파라사우롤로푸스

1 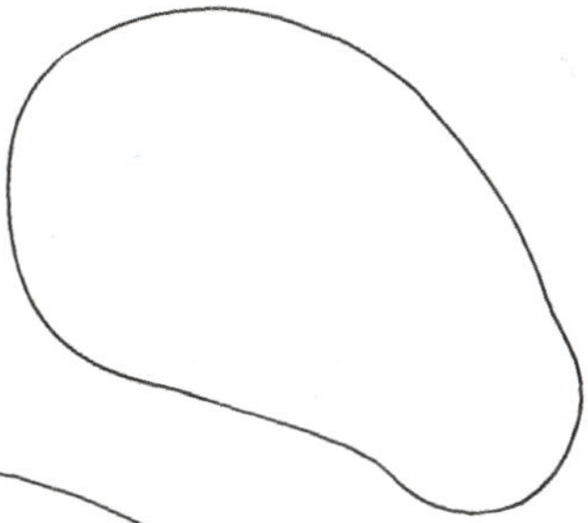
2 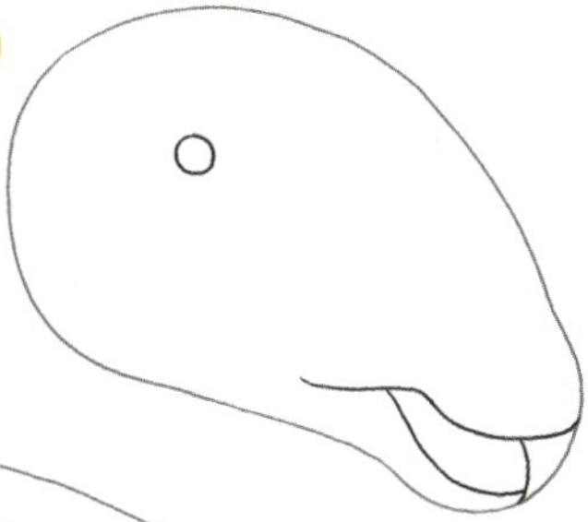
3 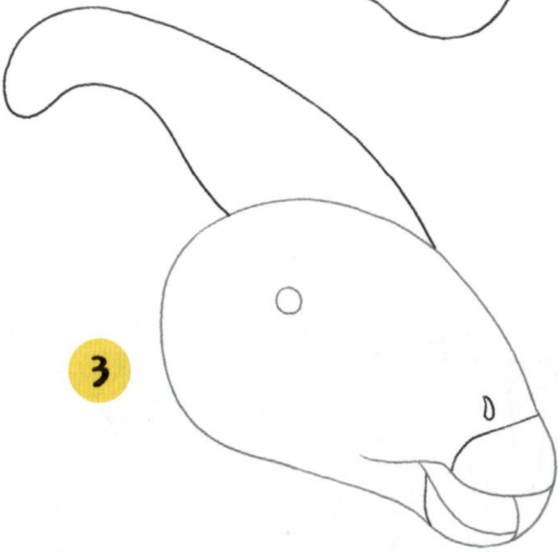
4 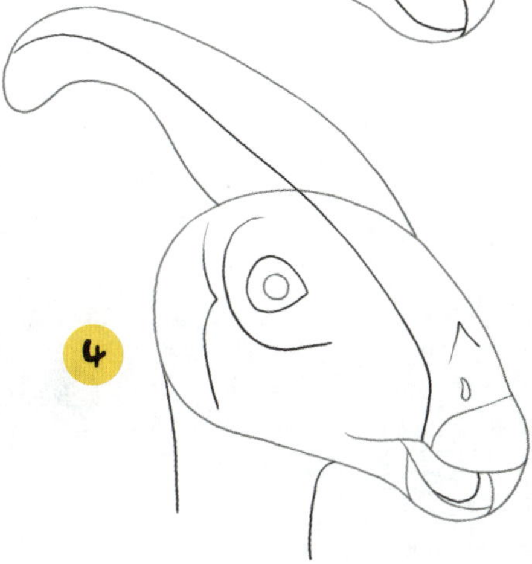
5

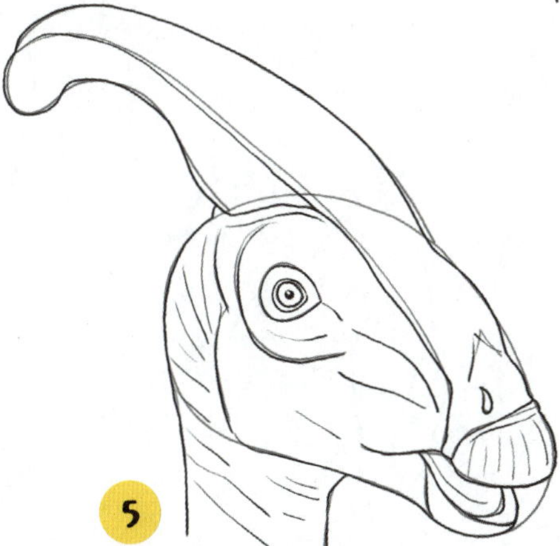

200 파라사우롤로푸스

# 201 펠레카니미무스

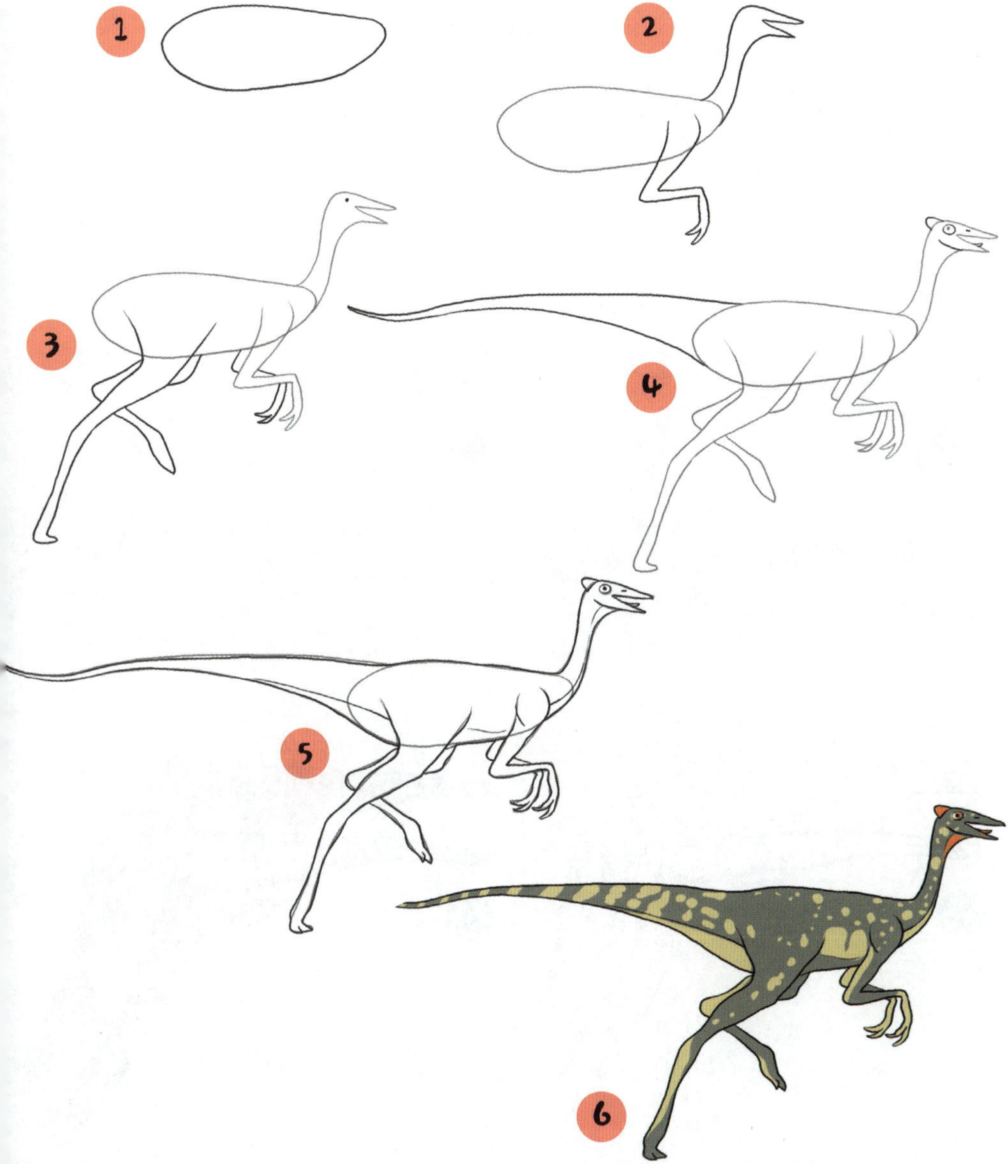

202 펠레카니미무스

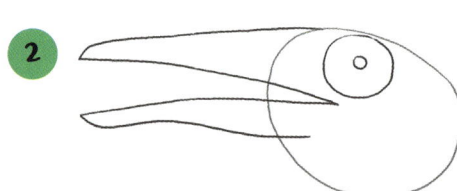
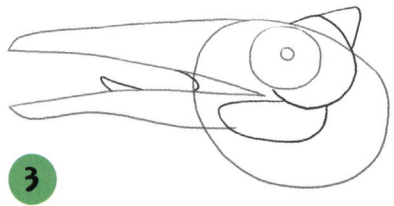
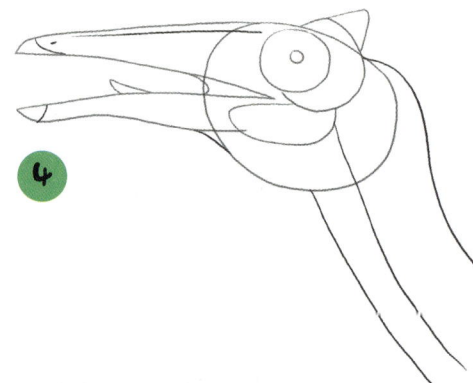
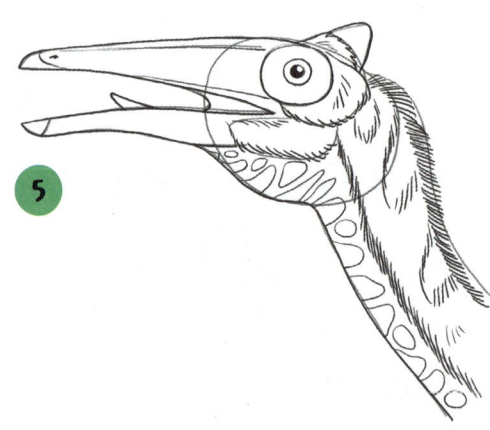

203 펠레카니미무스

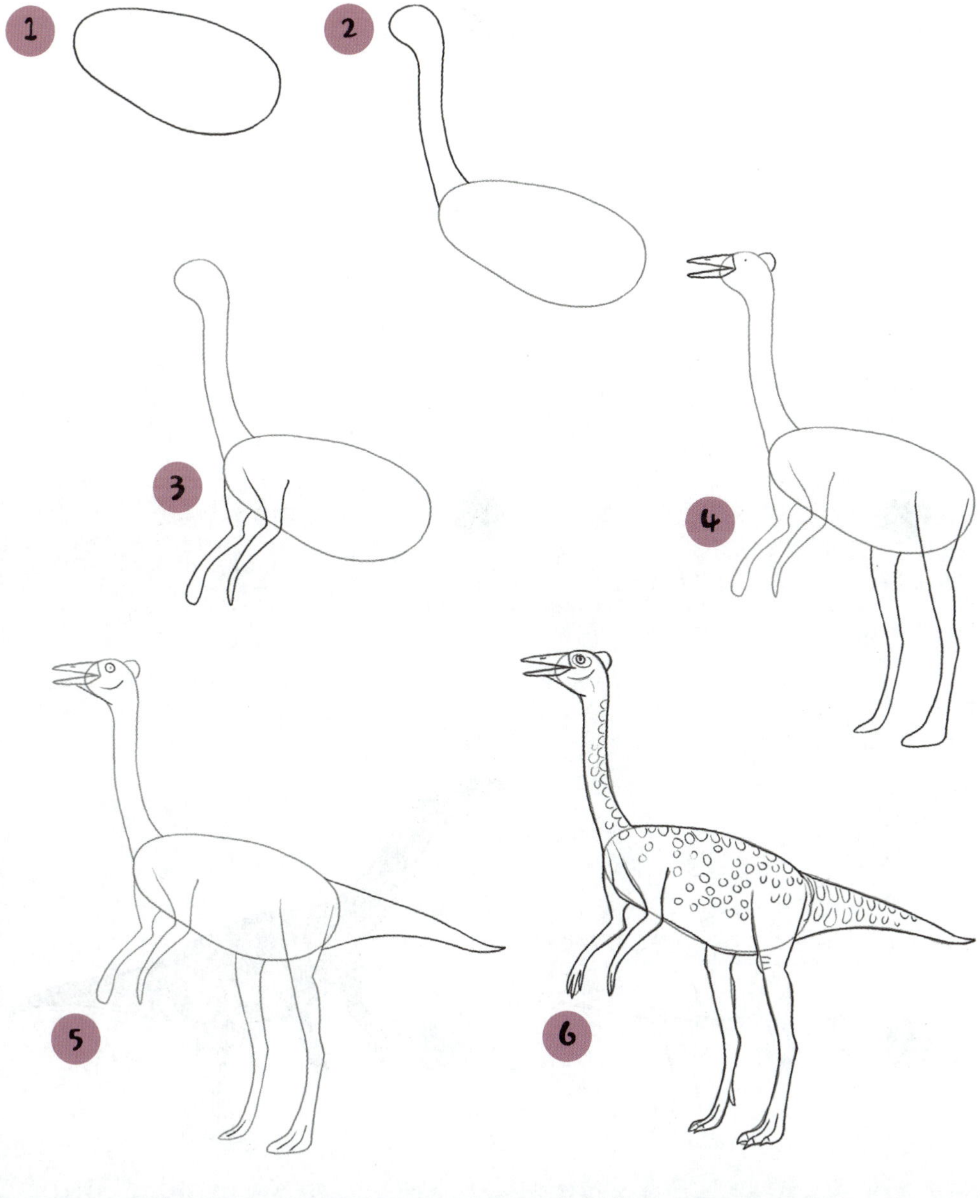

204 플라테오사우루스

205 플라테오사우루스

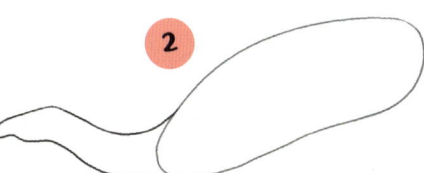
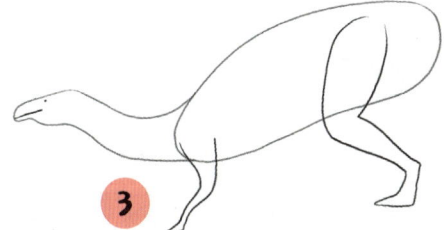
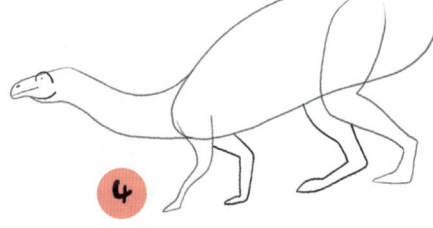
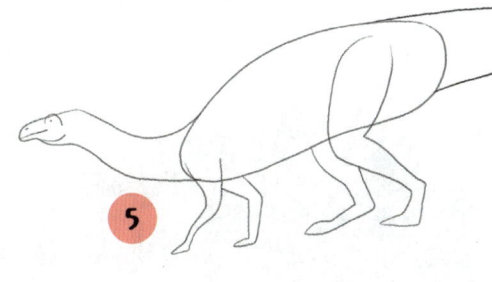
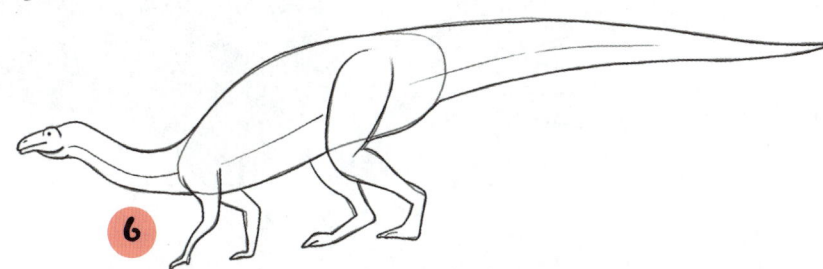

206 플라테오사우루스

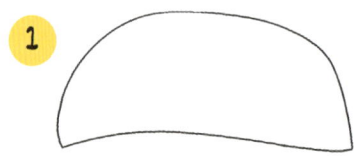

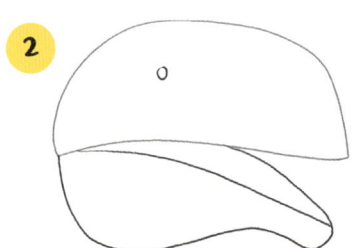

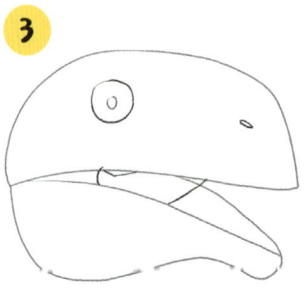

207 폴라칸투스

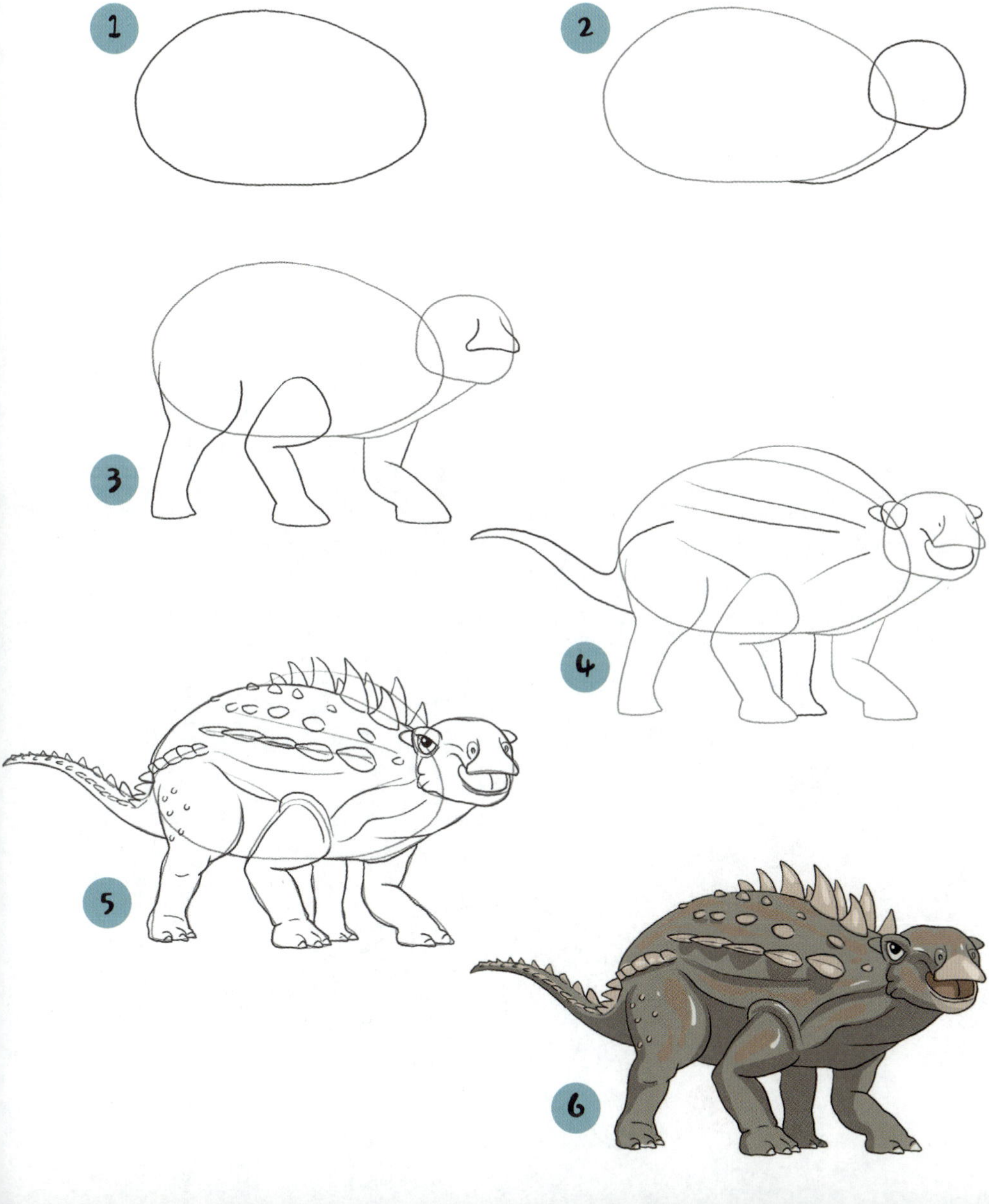

208 폴라칸투스

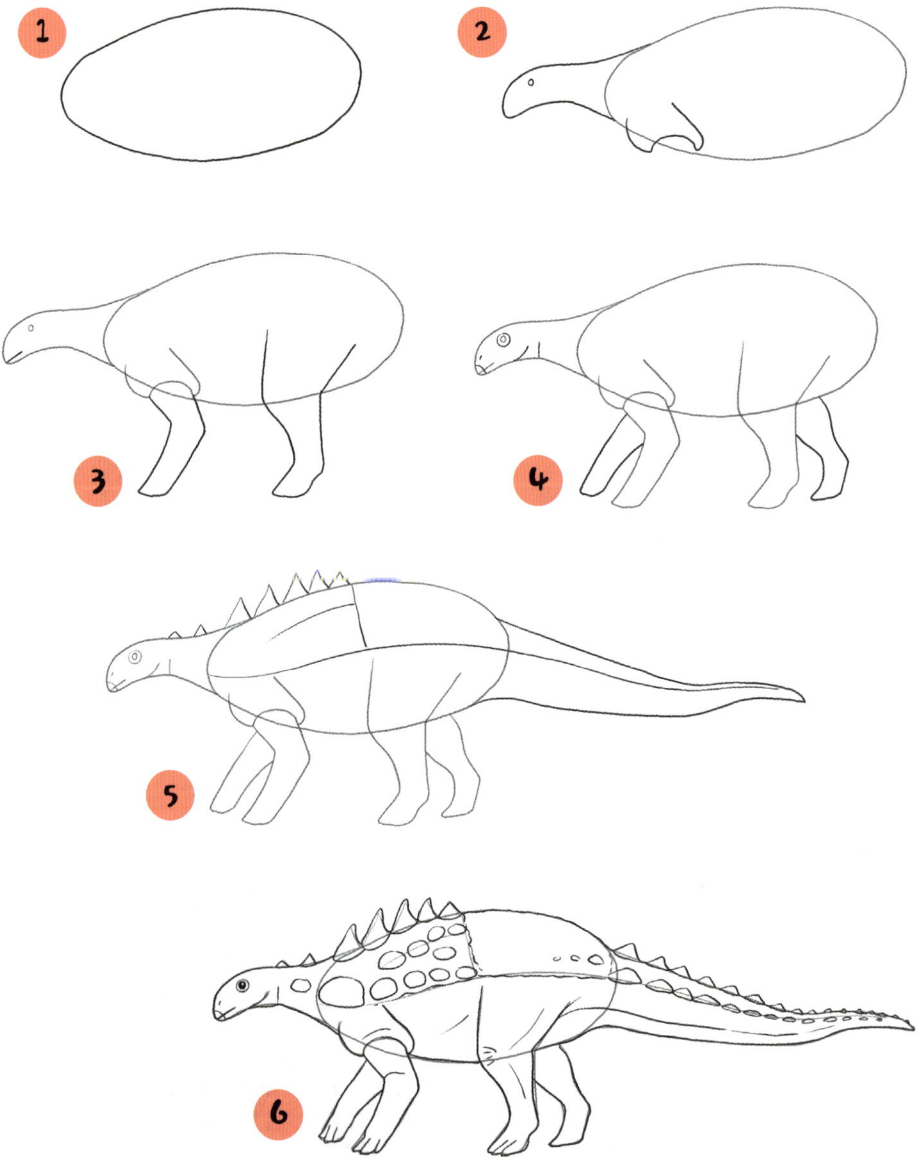

209 폴라칸투스

1 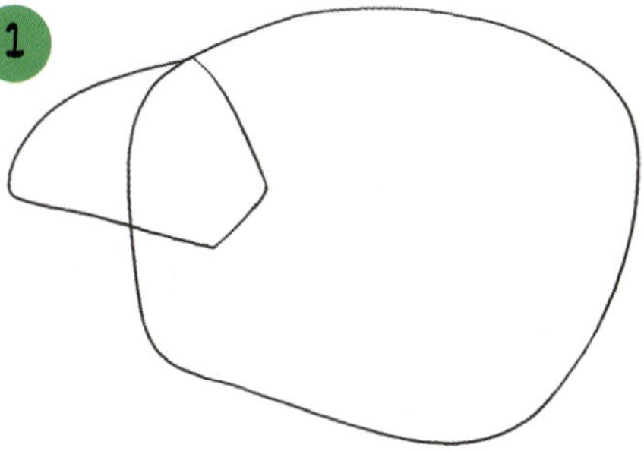 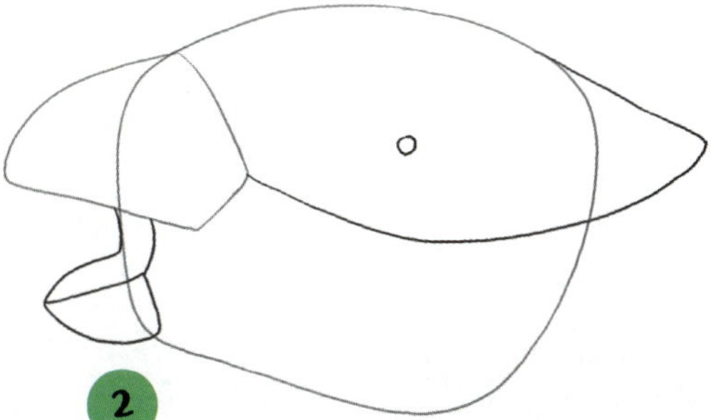
2 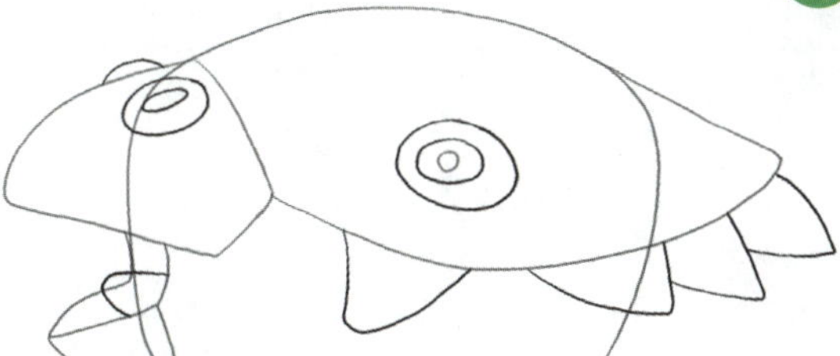
3 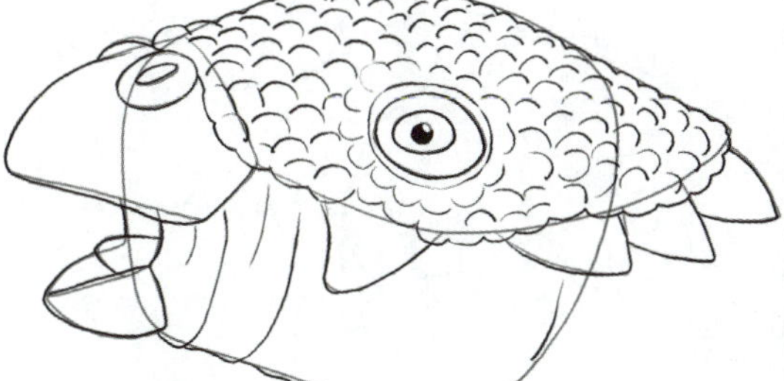
4

 210 프로토케라톱스

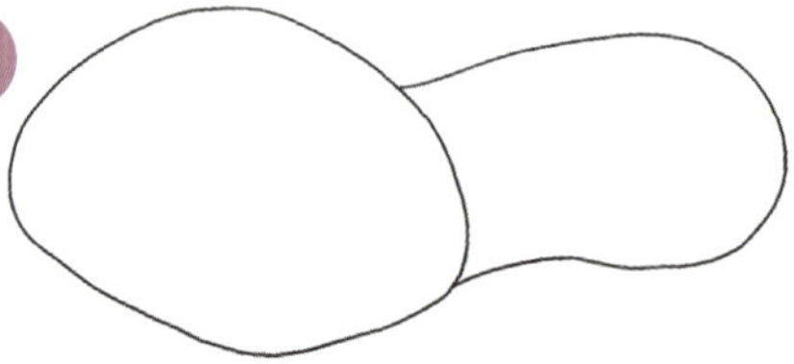

 211 프로토케라톱스

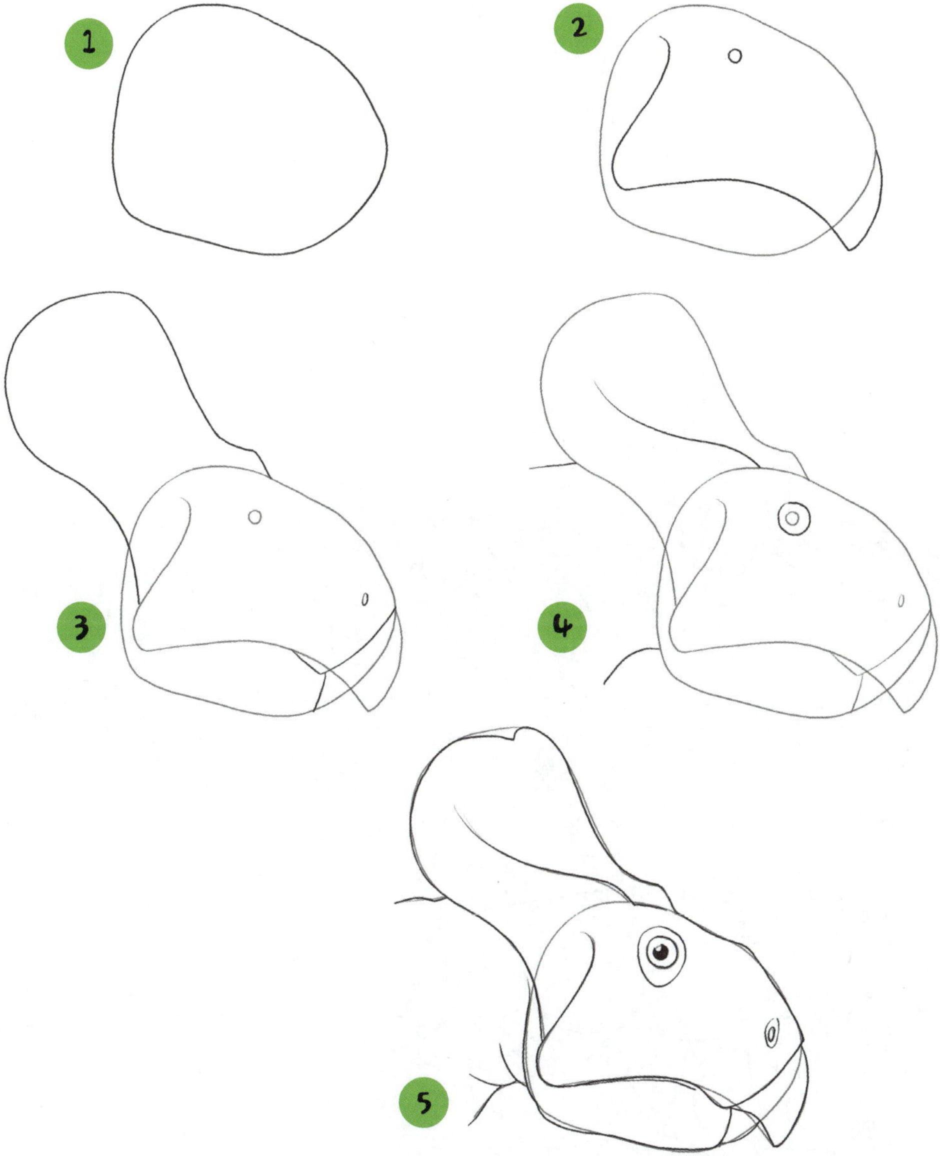

212 프로토케라톱스

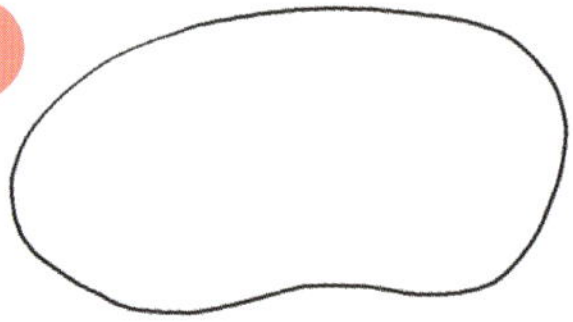

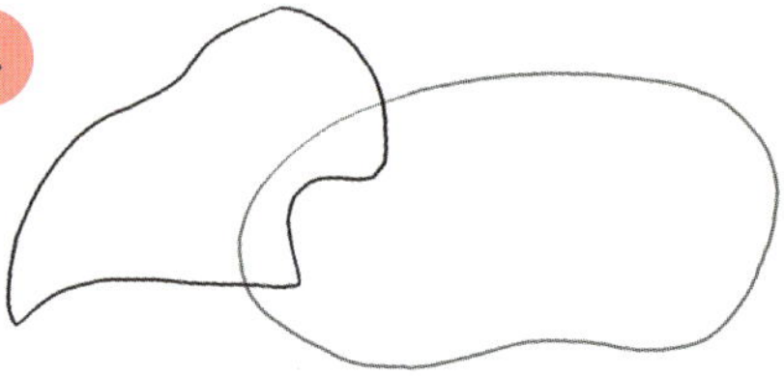

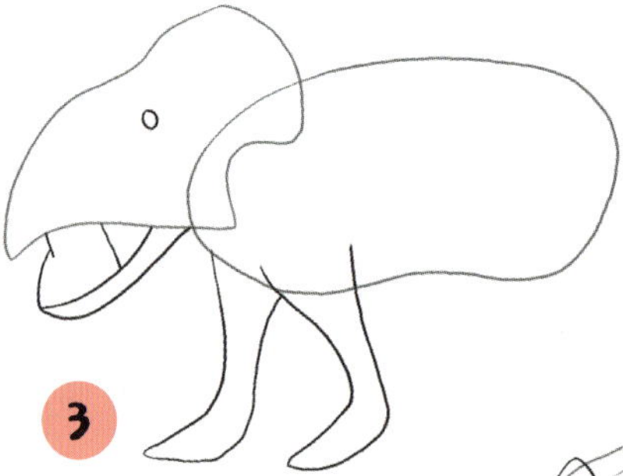

 # 213 프로토케라톱스

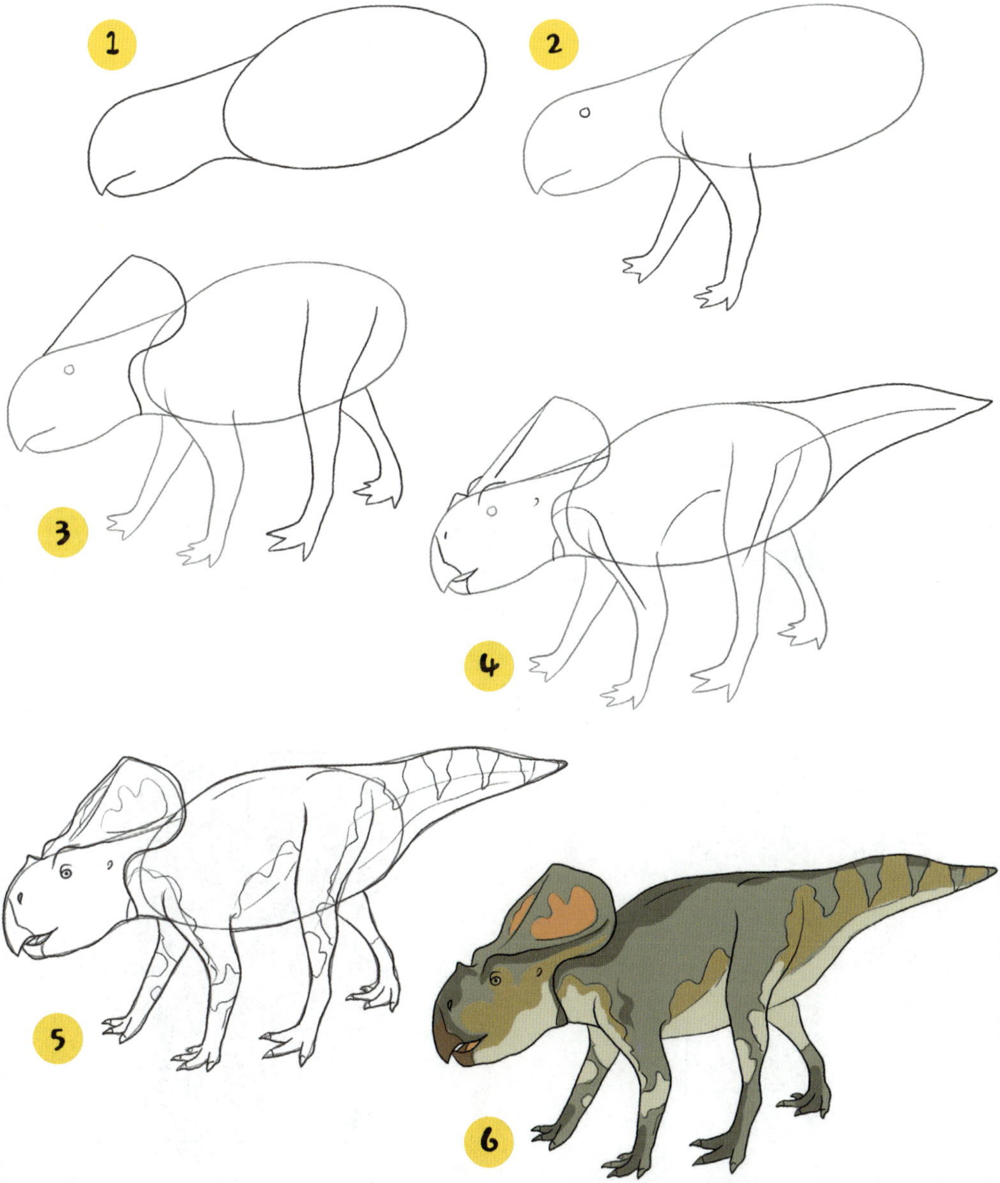

 214 프로토케라톱스

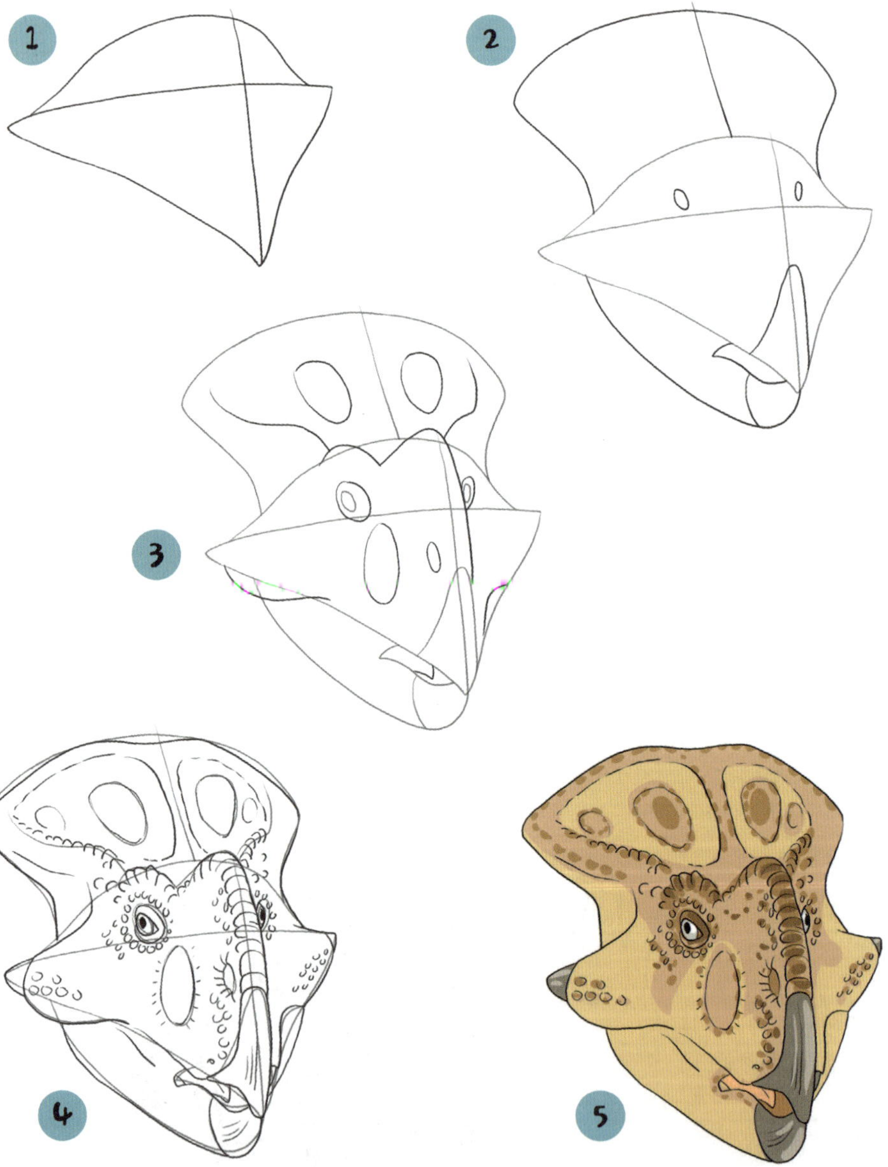

215 프시타코사우루스

216 프시타코사우루스

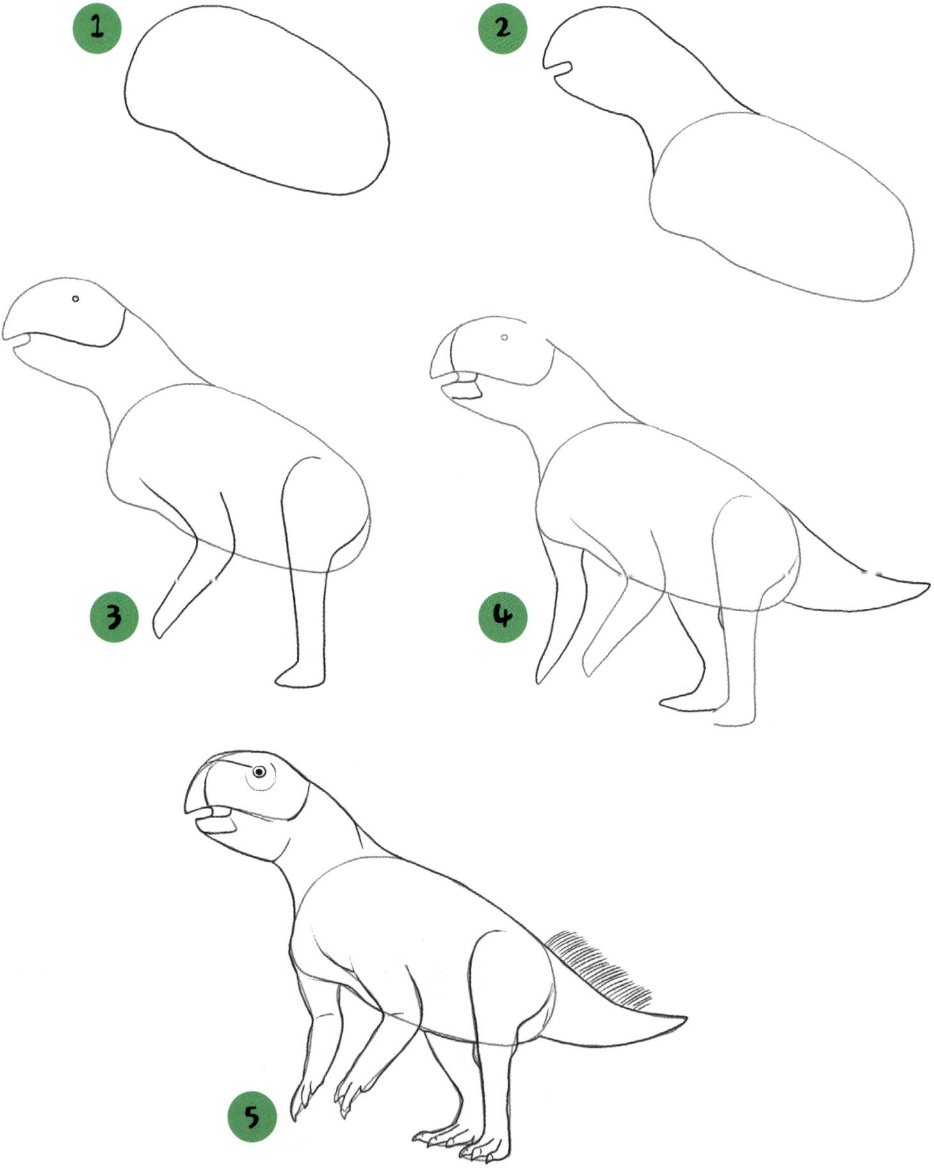

217 프시타코사우루스

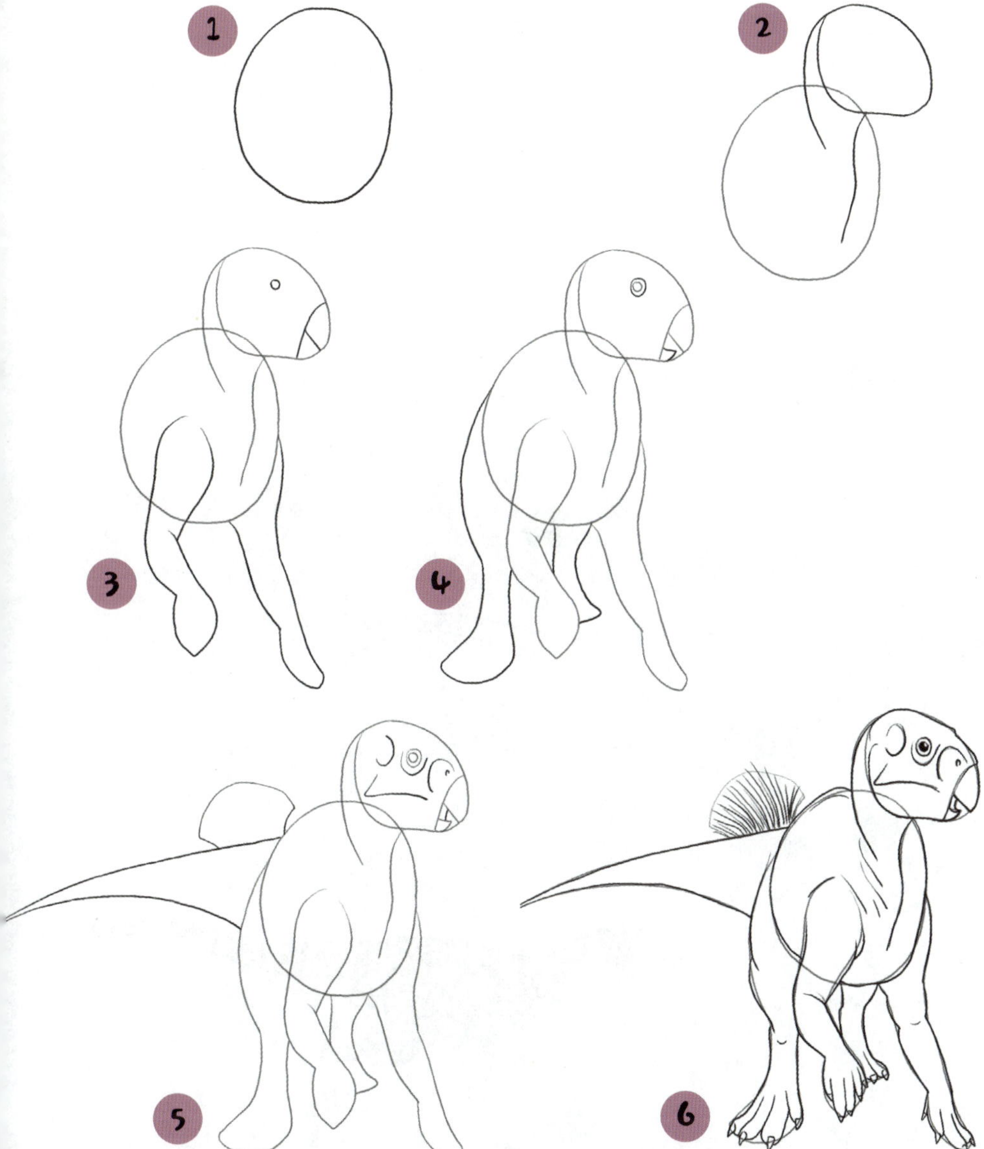

218 첸저우사우루스

219 첸저우사우루스

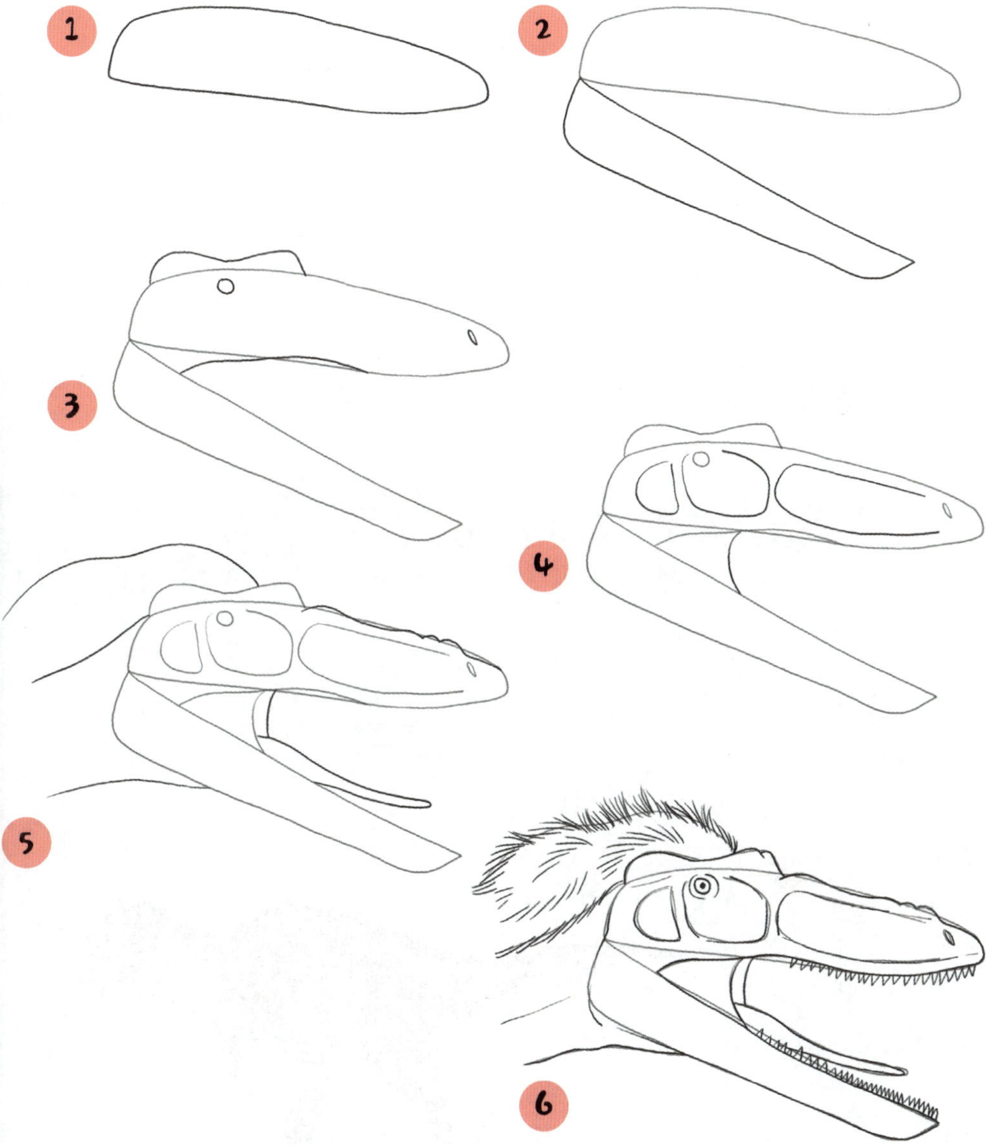

220 라자사우루스

221 라자사우루스

222 라페토사우루스

1
2
3
4
5

223 라페토사우루스

라페토사우루스

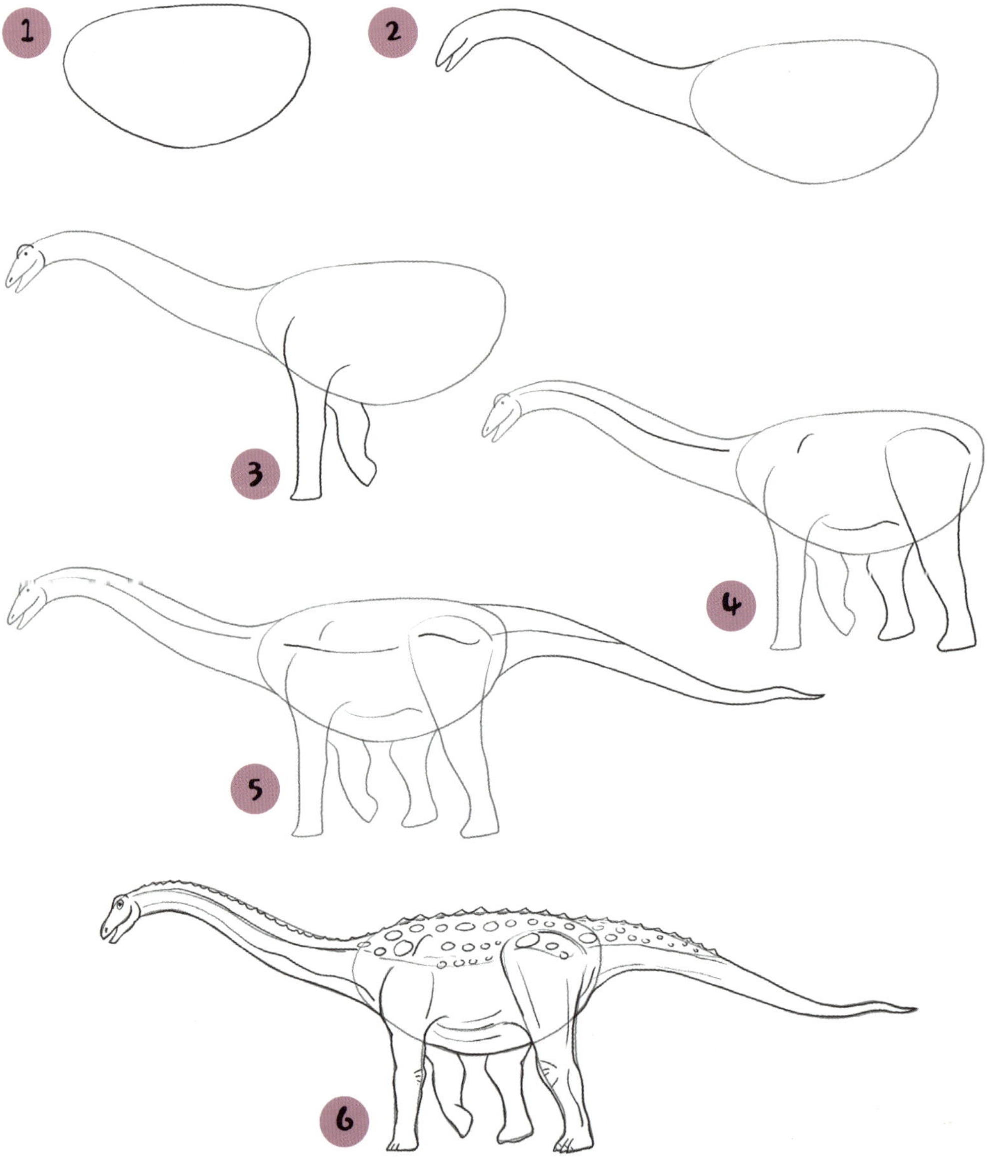

225 라브도돈

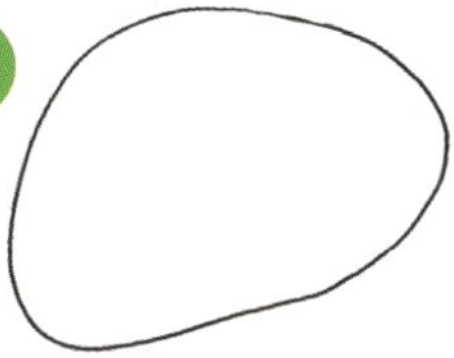

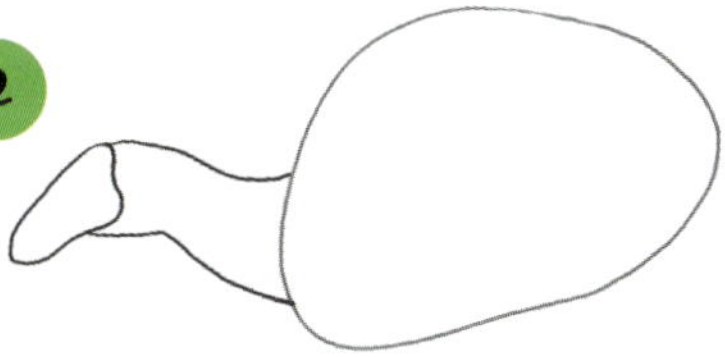

226 라브도돈

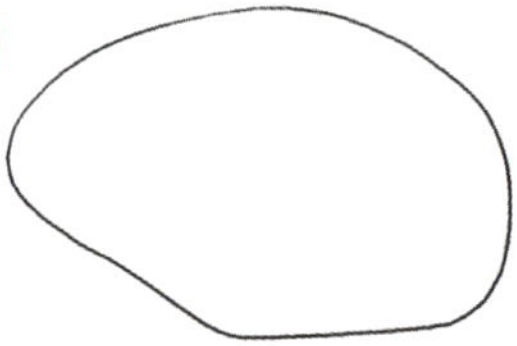

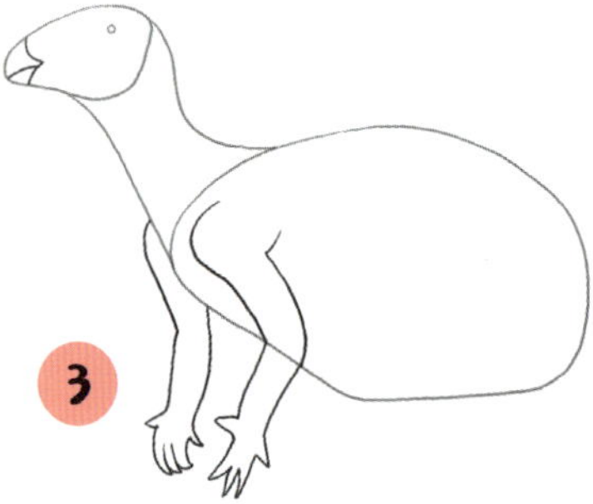

227 루곱스

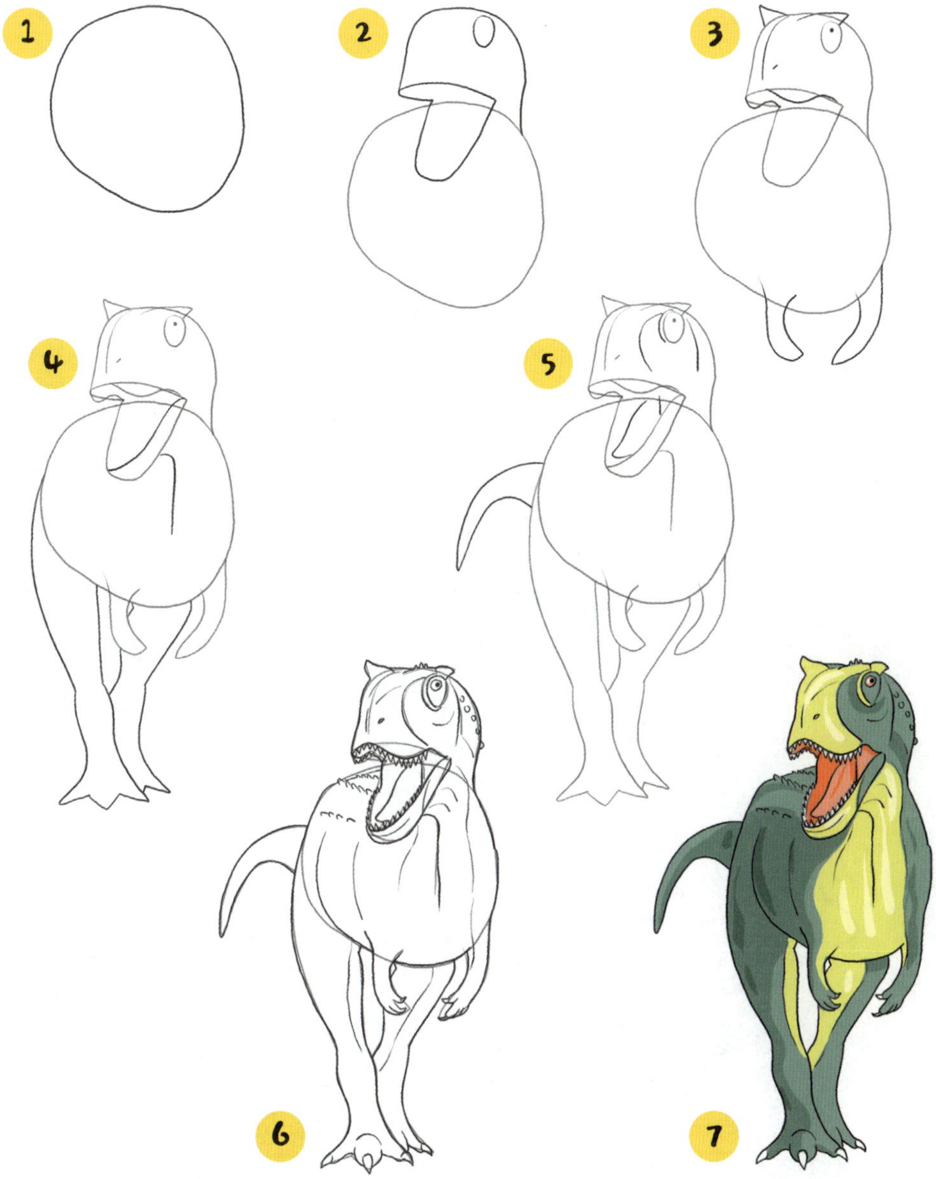

228 루곱스

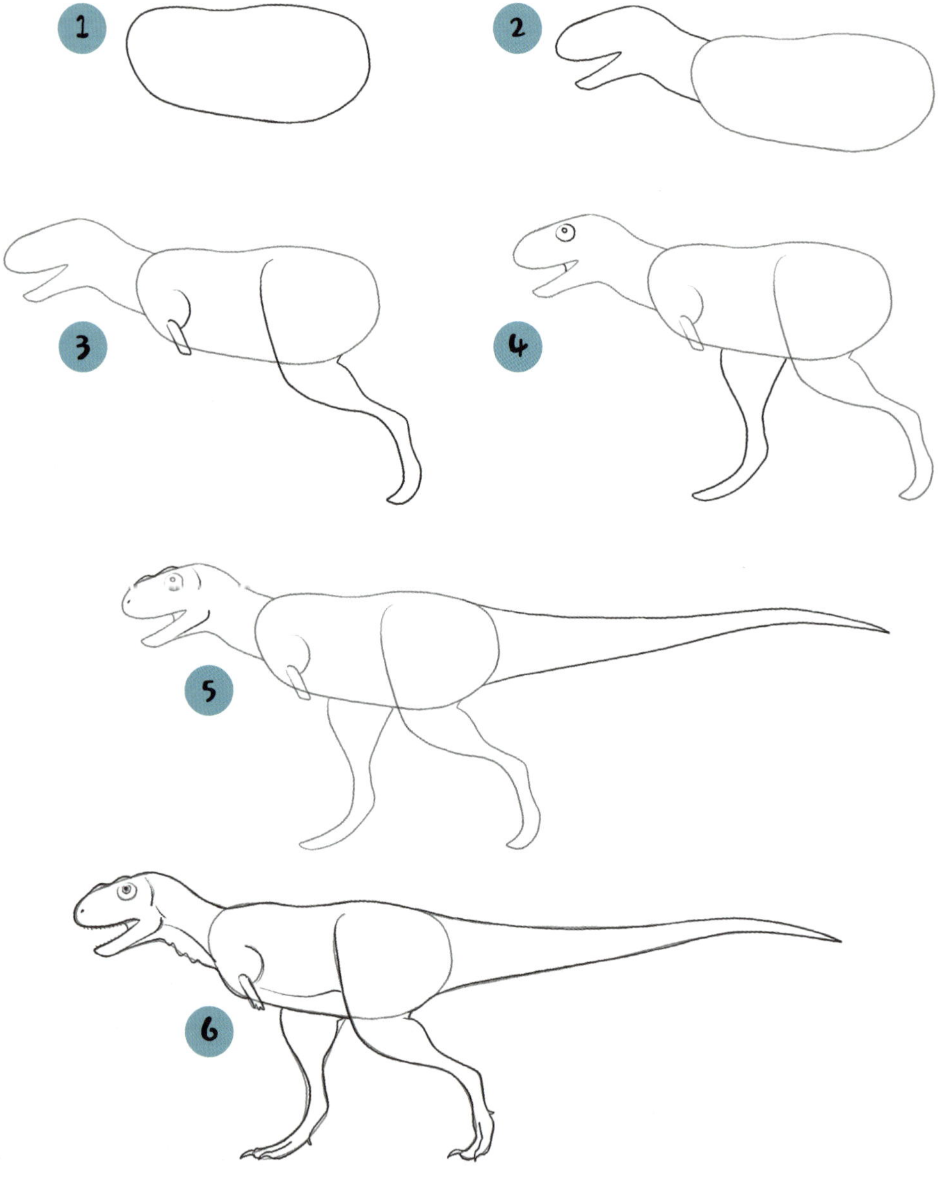

 살타사우루스

230 살타사우루스

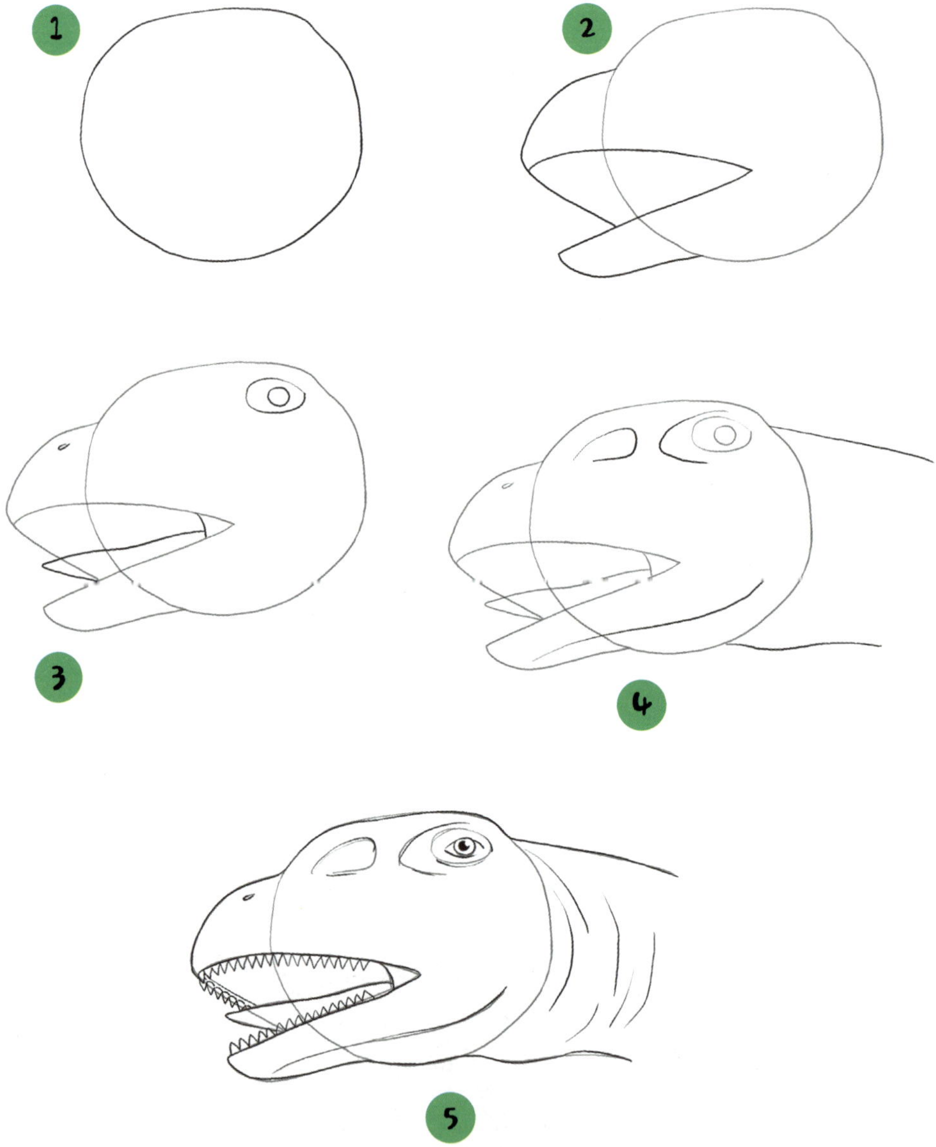

1.
2.
3.
4.
5.

231 살토푸스

232 살토푸스

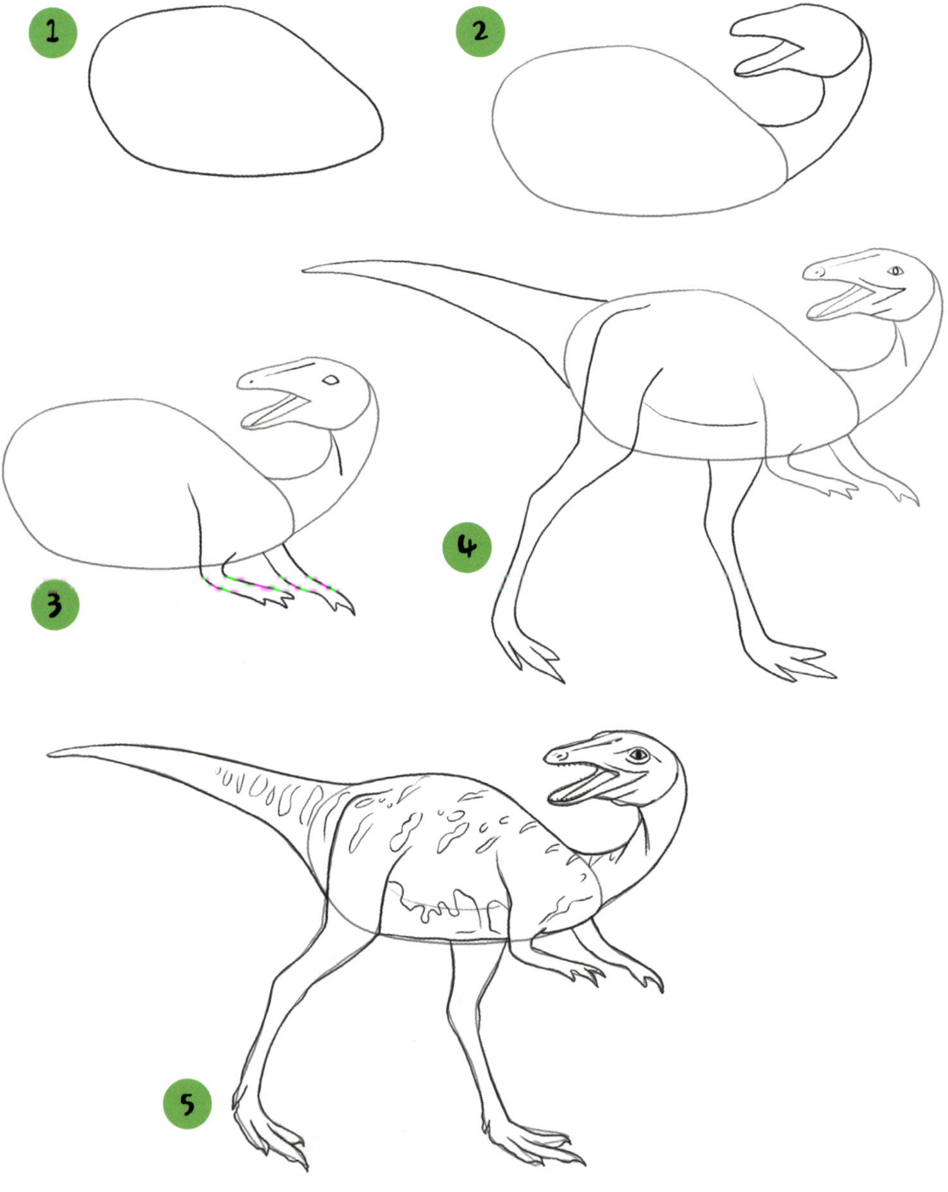

233 살토푸스

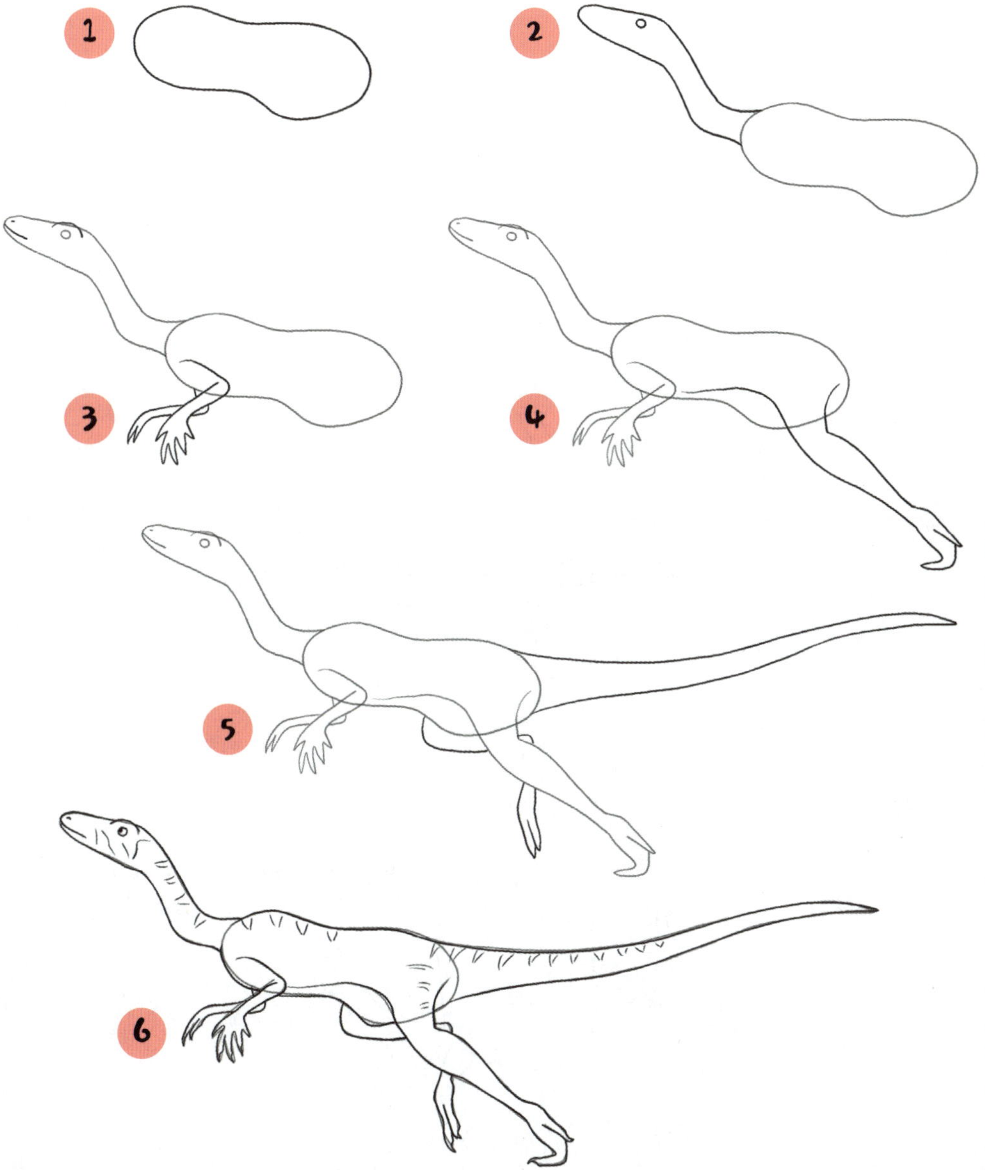

234 사우롤로푸스

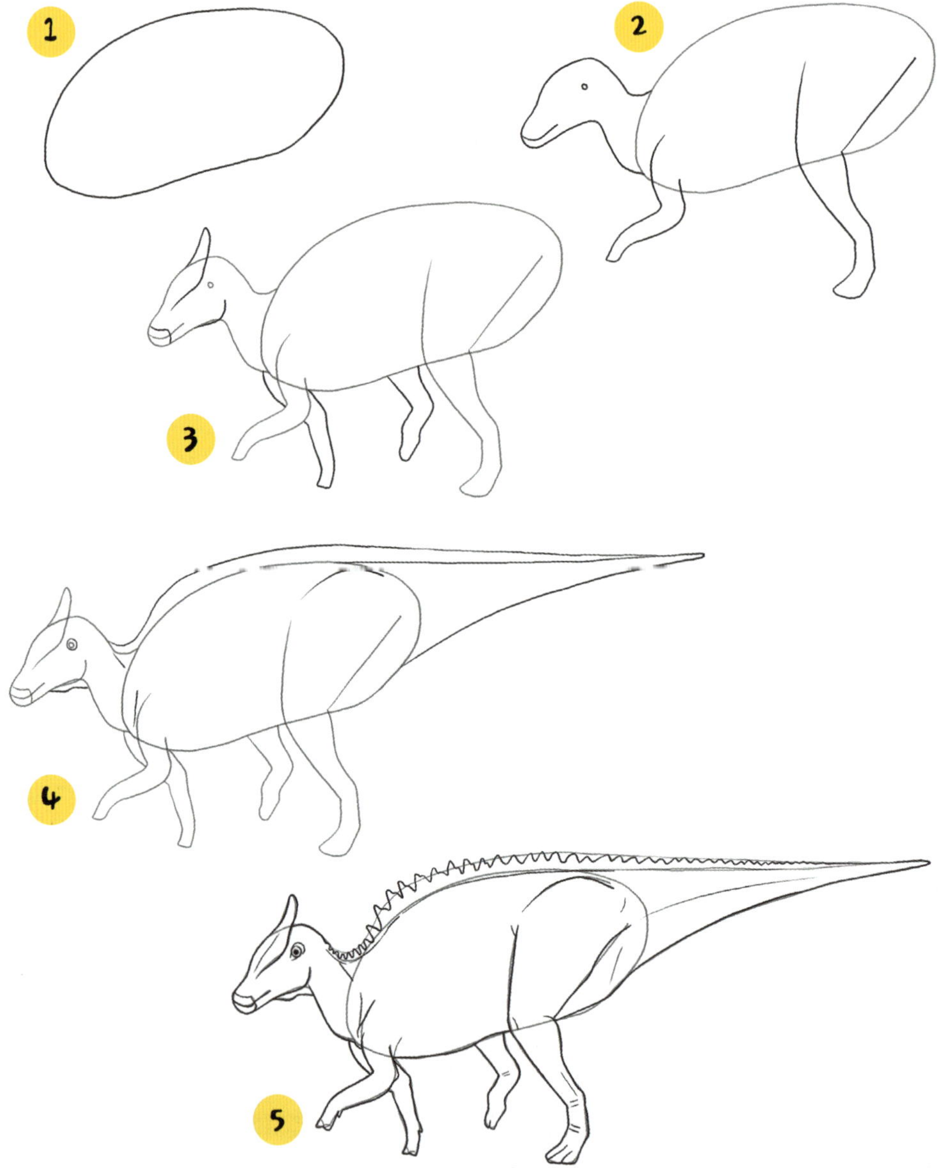

235 사우롤로푸스

1 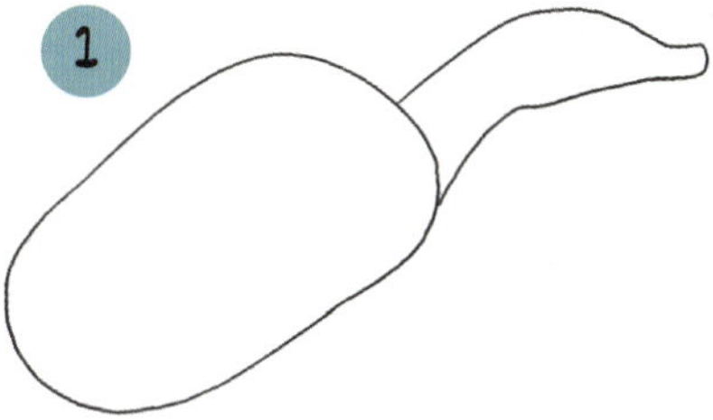
2 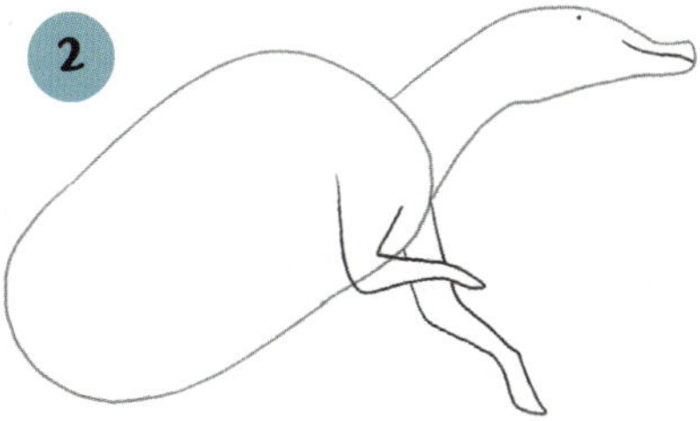
3 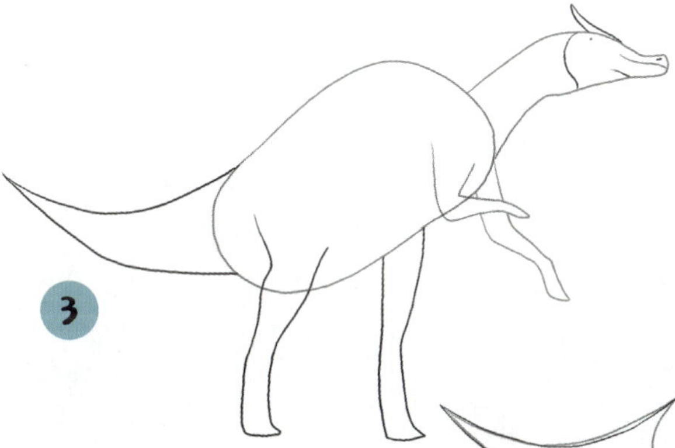
4 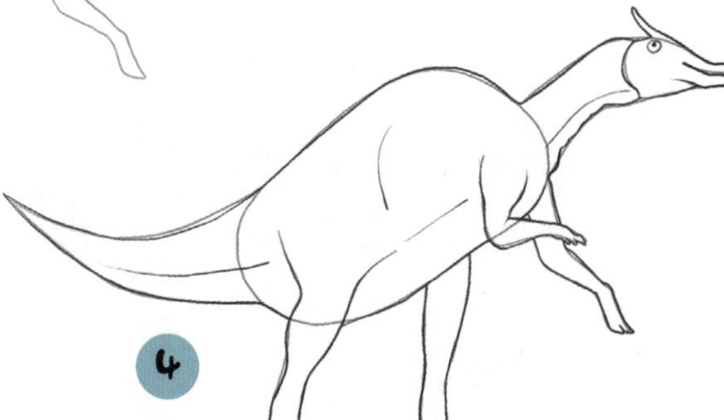
5

236 사우롤로푸스

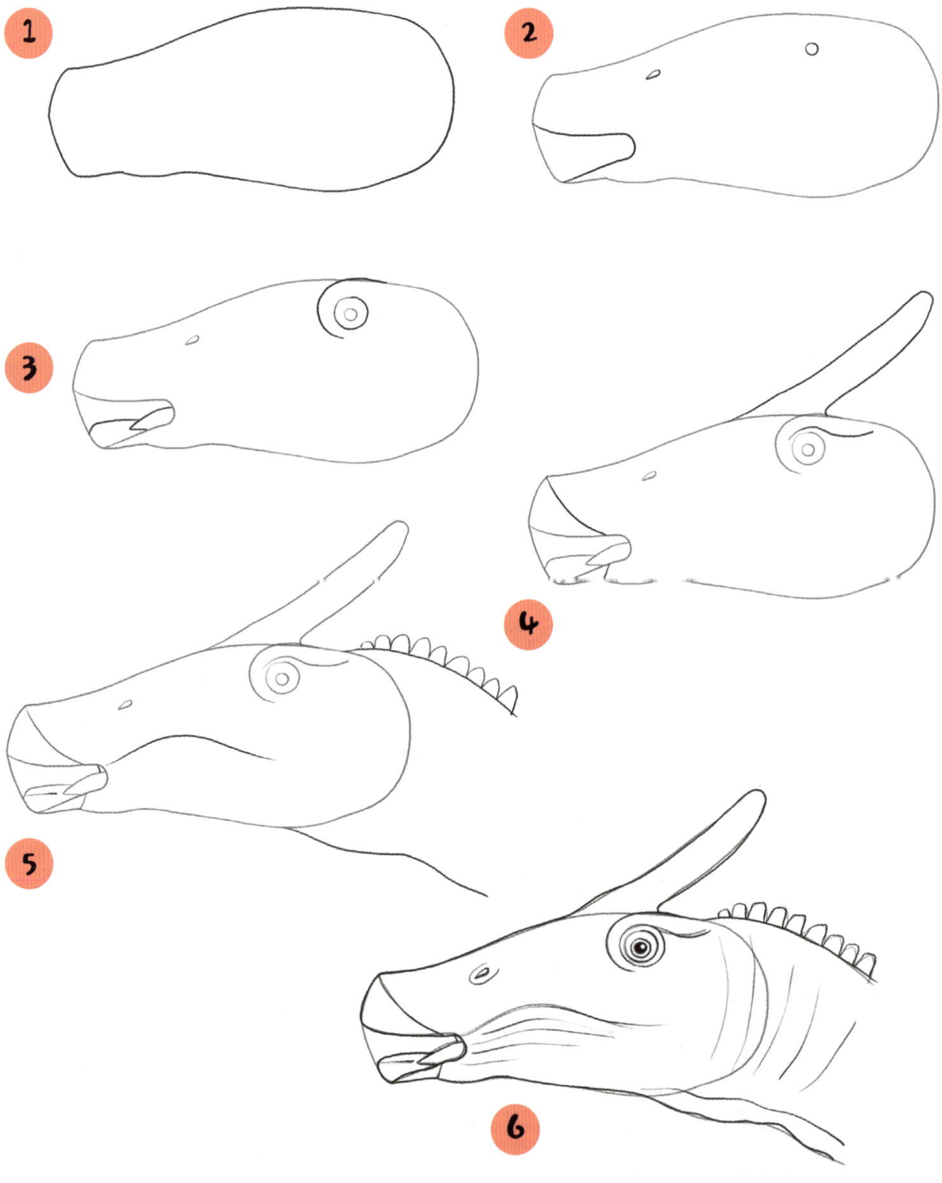

237 사우로펠타

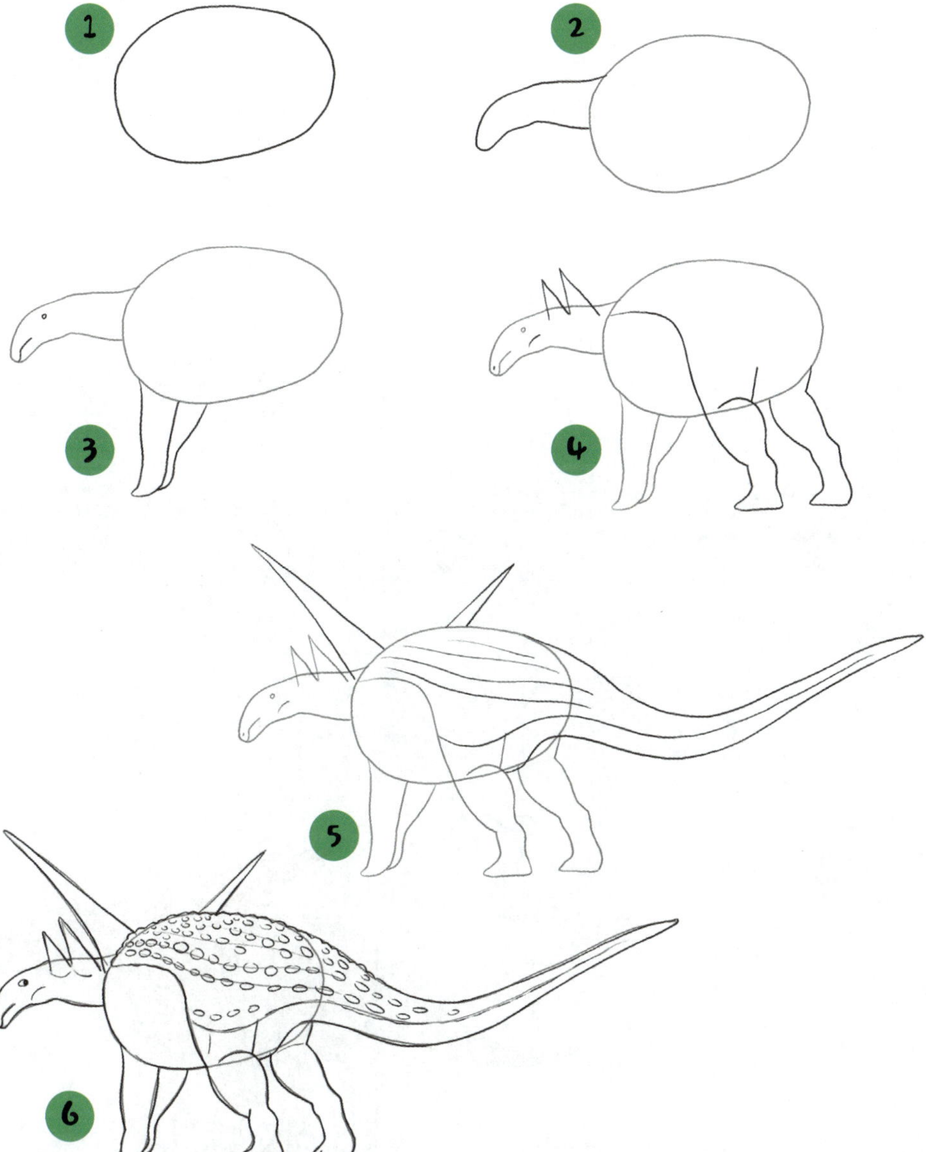

238 사우로펠타

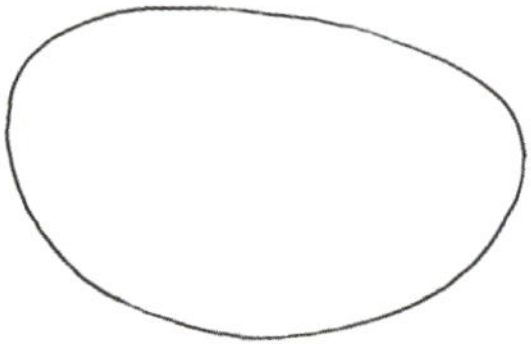

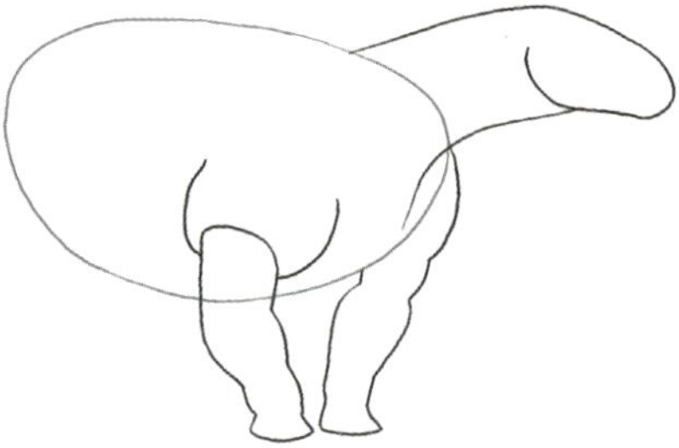

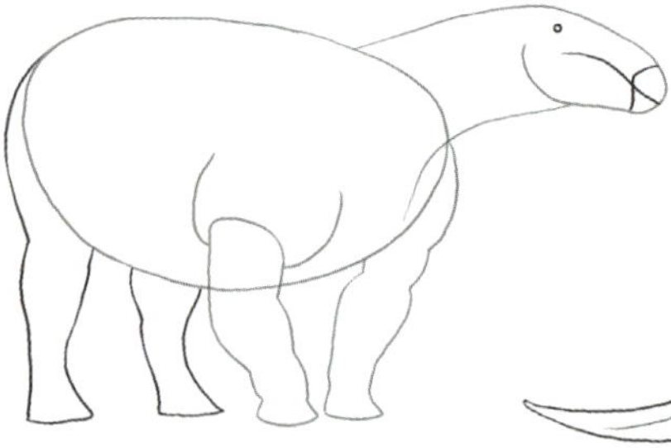

239 세기사우루스

240 세기사우루스

241 슈노사우루스

242 슈노사우루스

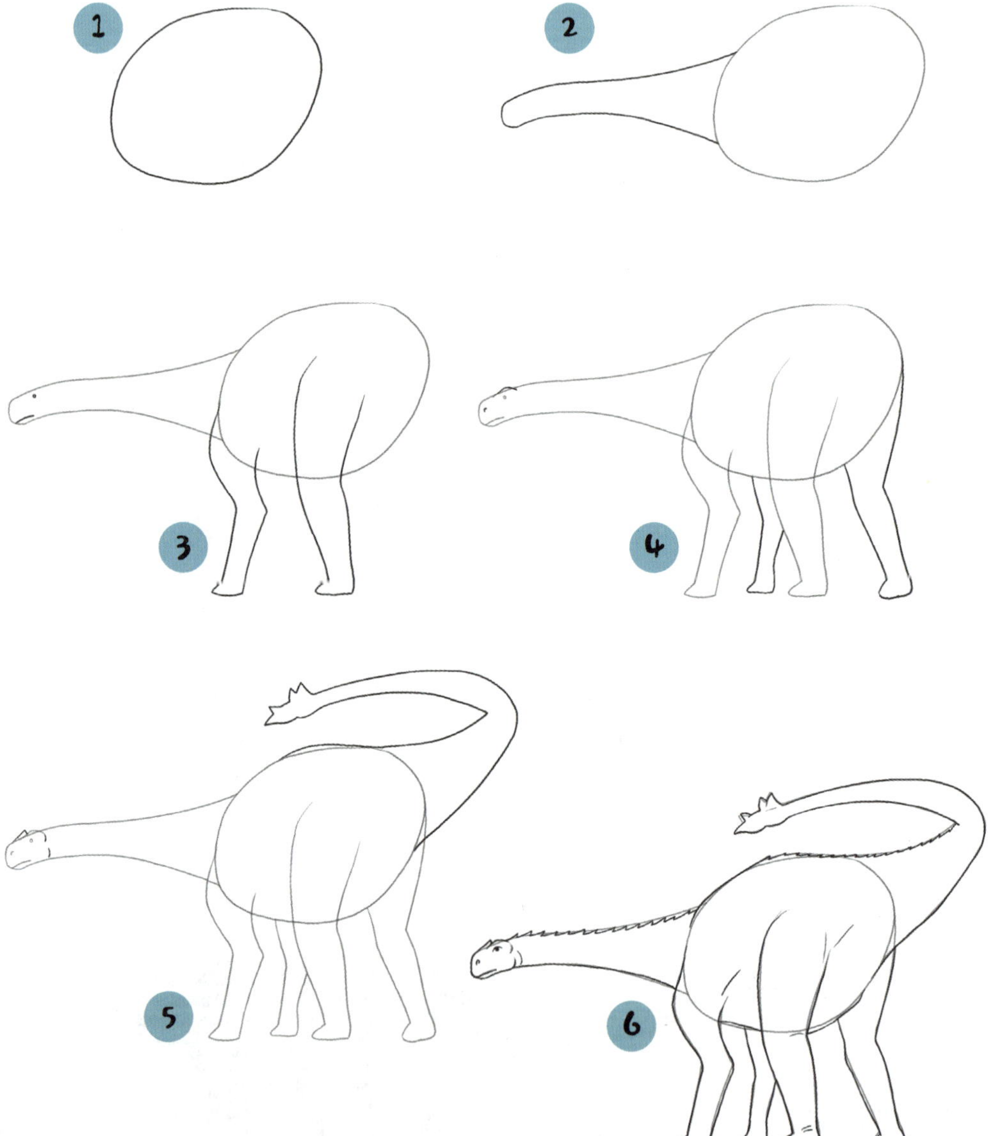

1
2
3
4
5
6

슈노사우루스

244 시노케라톱스

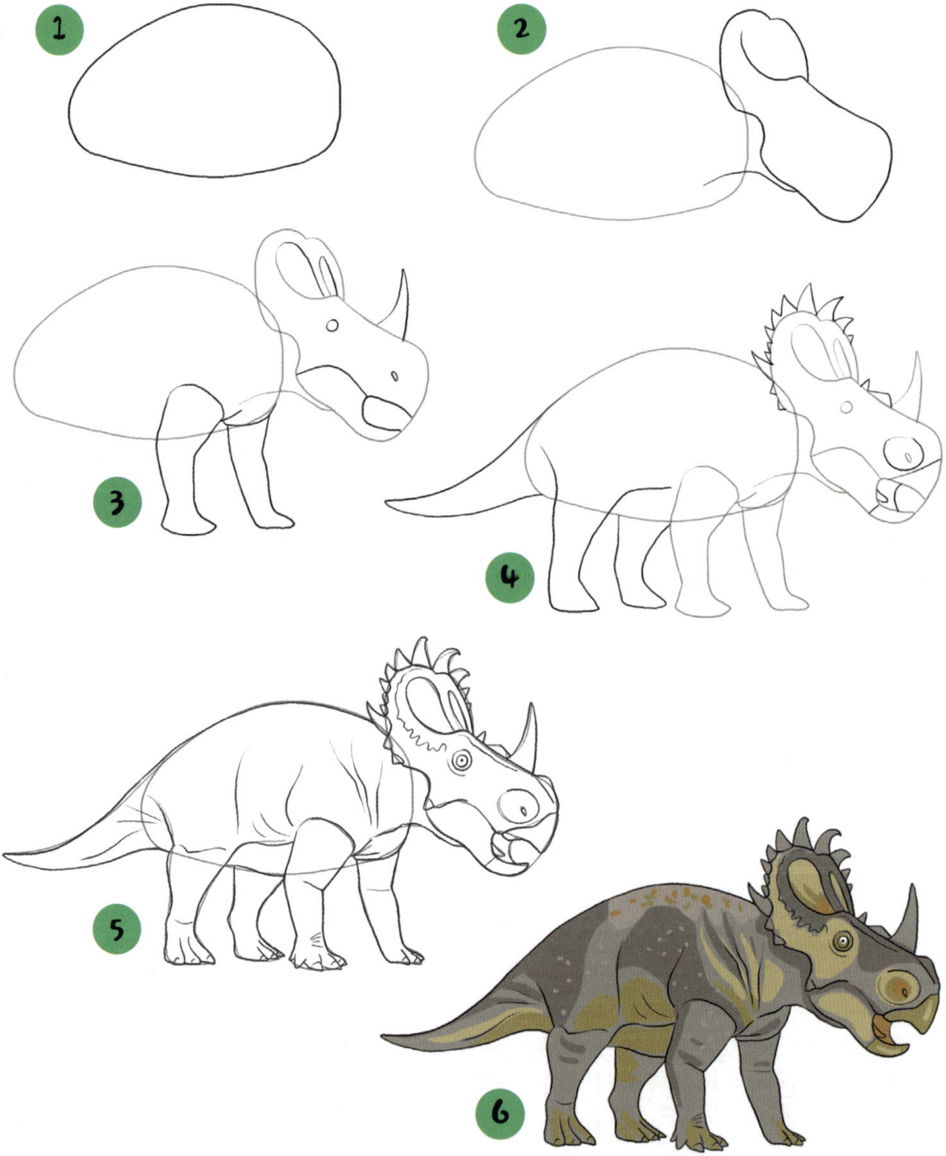

245 시노케라톱스

 246 시노케라톱스

247 스피노사우루스

248 스피노사우루스

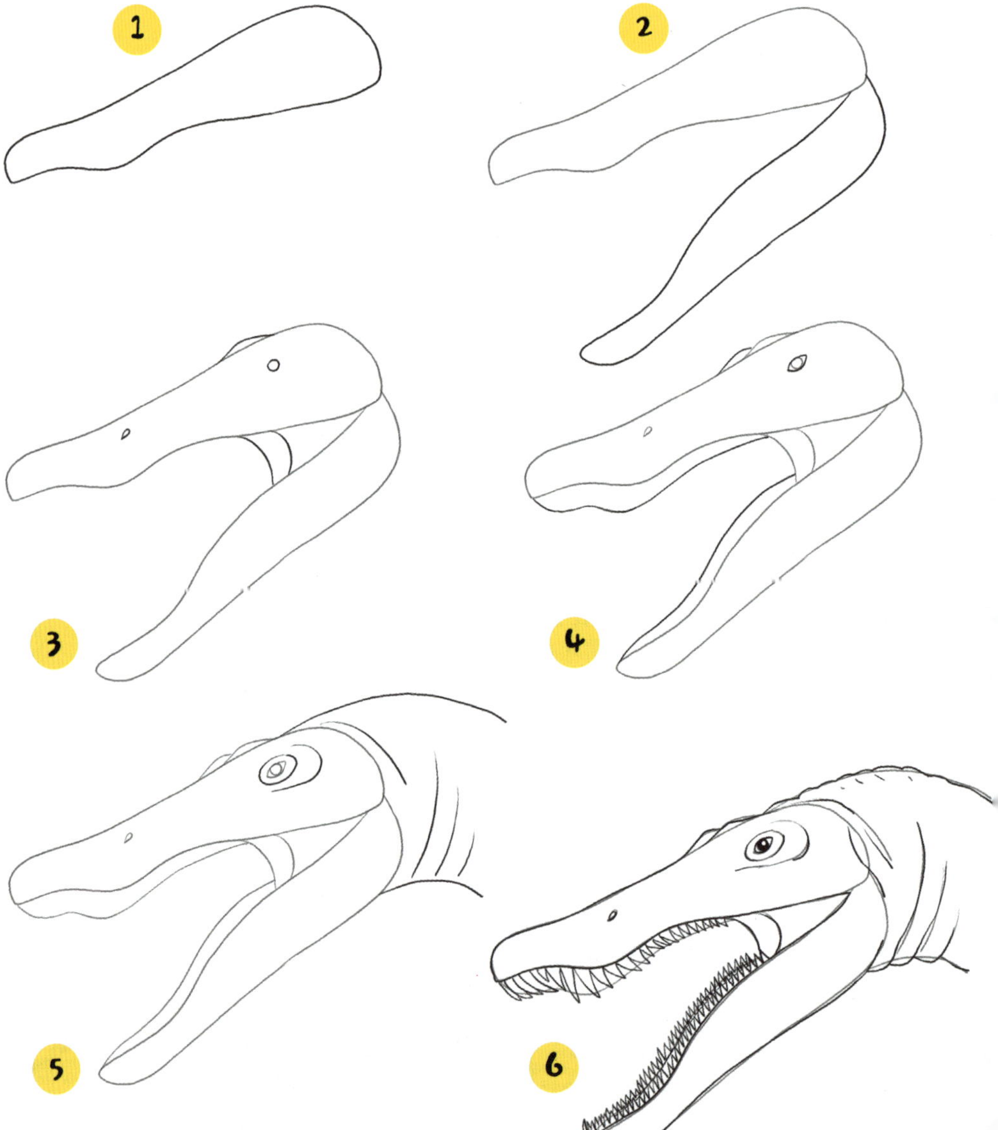

249 스테고사우루스

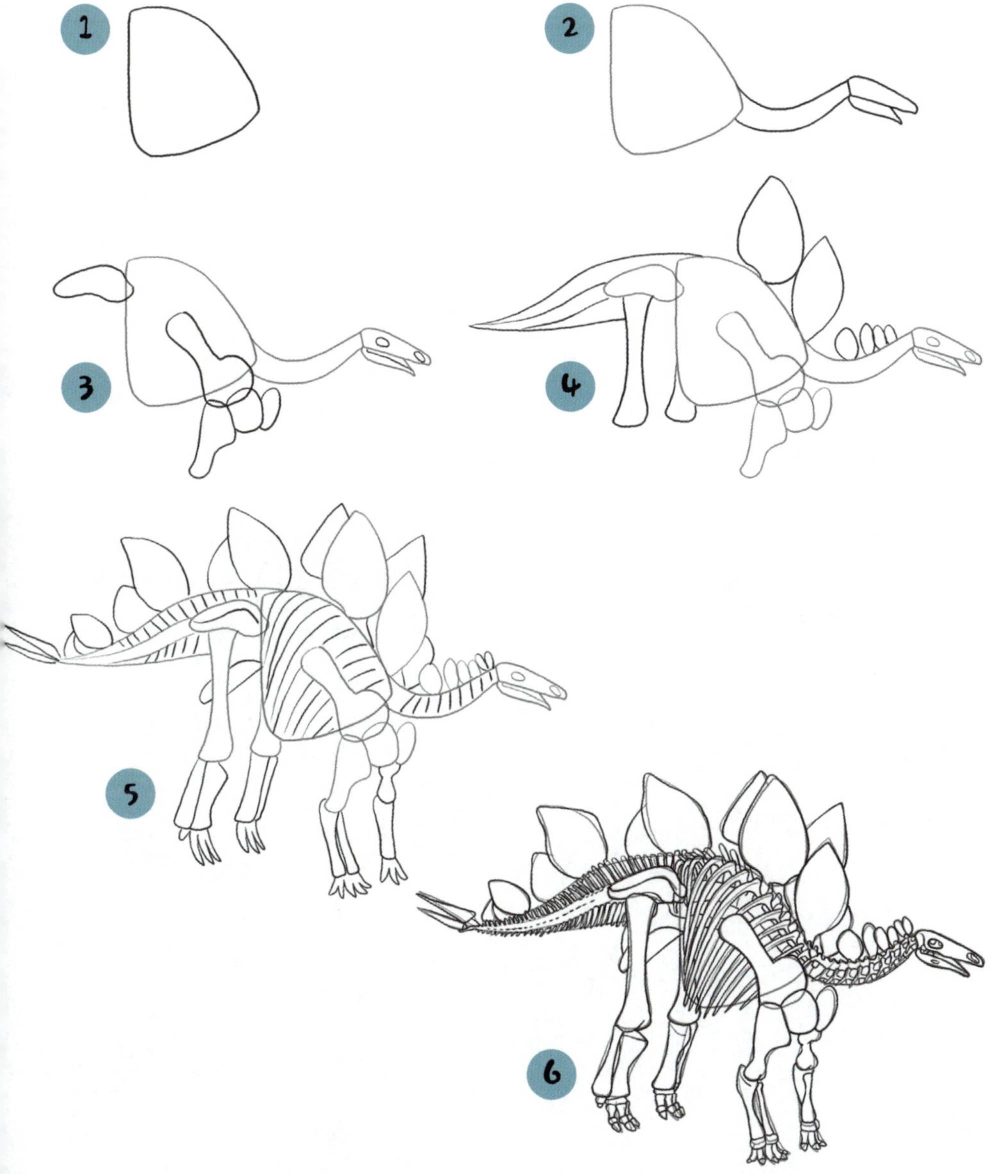

 스테고사우루스

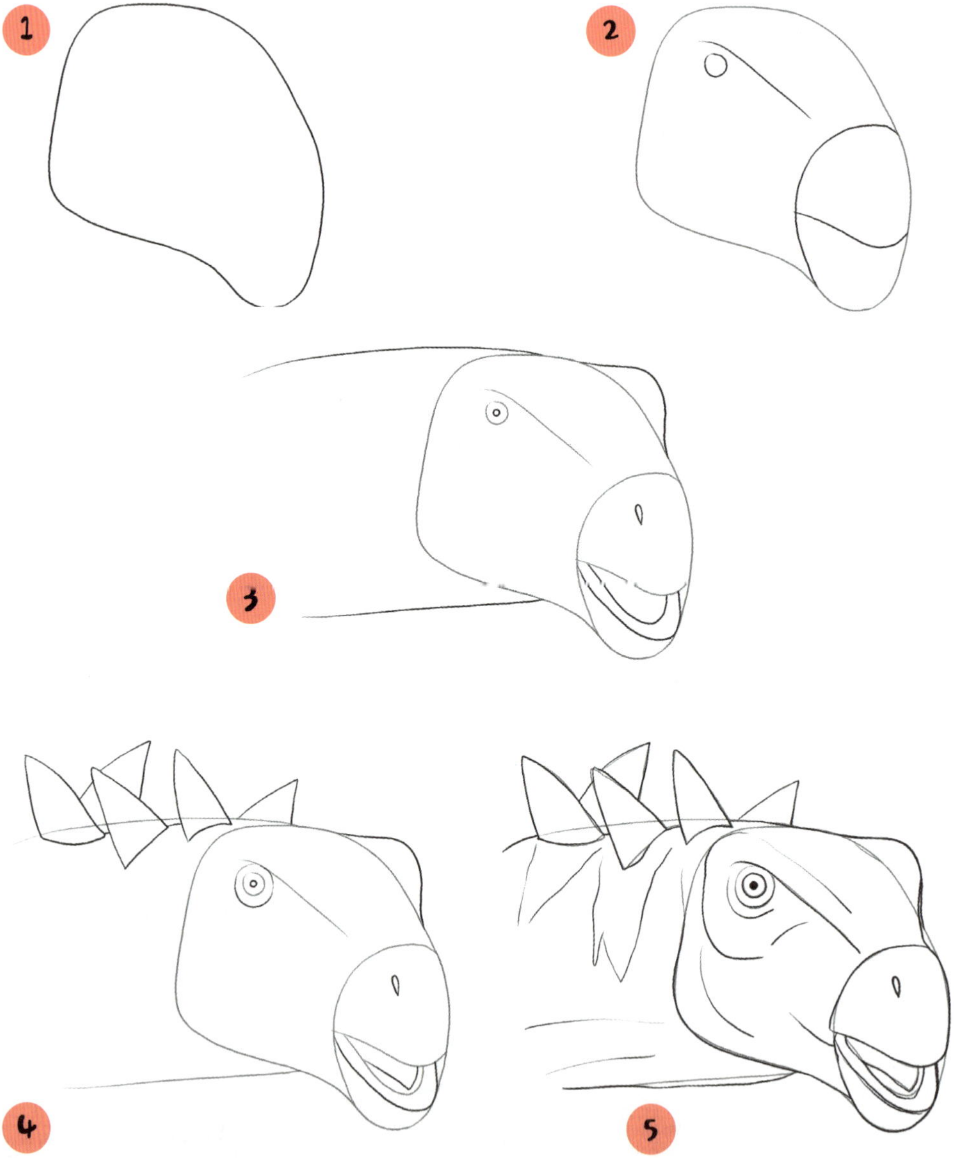

251 스테고사우루스

252 스테고사우루스

253 스티기몰로크

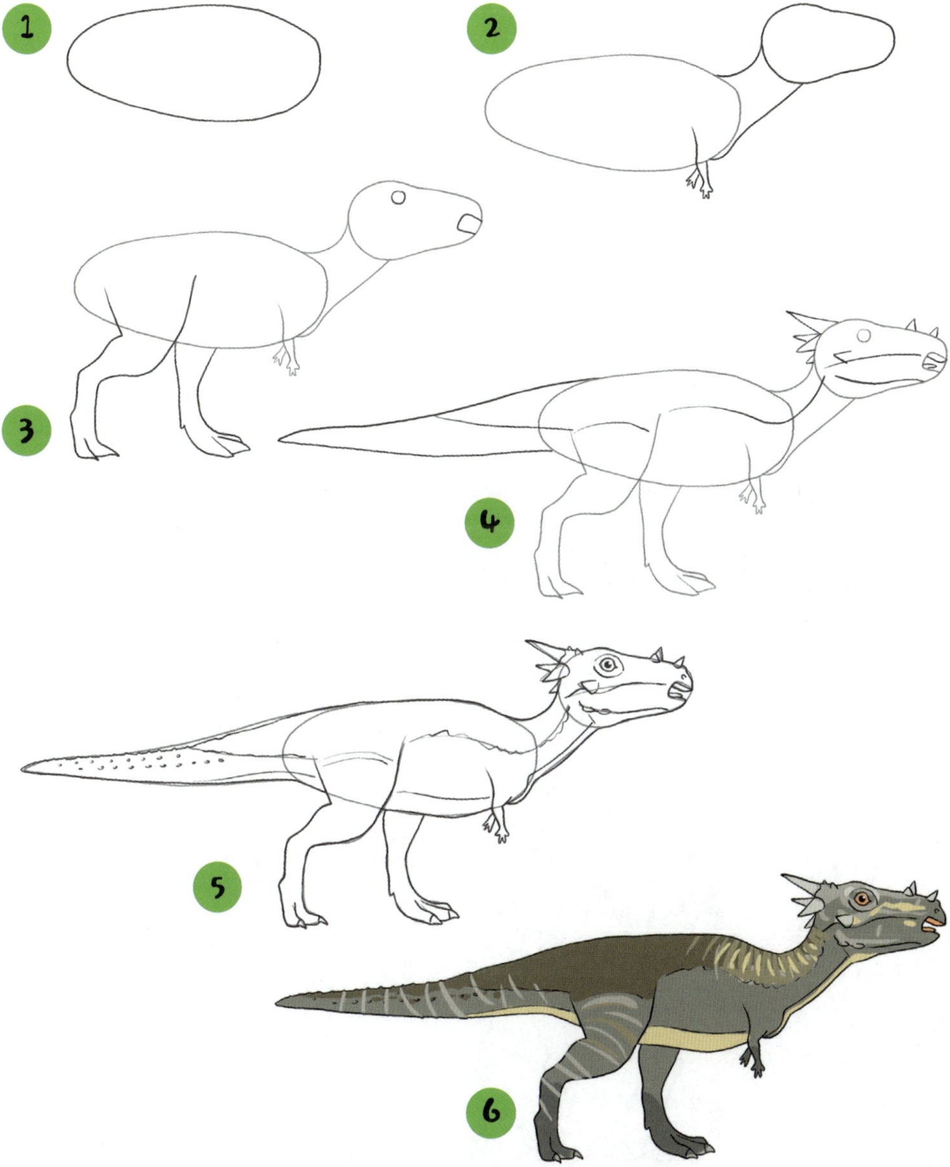

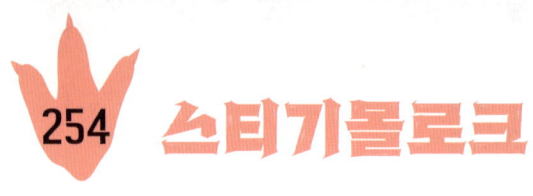
254 스티기몰로크

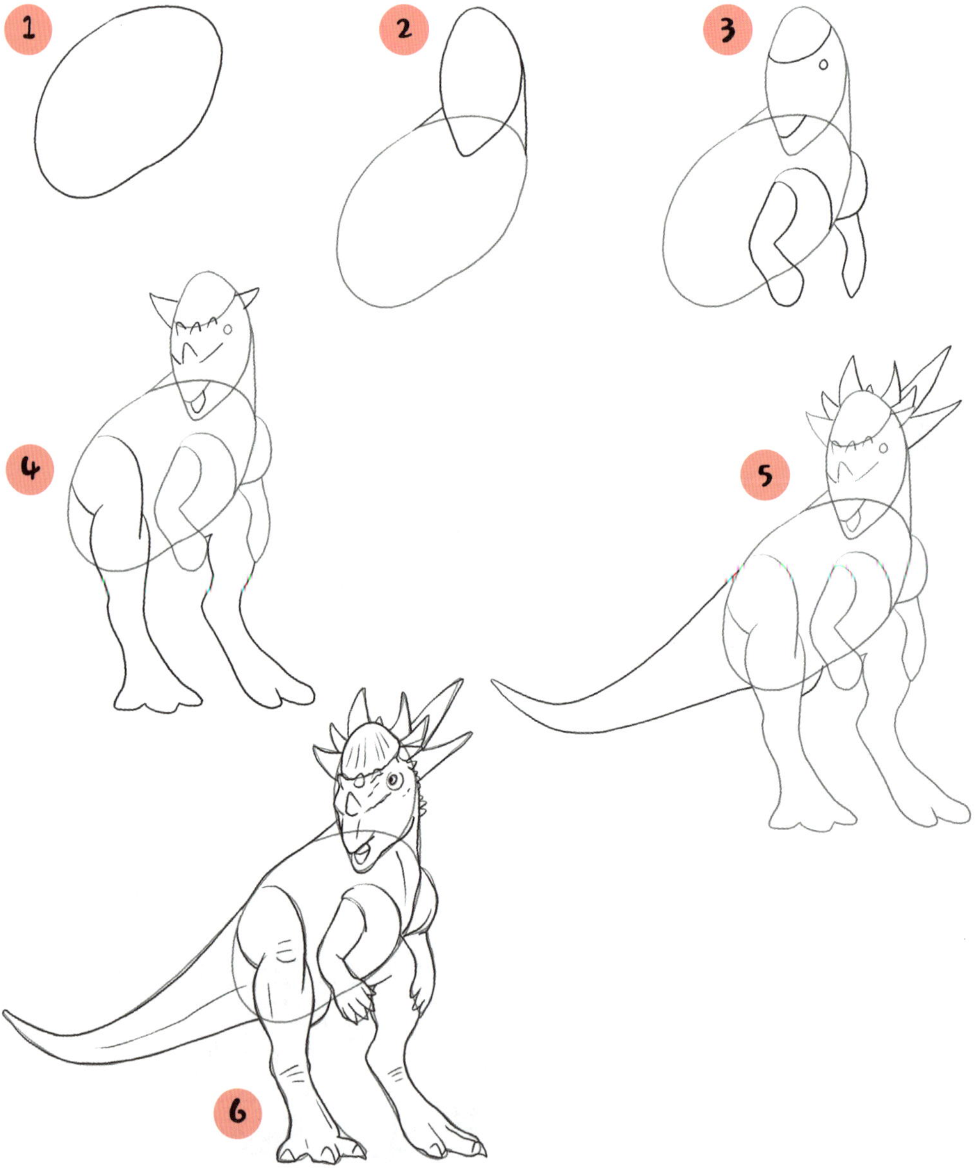

 **255 스티기몰로크**

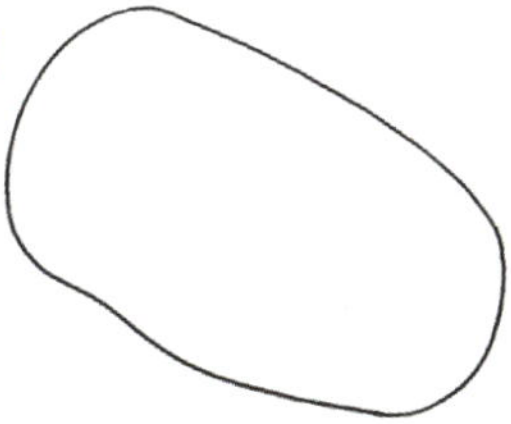

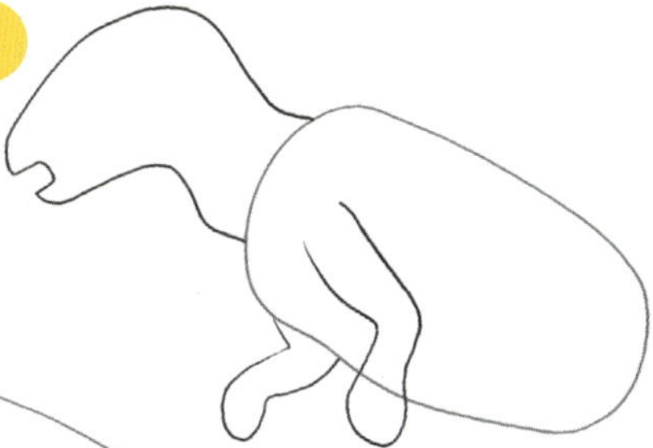

256 타르보사우루스

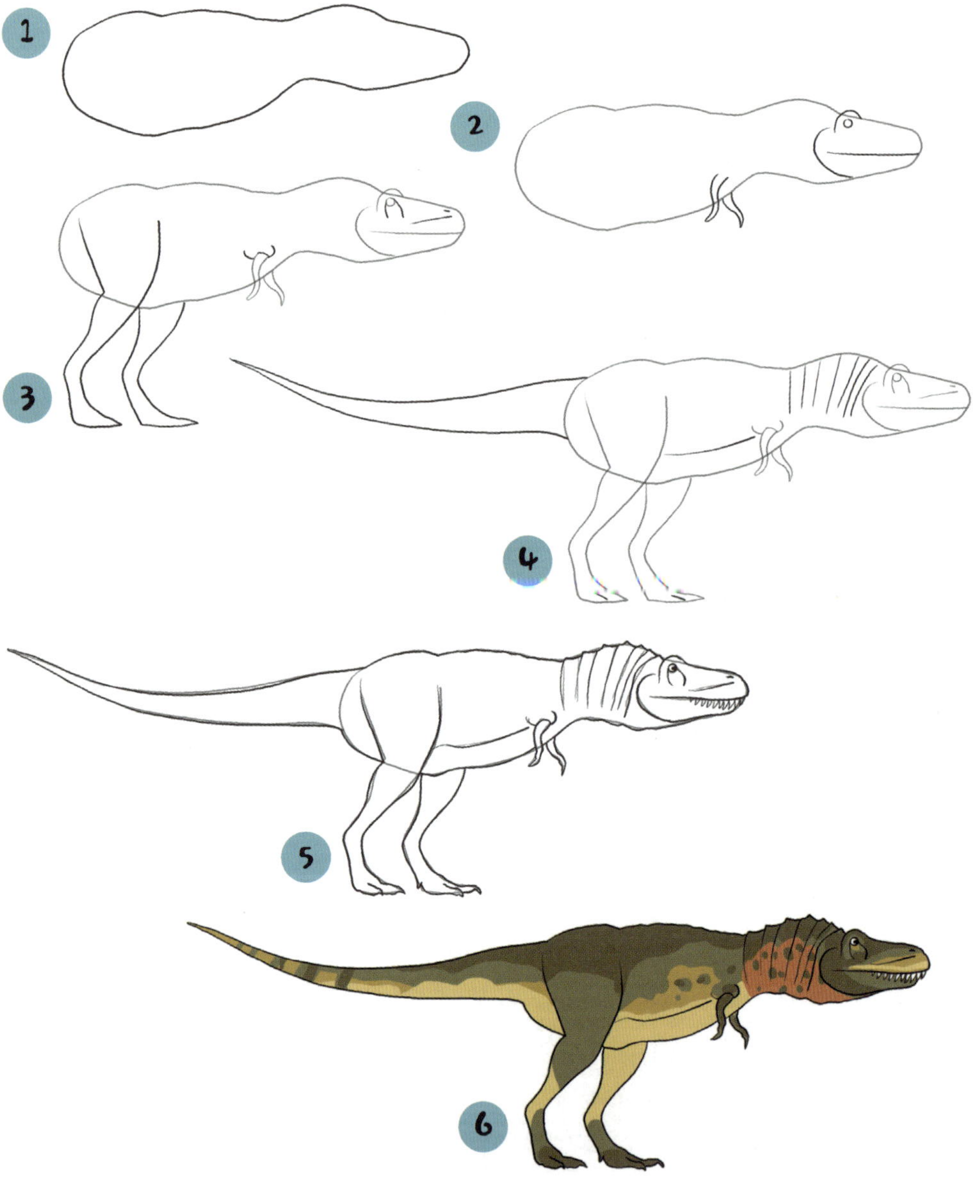

 타르보사우루스

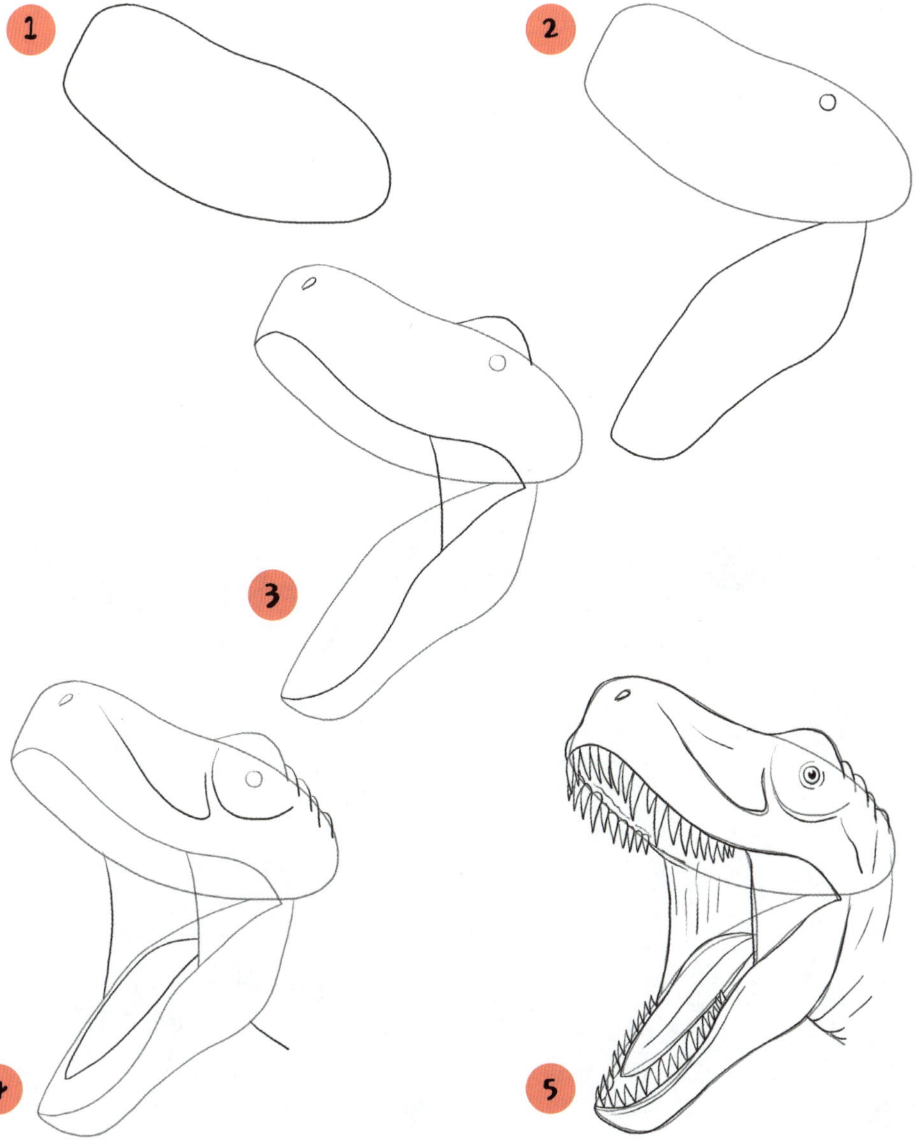

258 테리지노사우루스

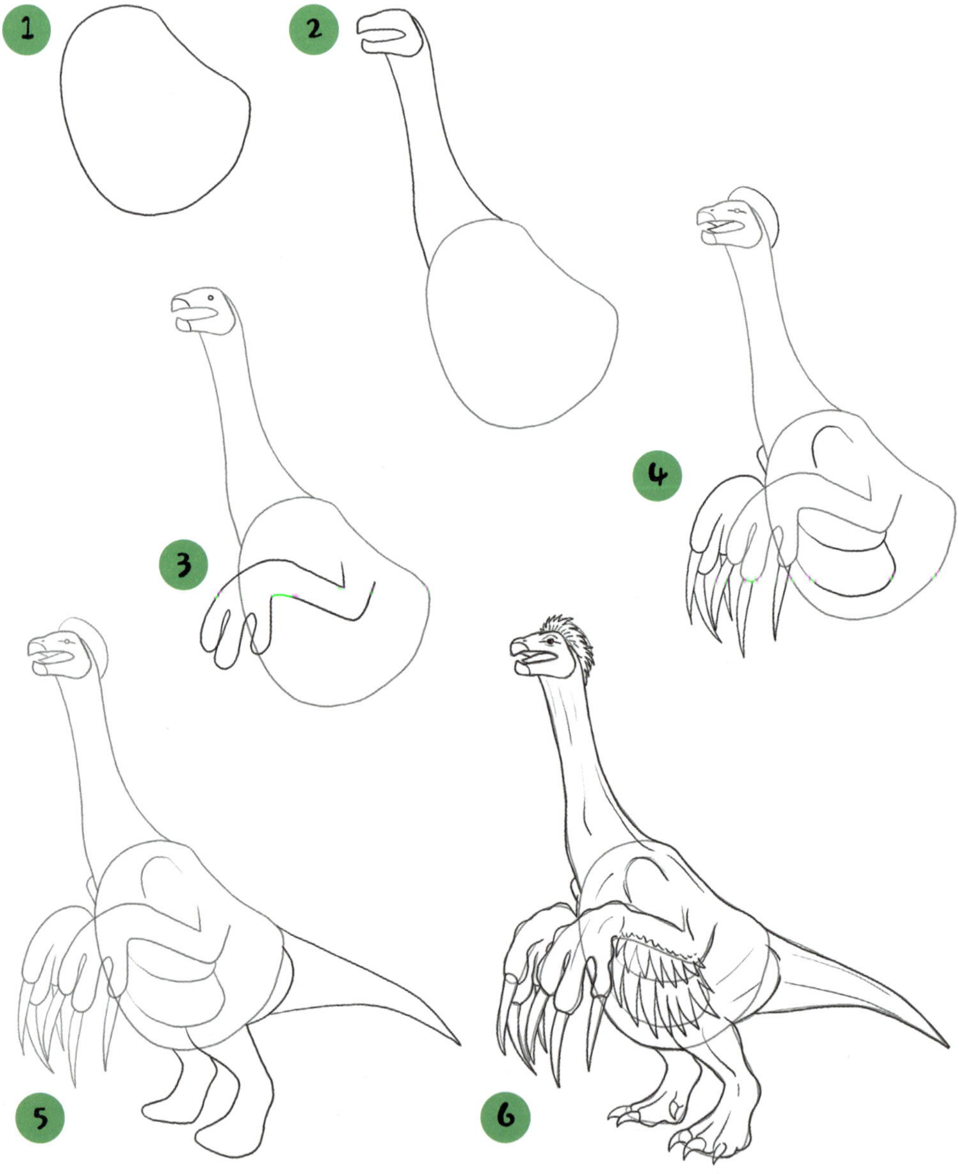

 259 테리지노사우루스

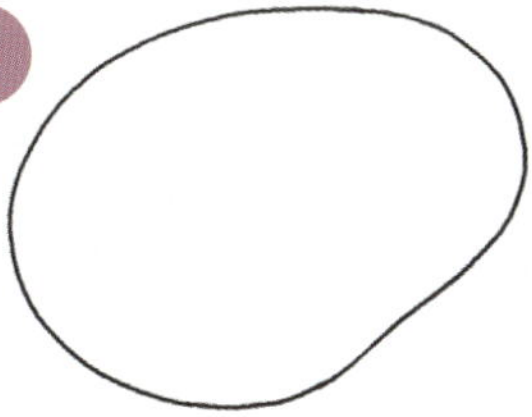

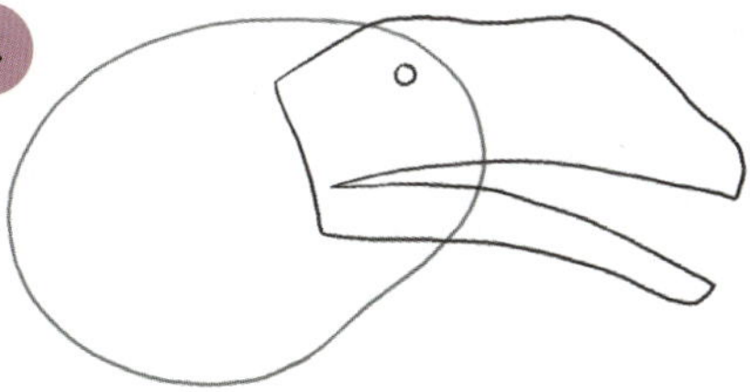

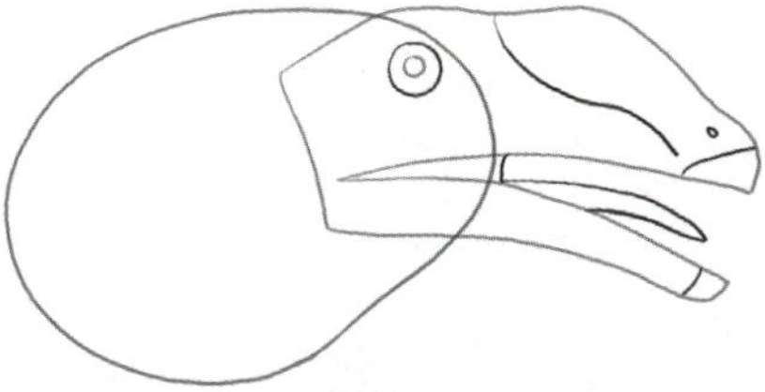

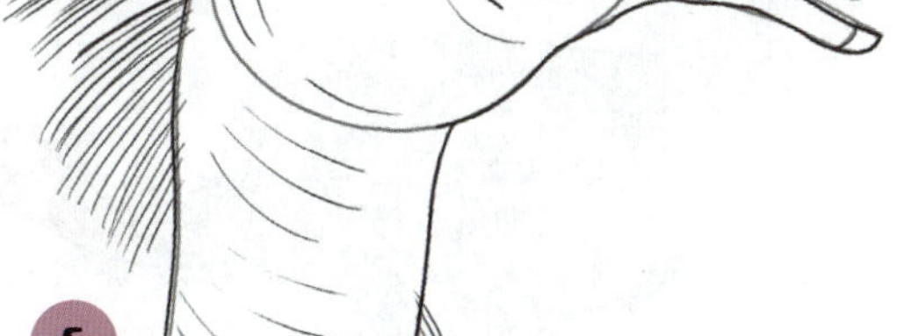

 **260** 테리지노사우루스

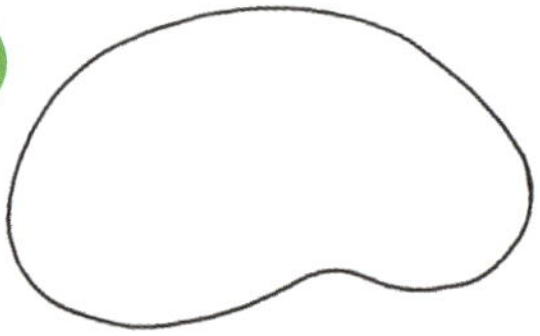

261 토로사우루스

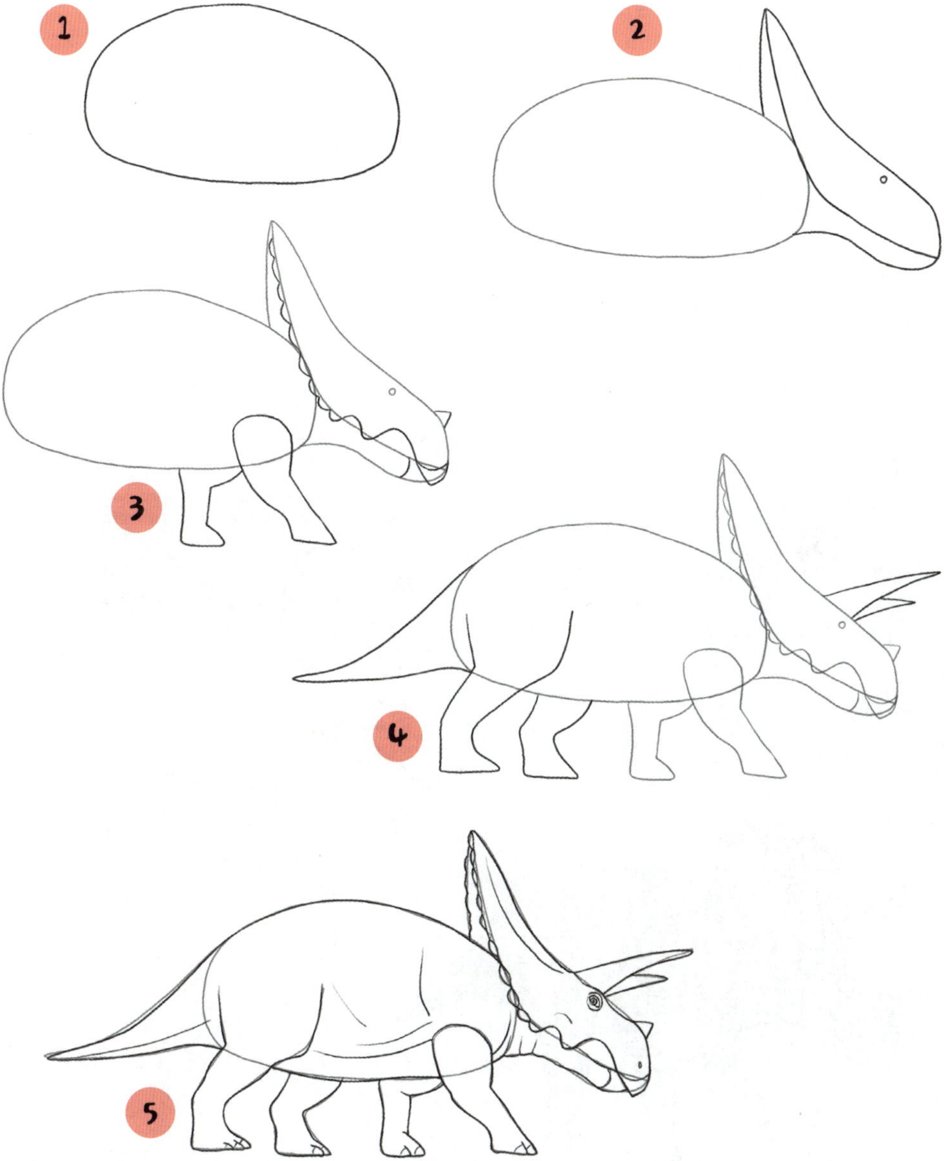

262 토로사우루스

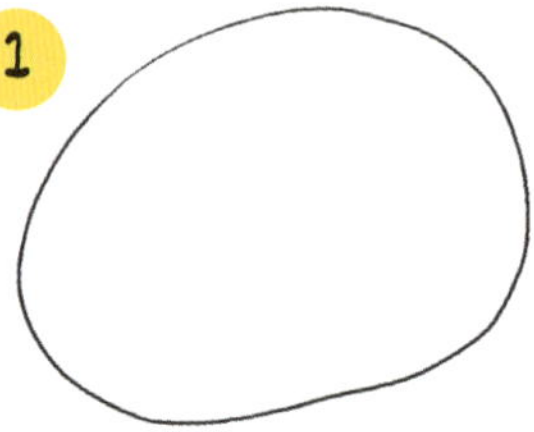

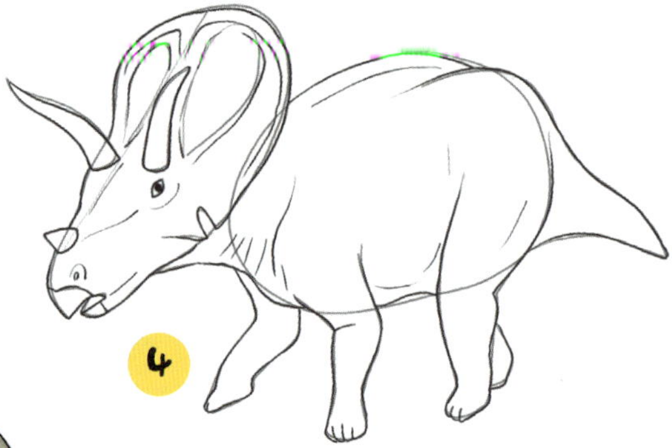

263 토로사우루스

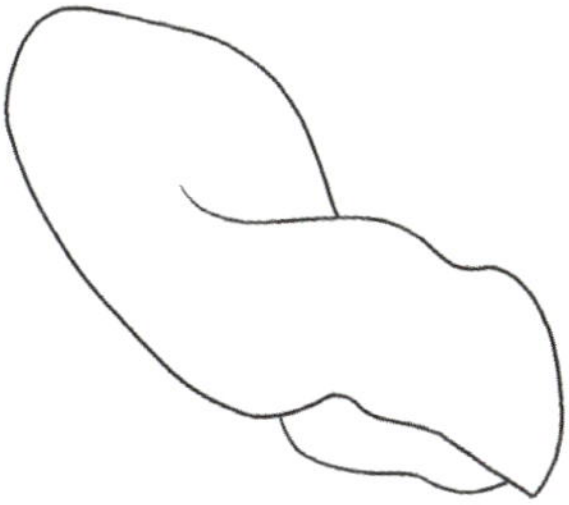

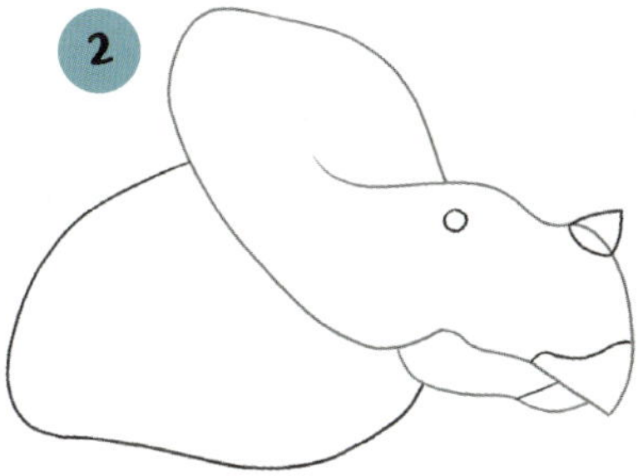

264 트리케라톱스

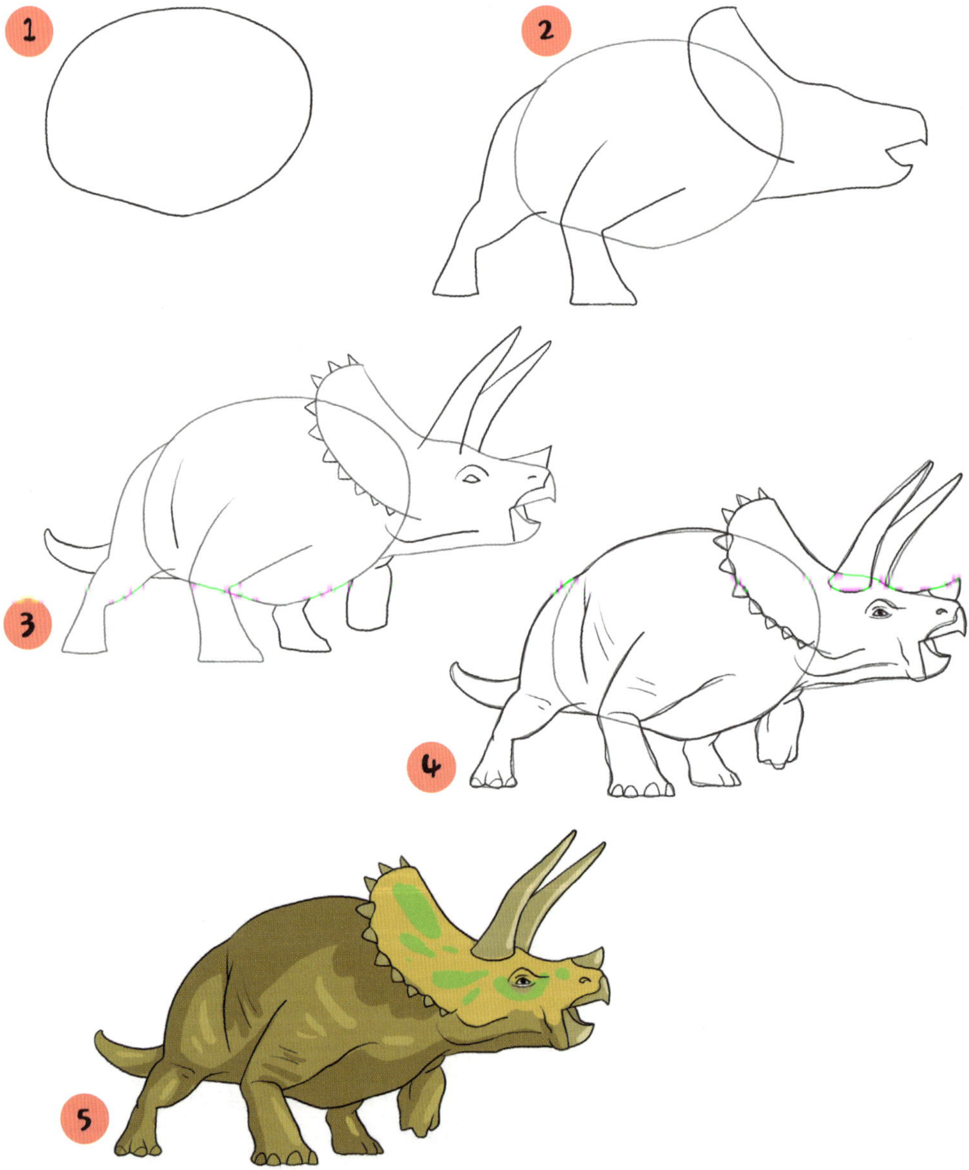

 # 265 트리케라톱스

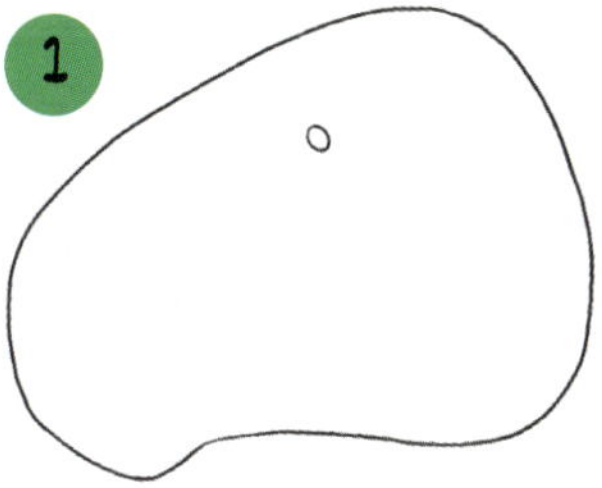

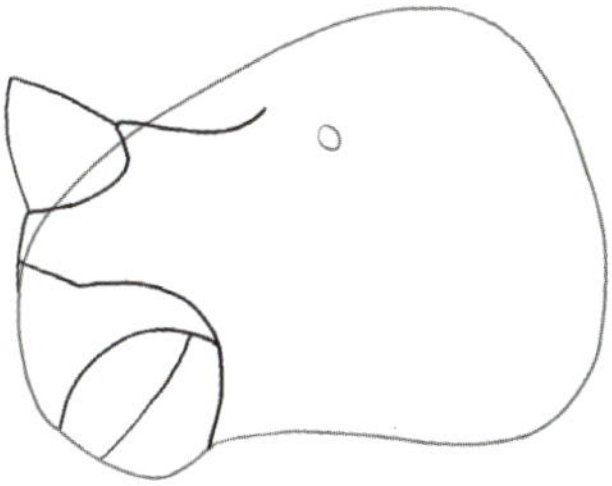

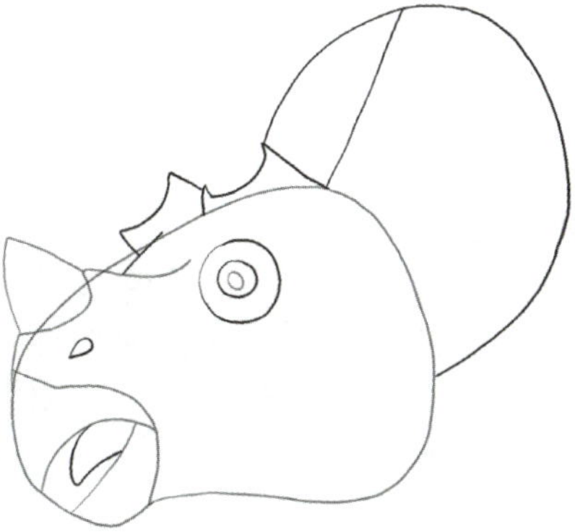

# 266 친타오사우루스

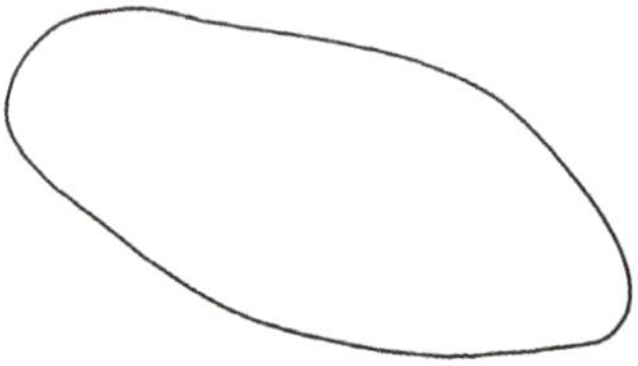

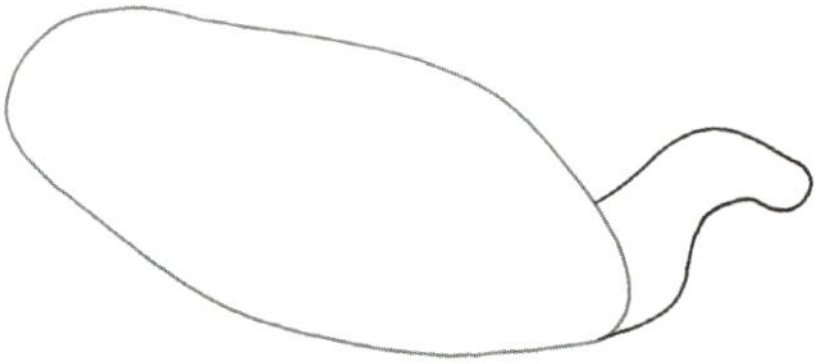

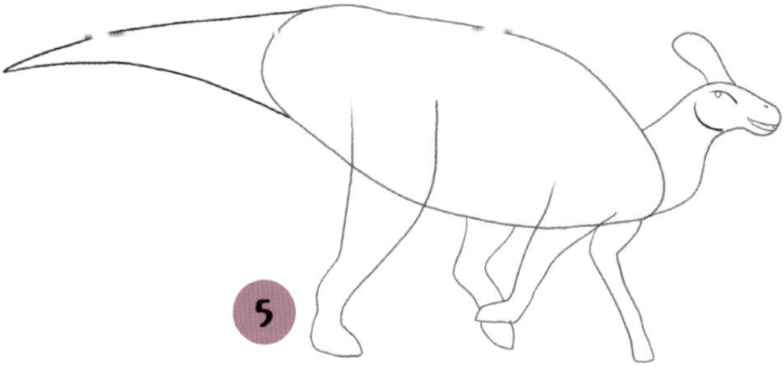

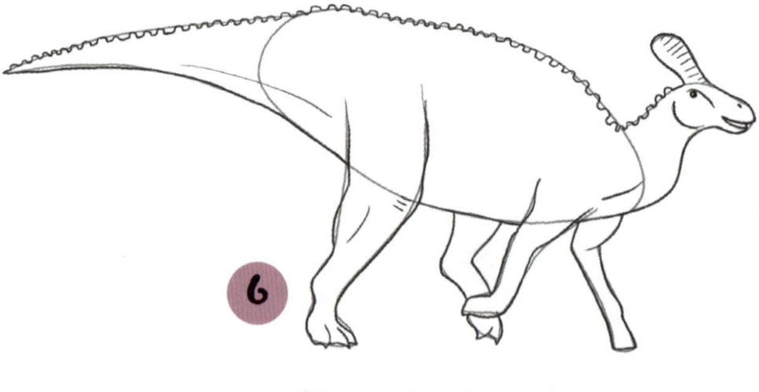

친타오사우루스

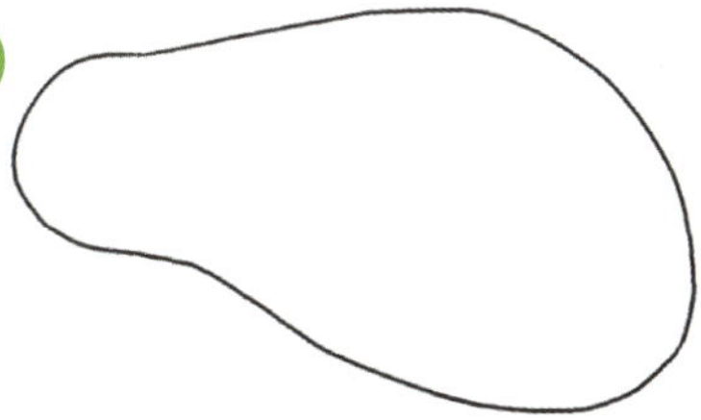

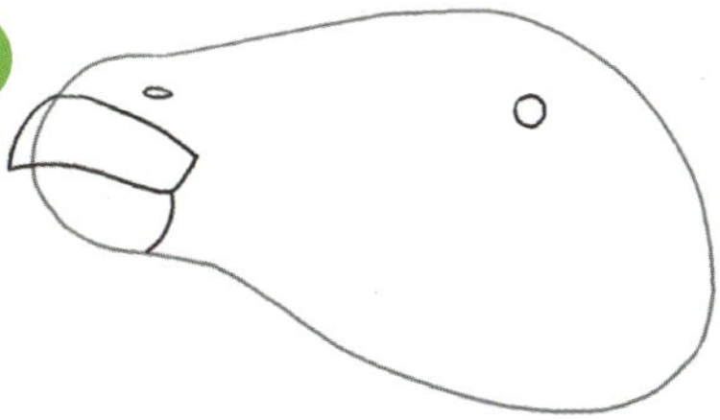

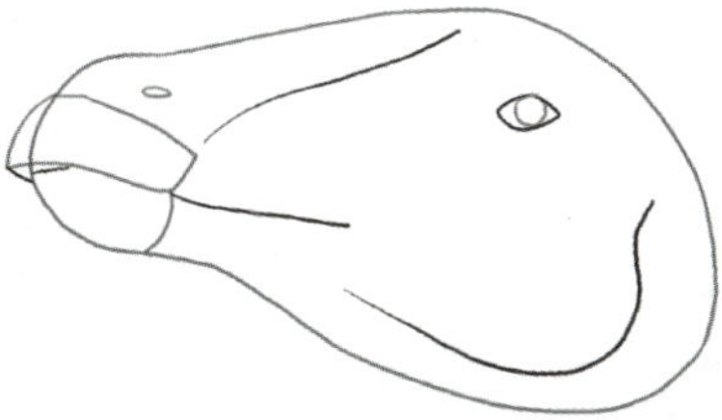

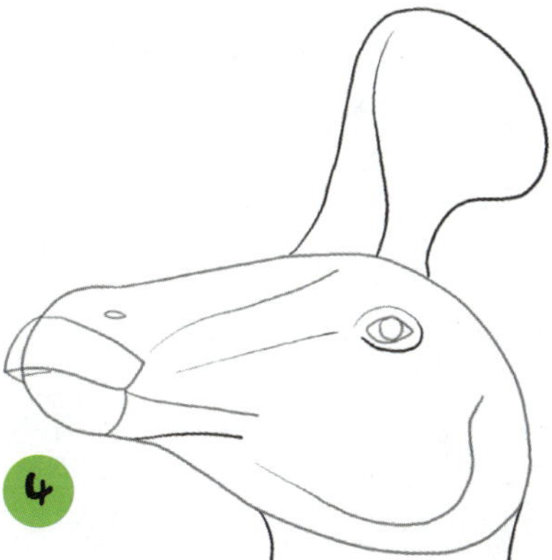

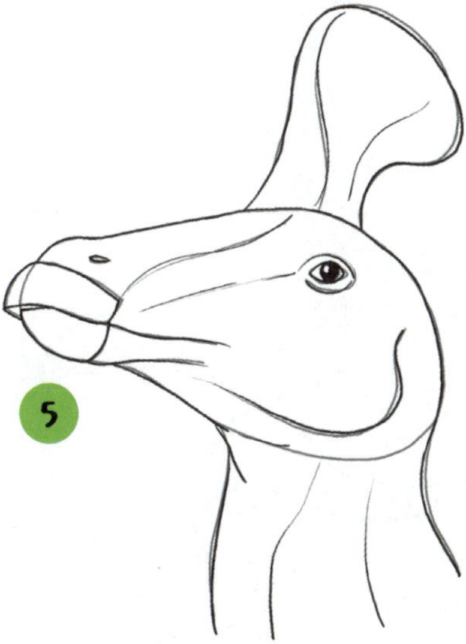

268 투라노케라톱스

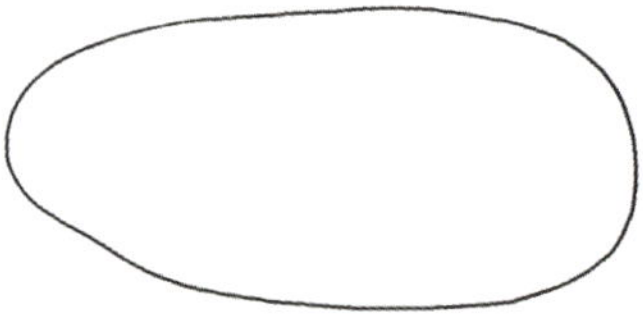

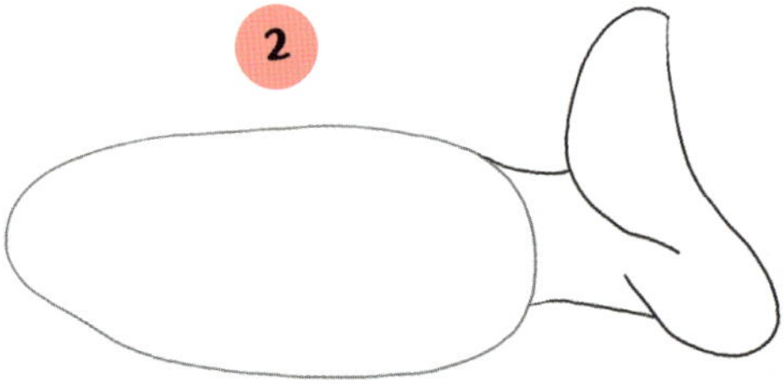

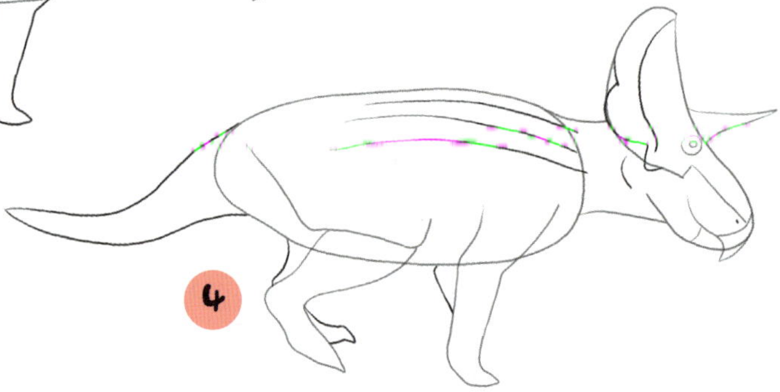

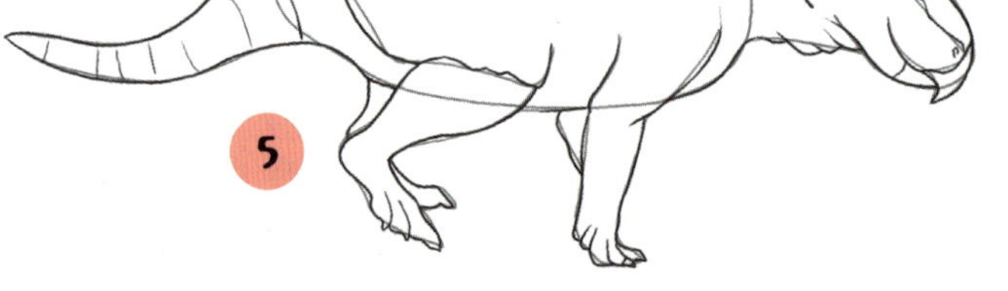

# 269 투라노케라톱스

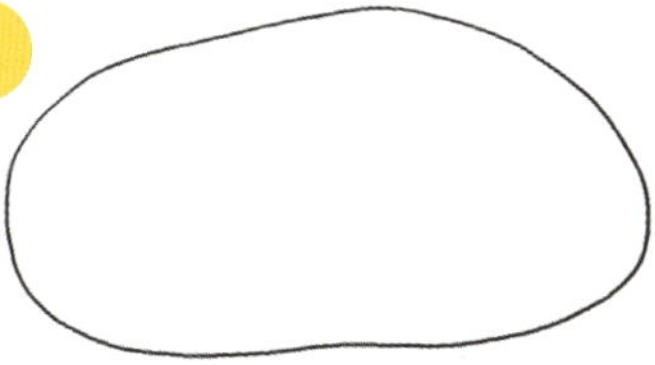

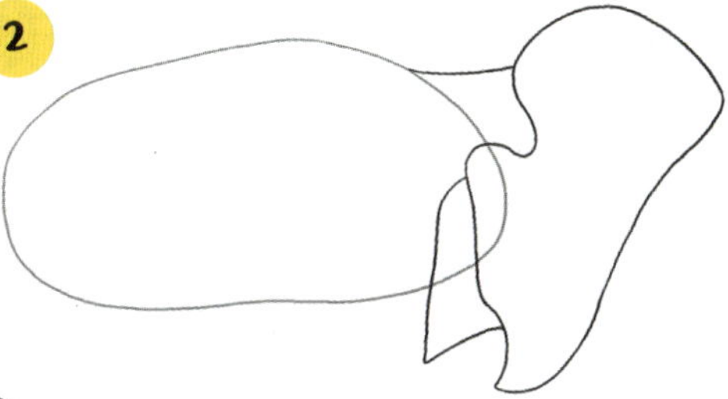

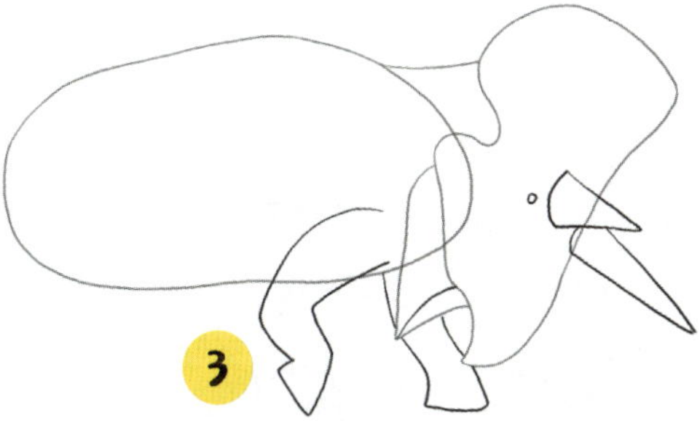

270 티라노사우루스

 # 271 티라노사우루스

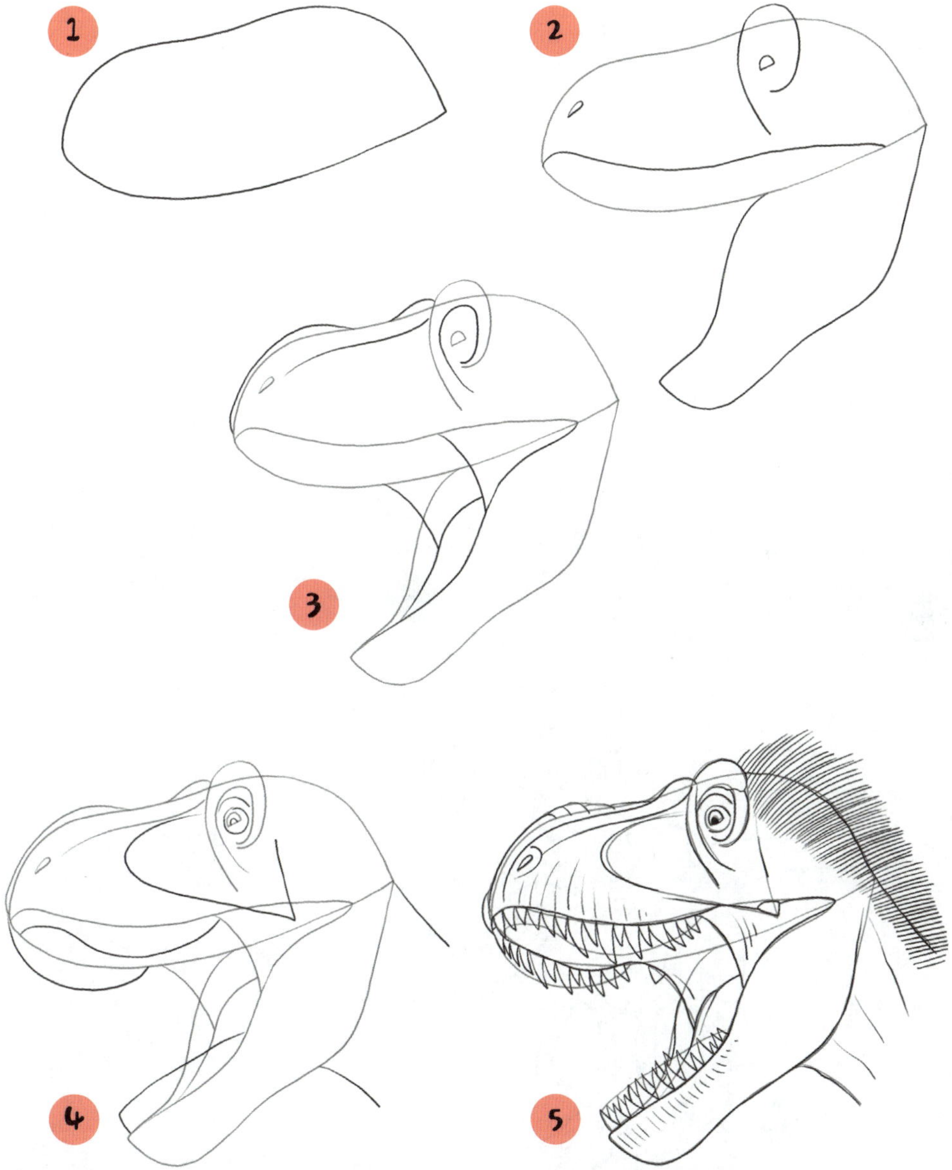

272 티라노사우루스

273 티라노티탄

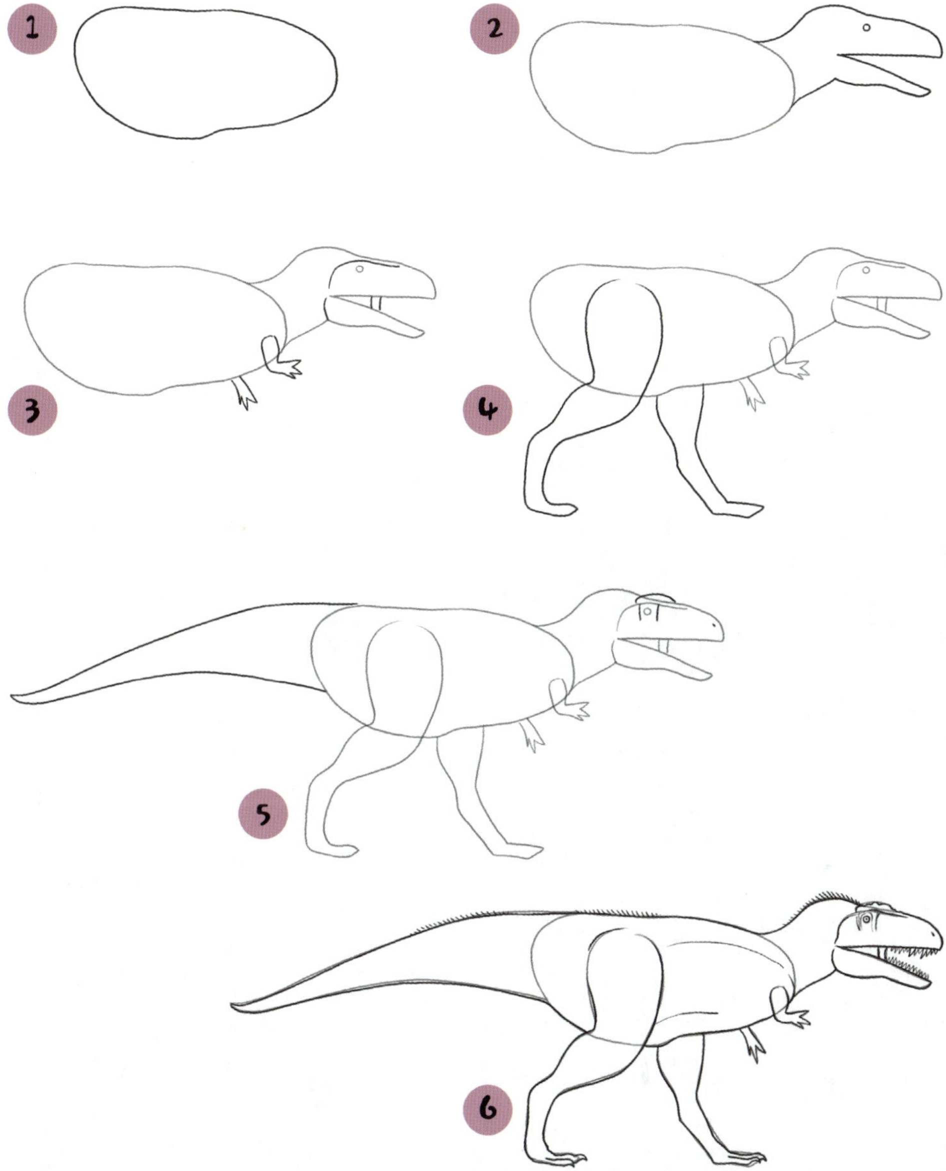

274 티라노티탄

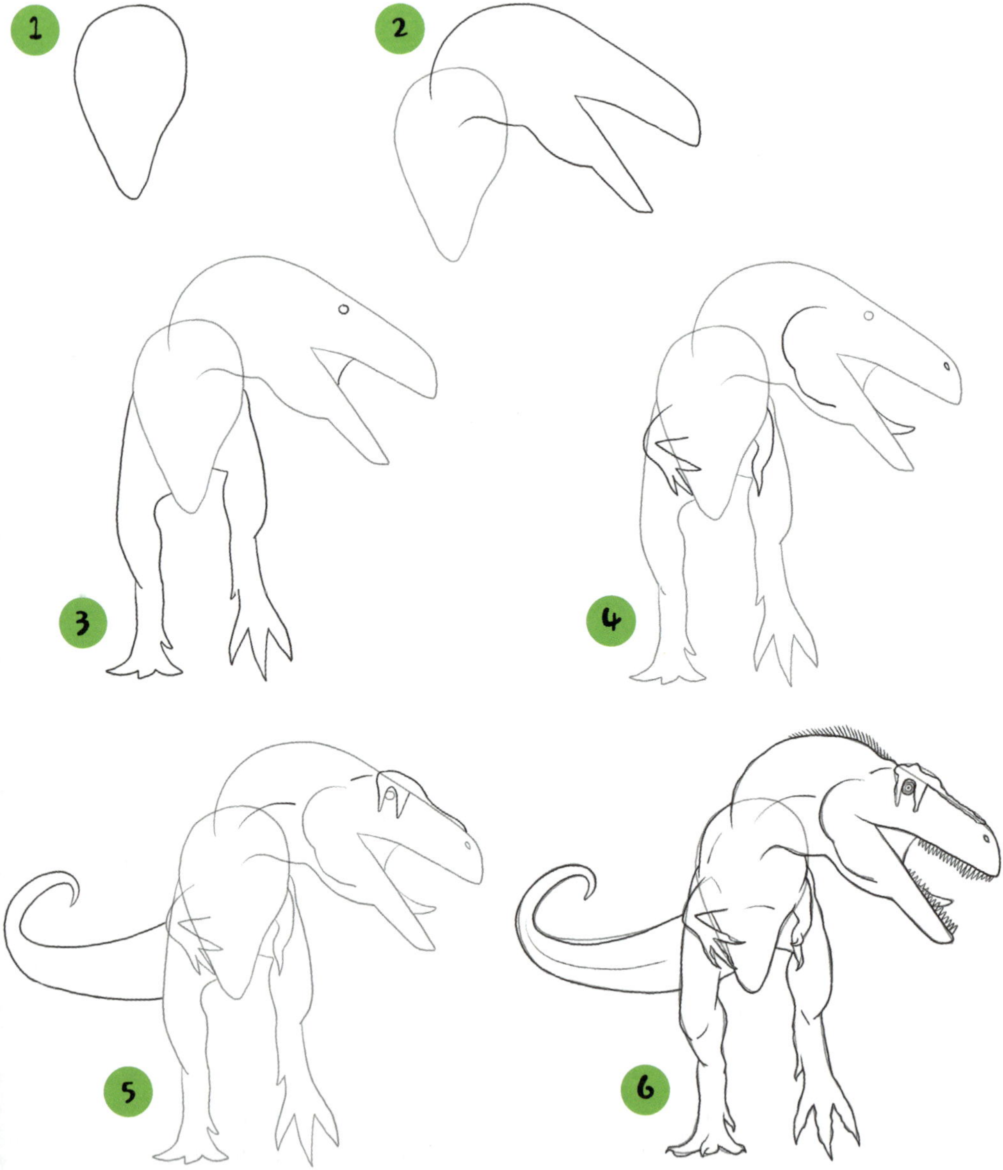

275 티라노티탄

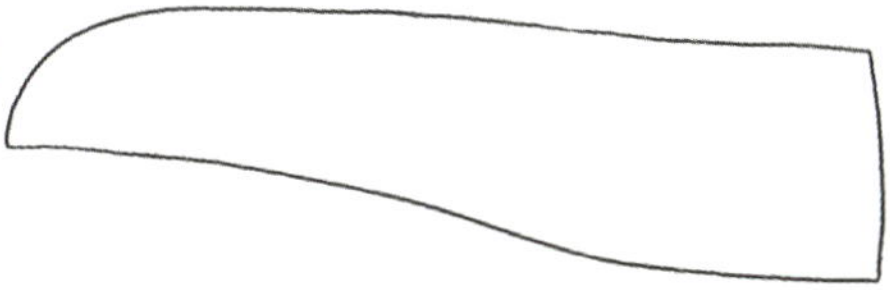

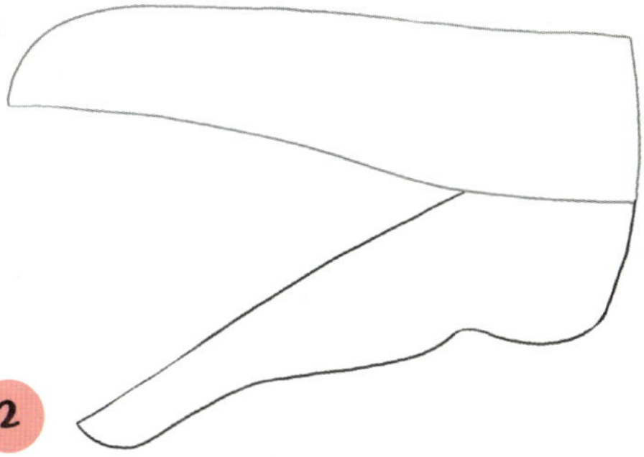

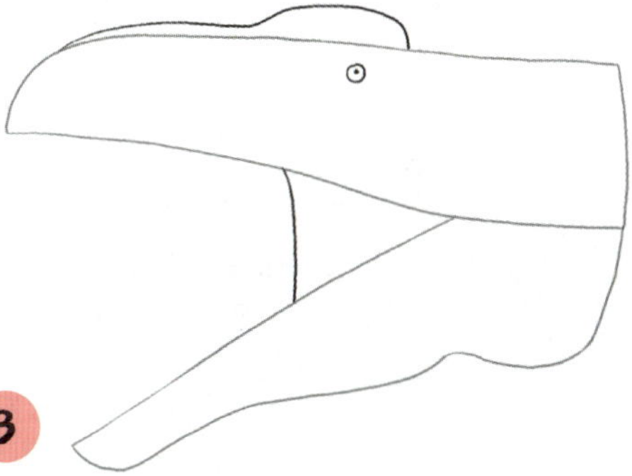

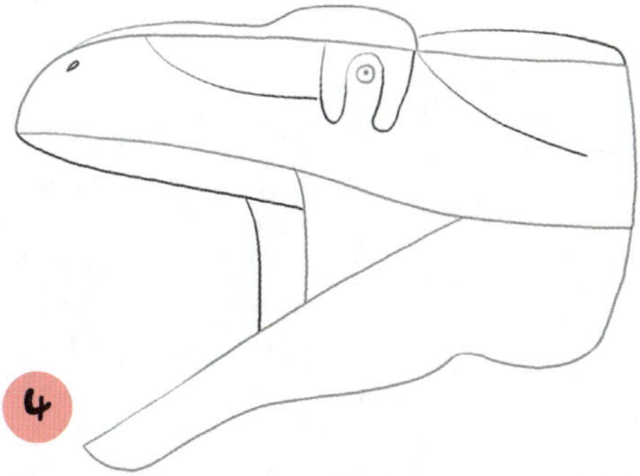

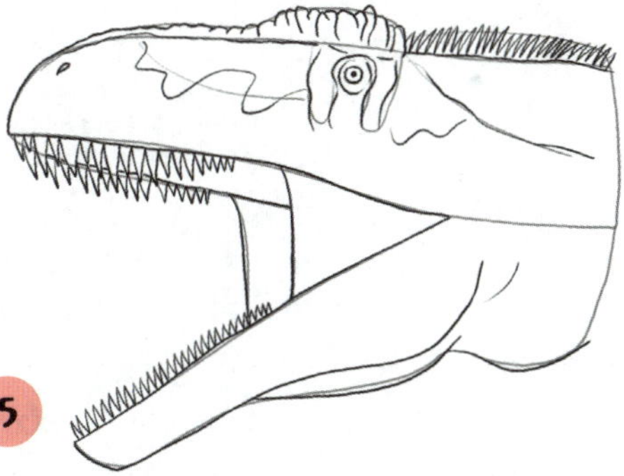

276 우다노케라톱스

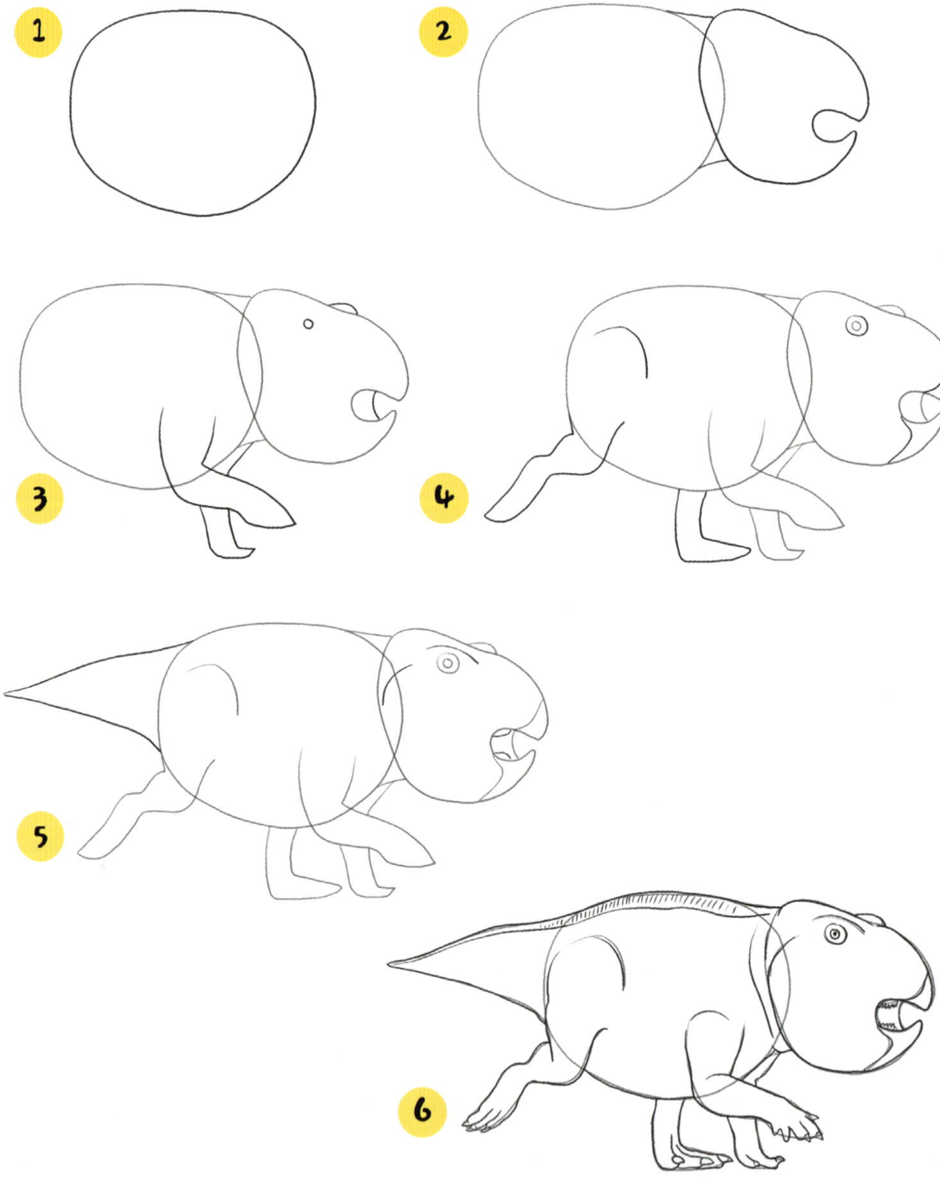

277 우다노케라톱스

1
2
3
4
5
6

278 우다노케라톱스

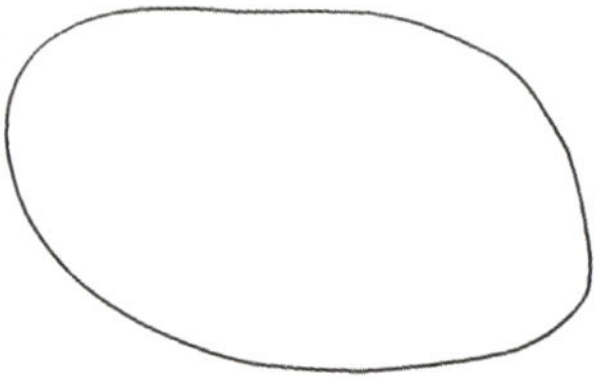

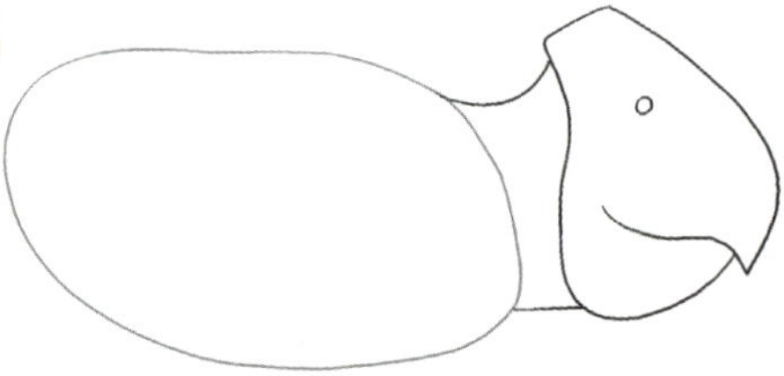

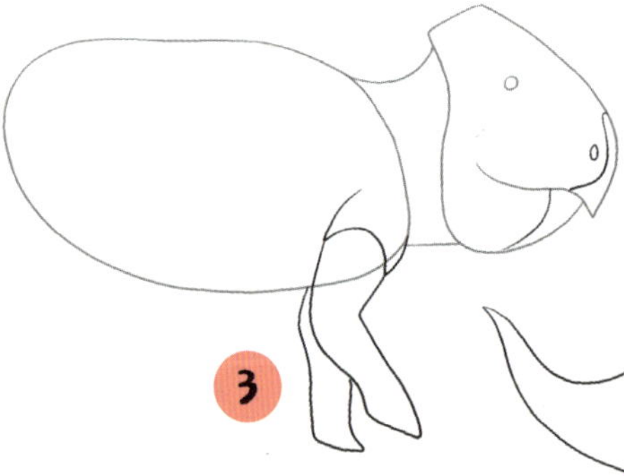

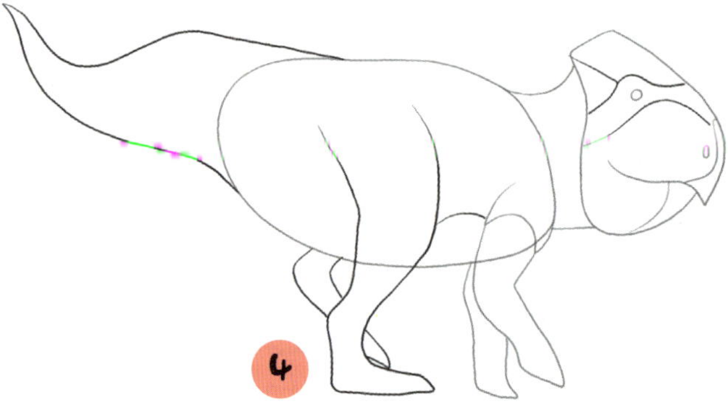

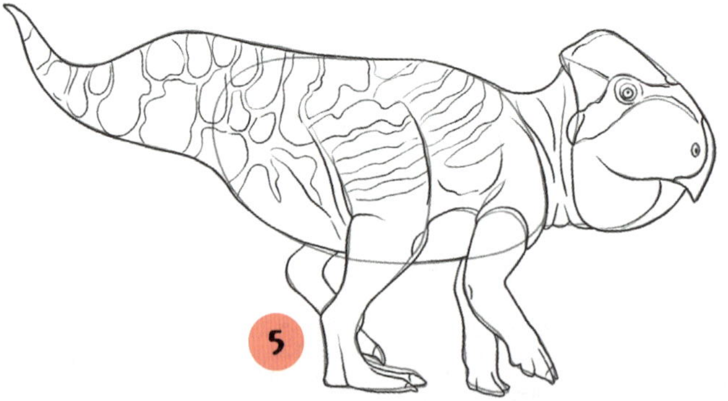

279 우넨라기아

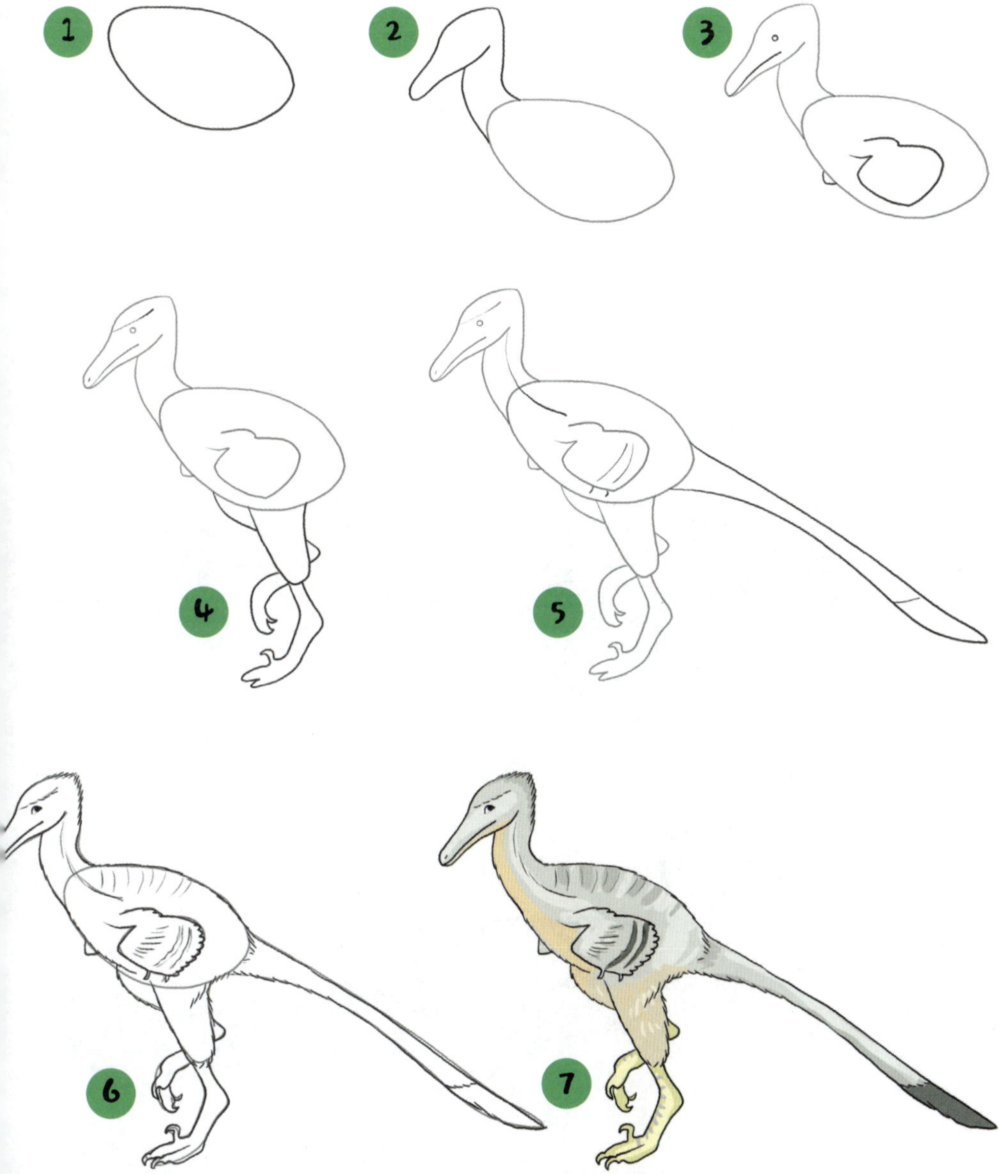

280 우넨라기아

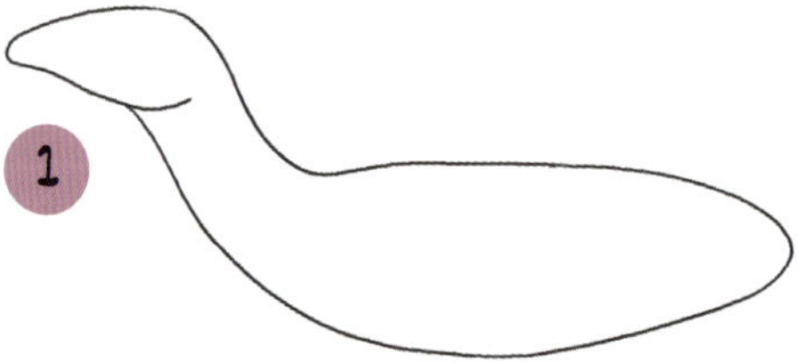

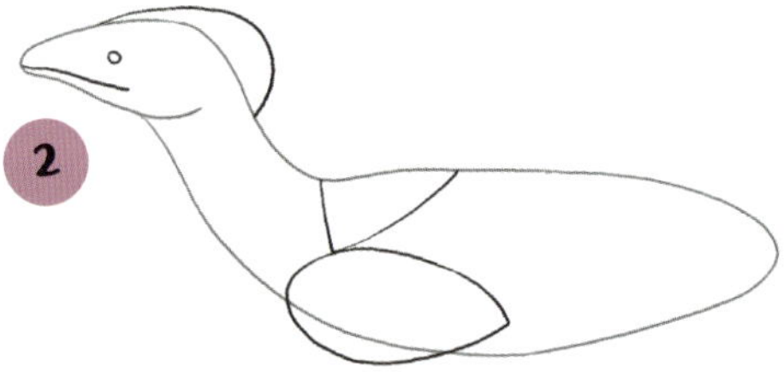

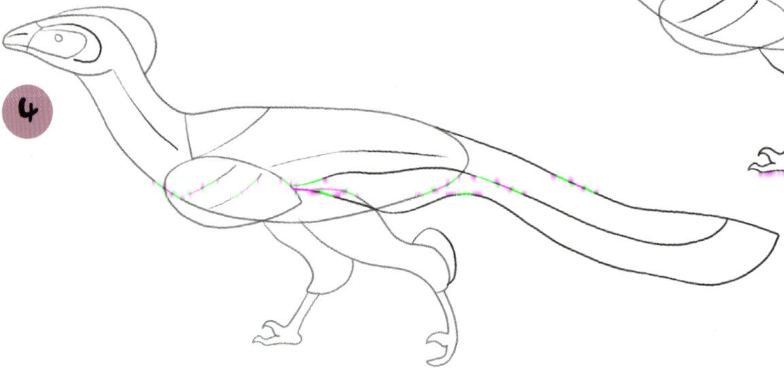

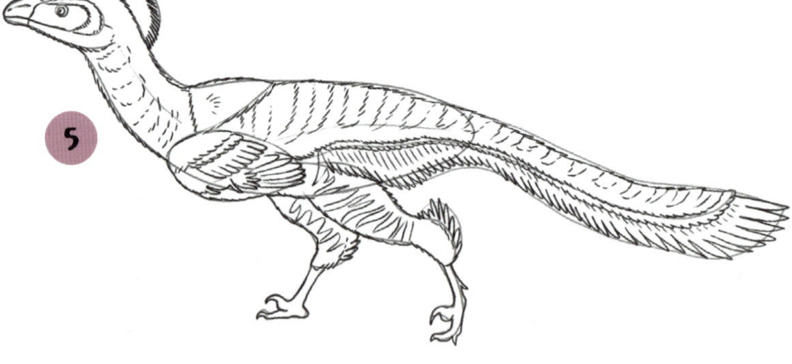

 281 유타랍토르

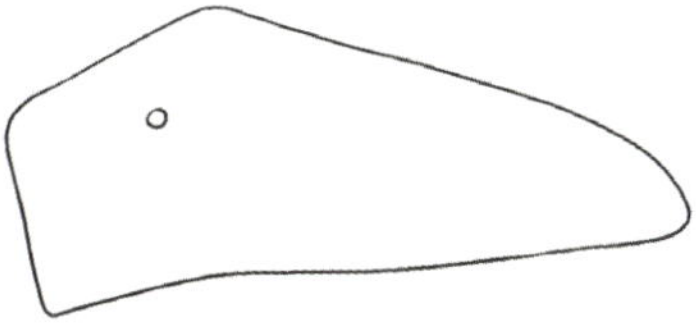

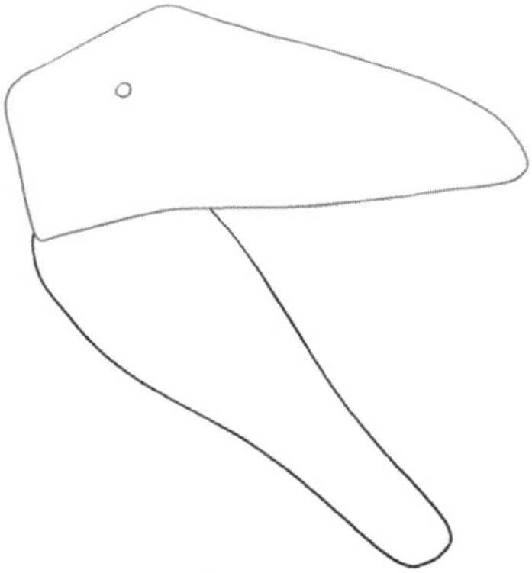

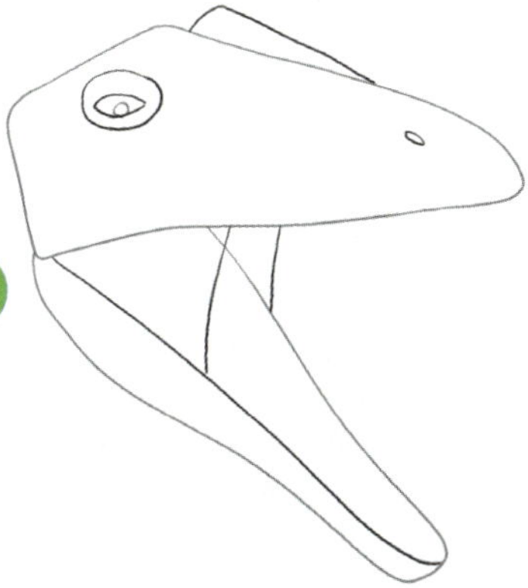

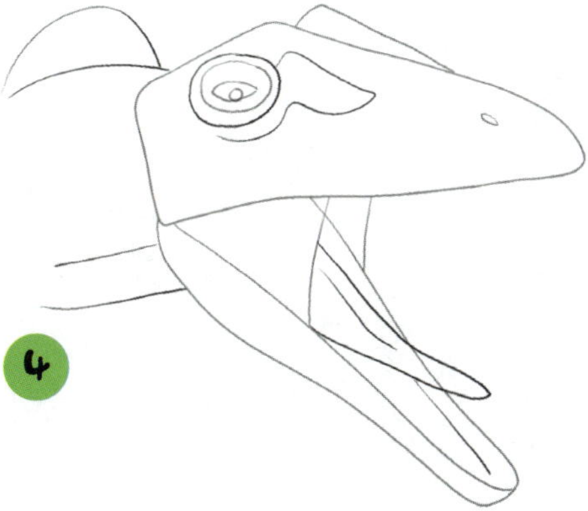

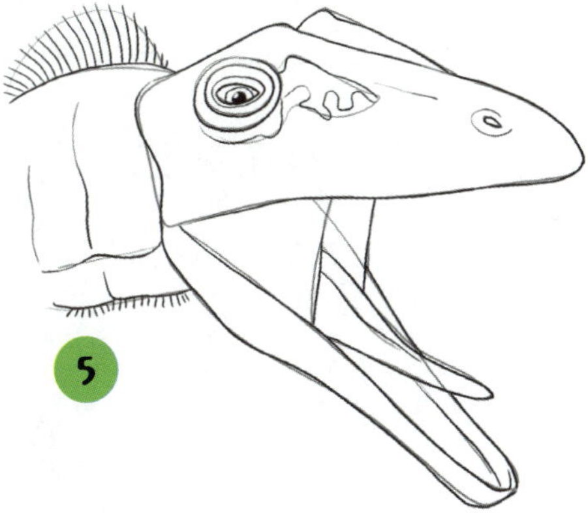

282 유타랍토르

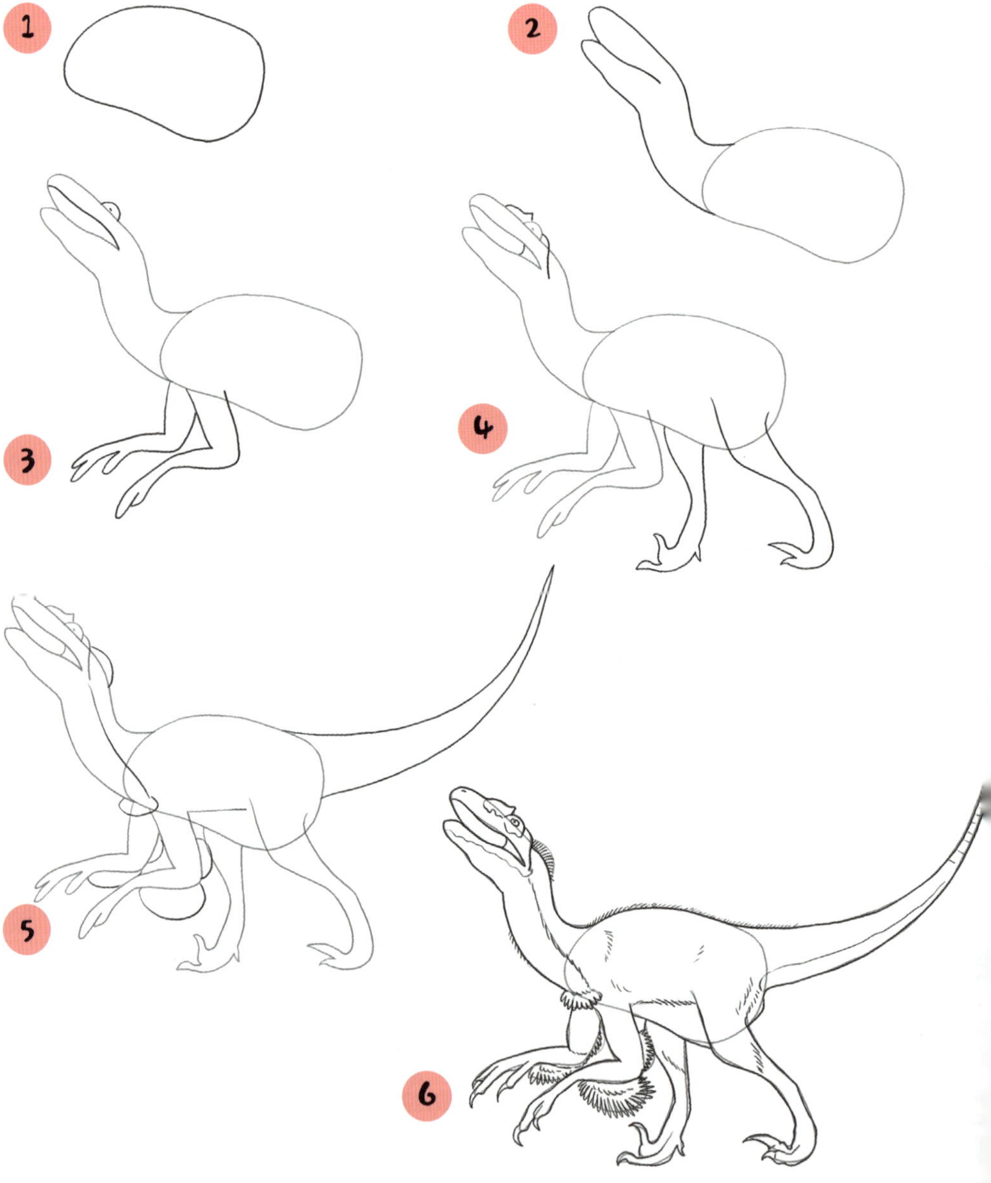

 283 벨로키랍토르

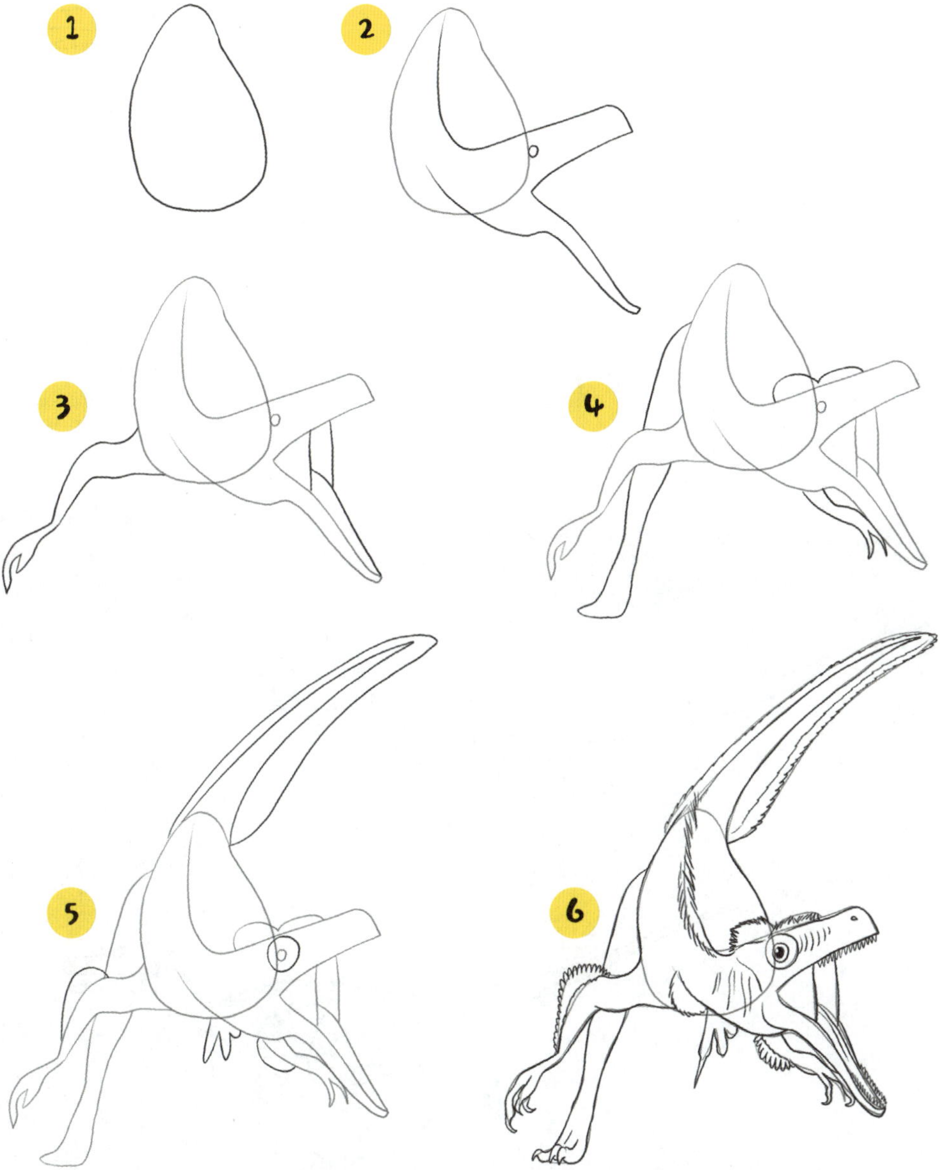

# 284 벨로키랍토르

285 벨로키랍토르

1
2
3
4
5
6

286 불카노돈

287 불카노돈

288 샤오팅기아

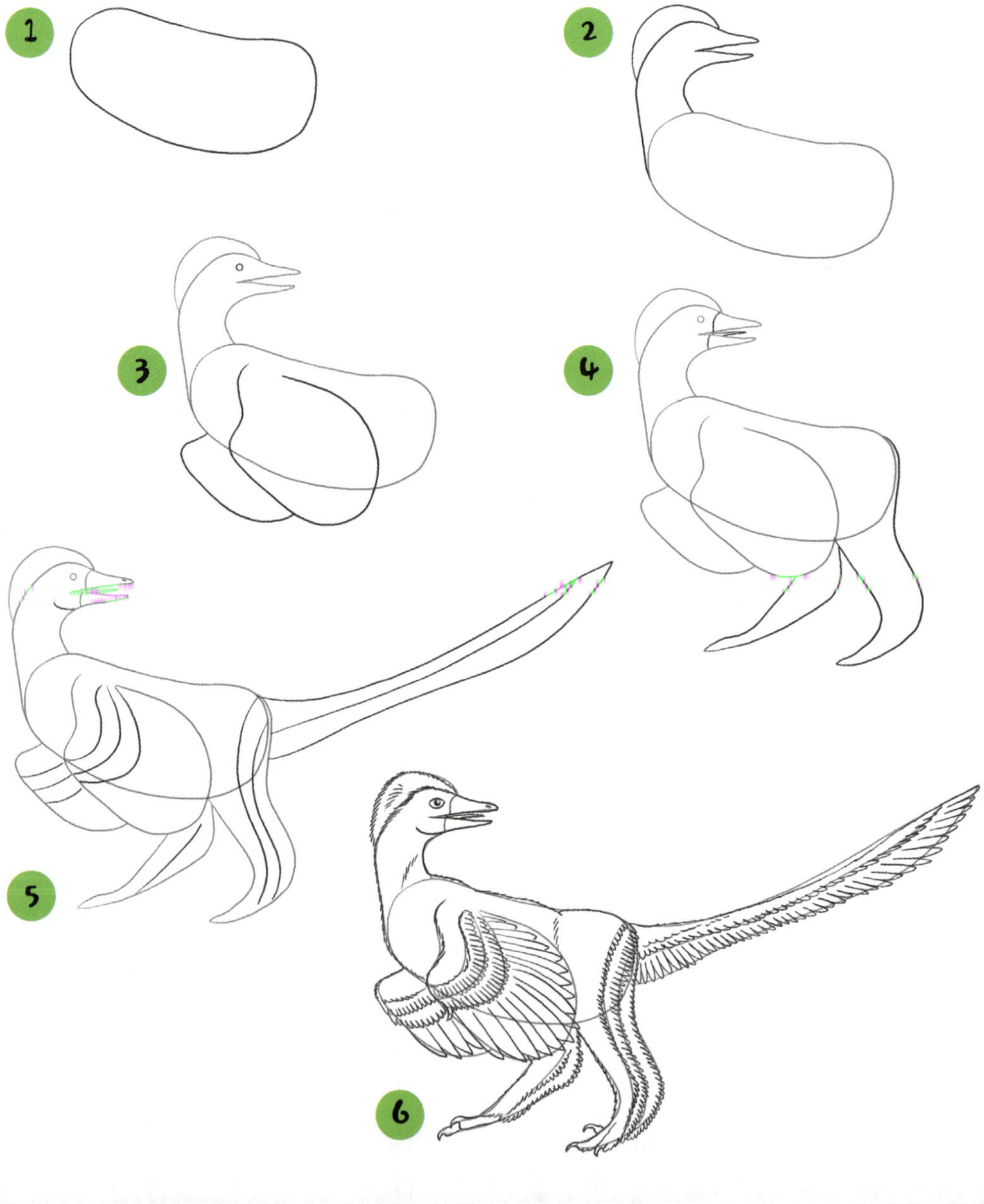

289 샤오팅기아

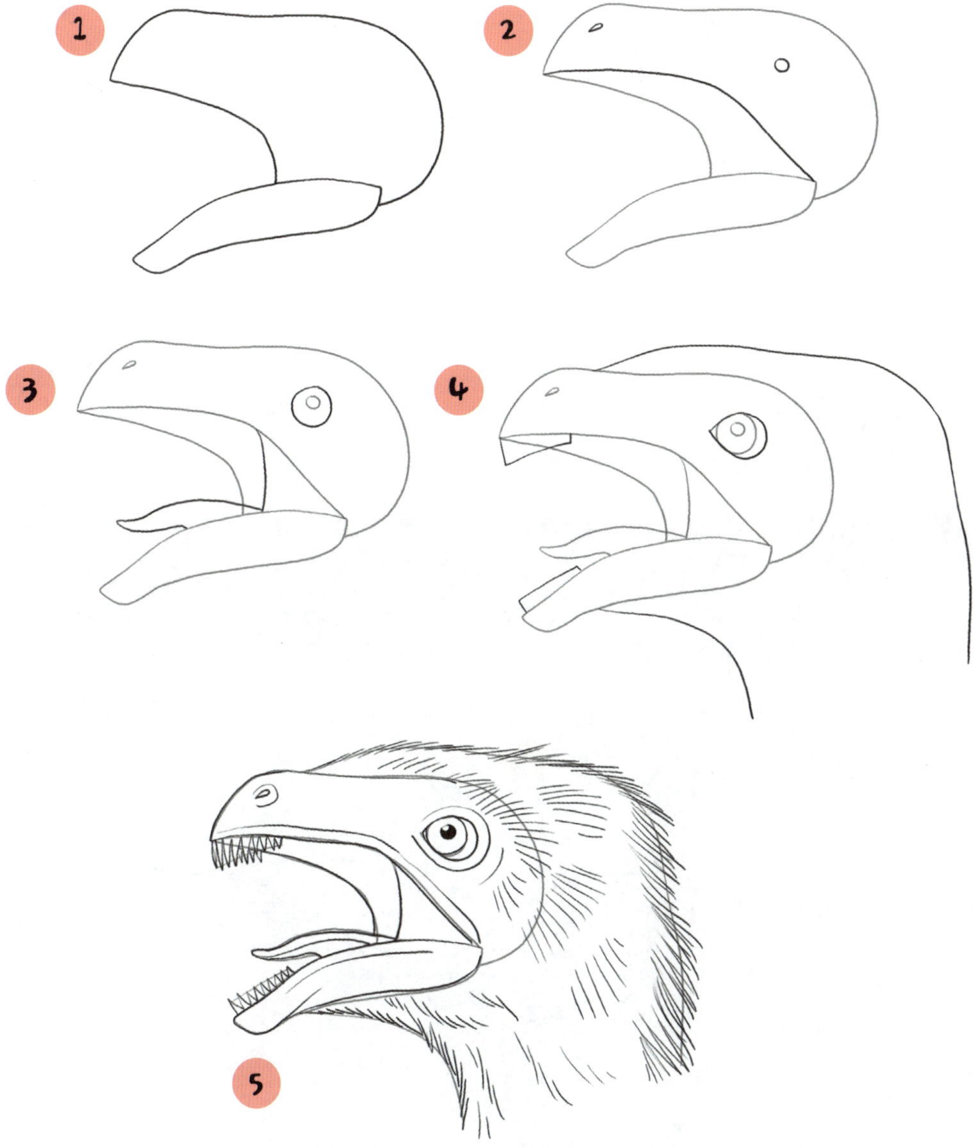

1
2
3
4
5

290 샤오팅기아

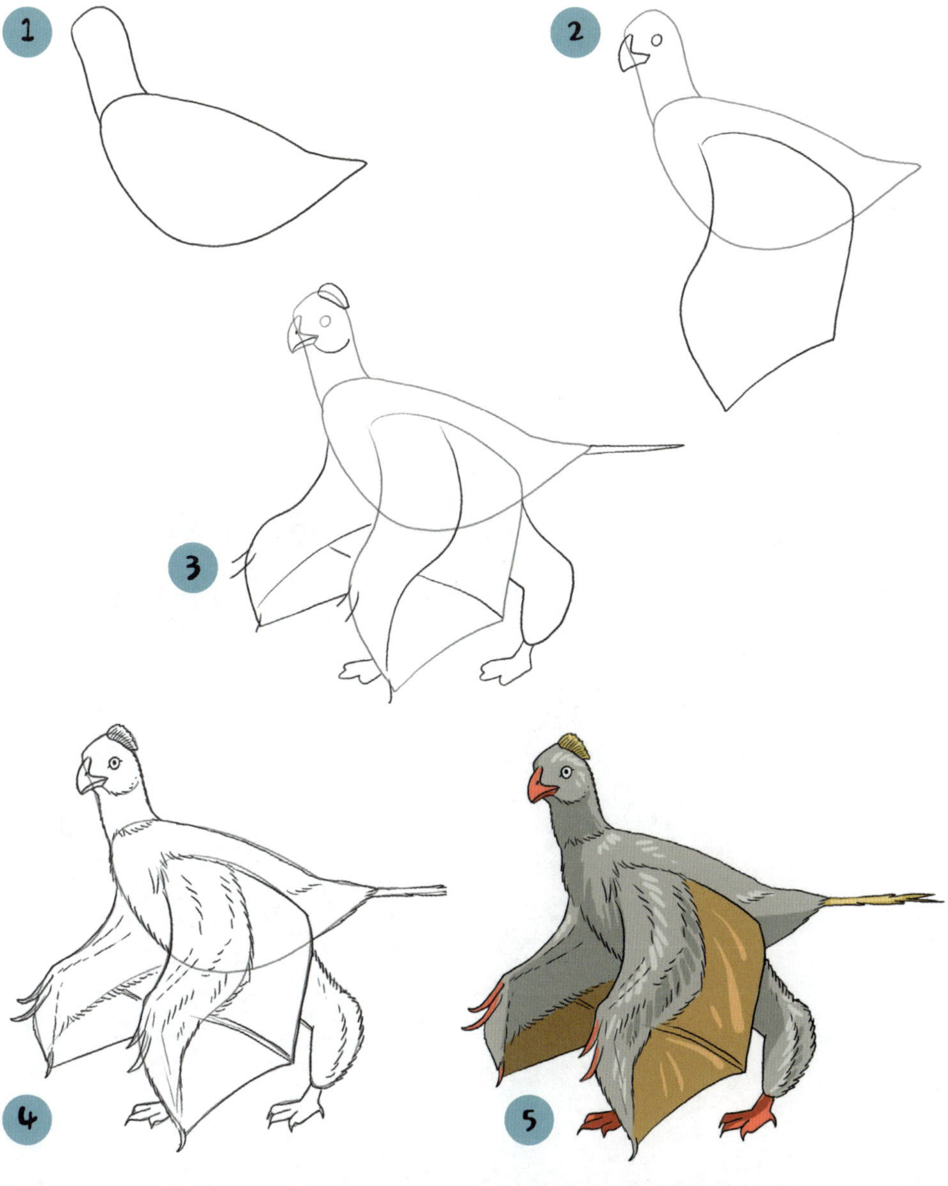

1
2
3
4
5

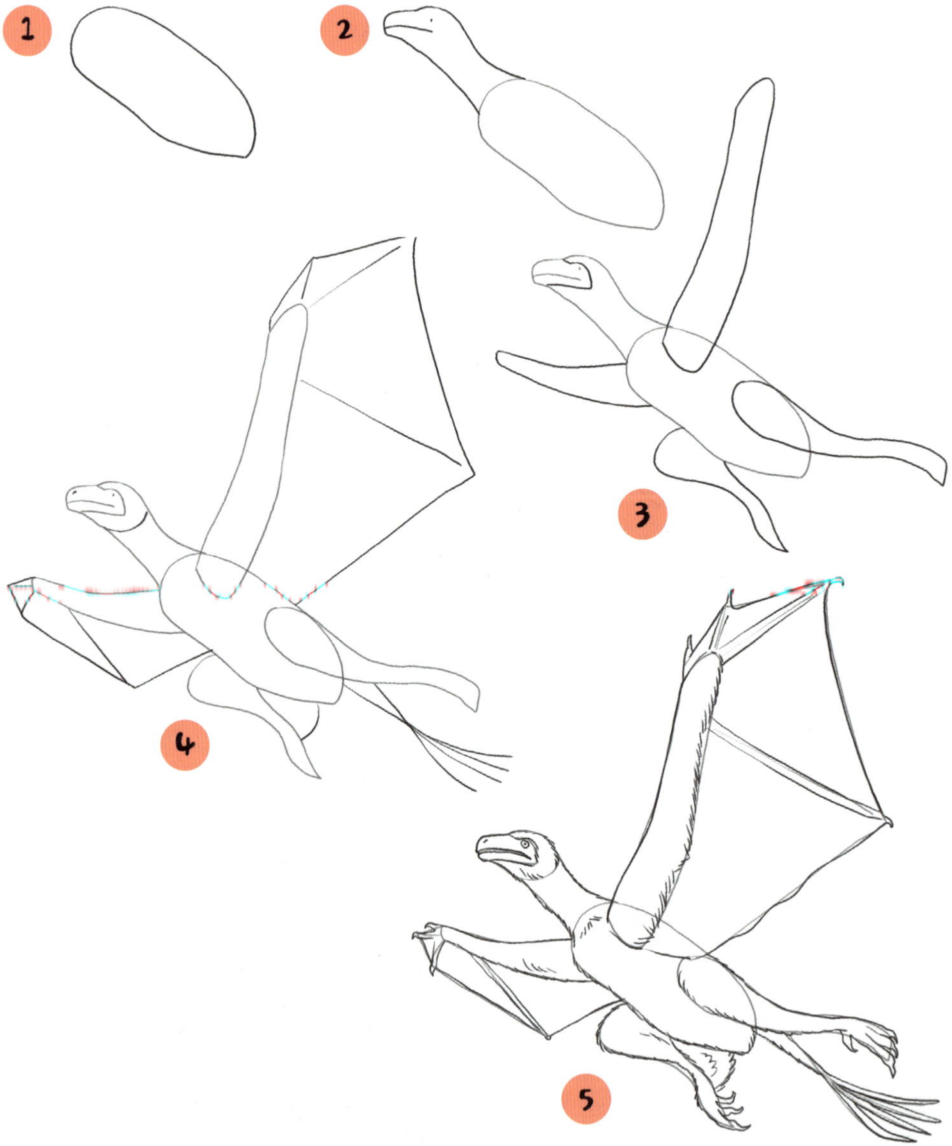

293 주첸고사우루스

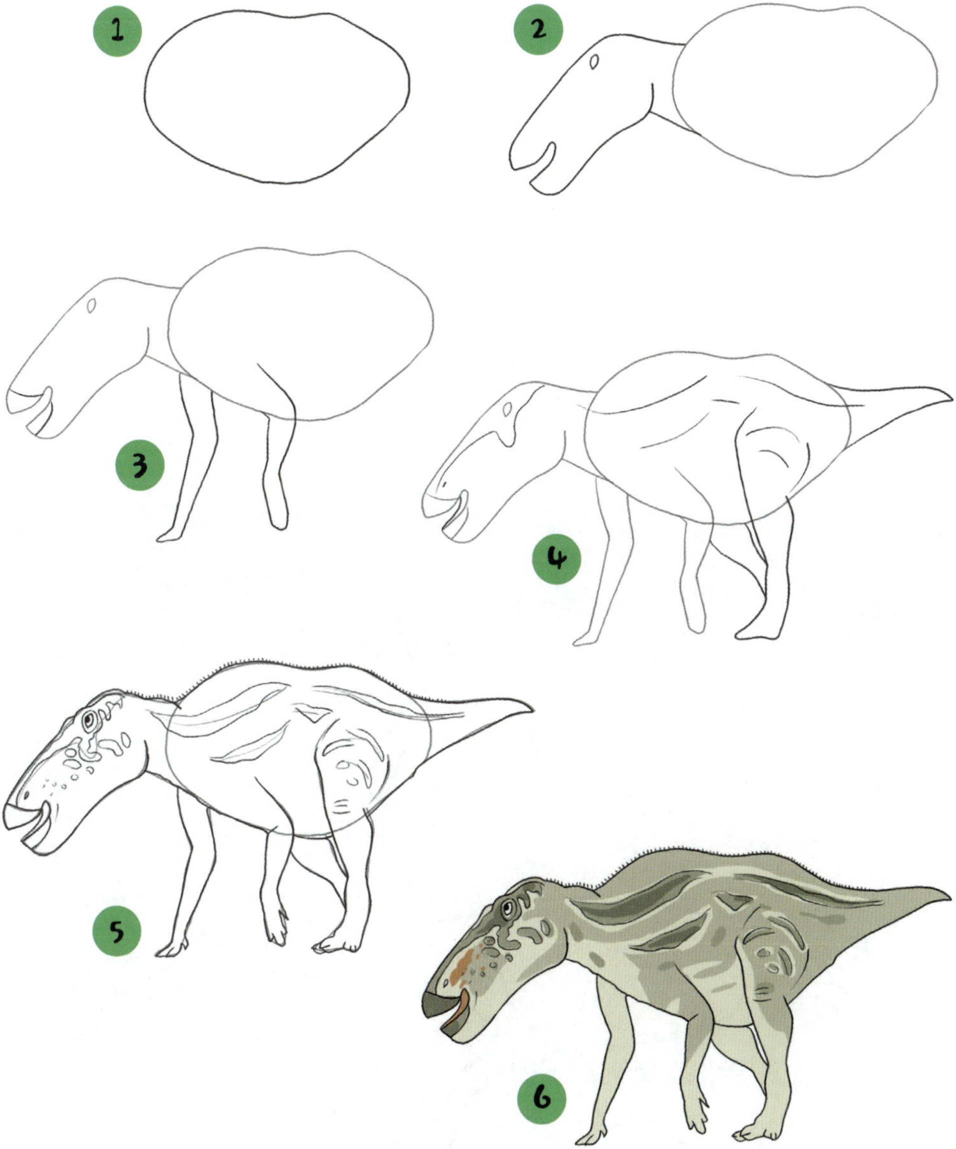

주청티라누스

1. 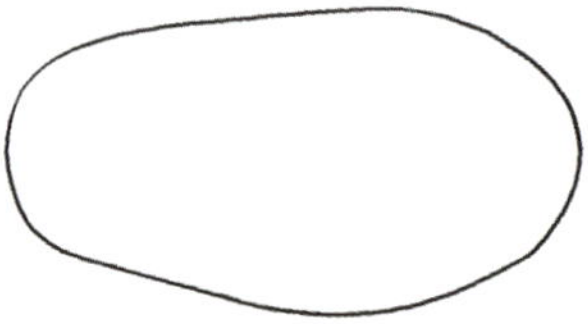
2. 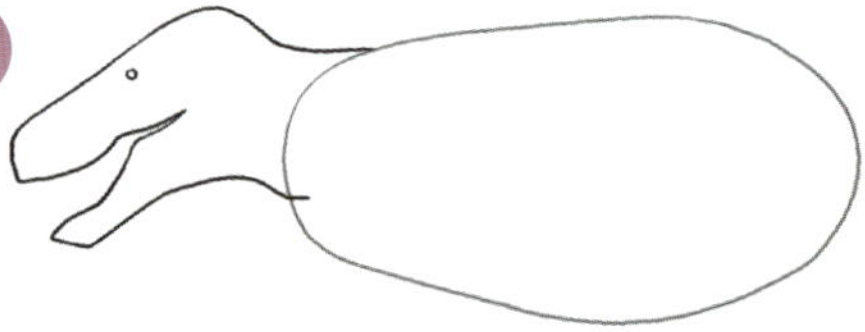
3. 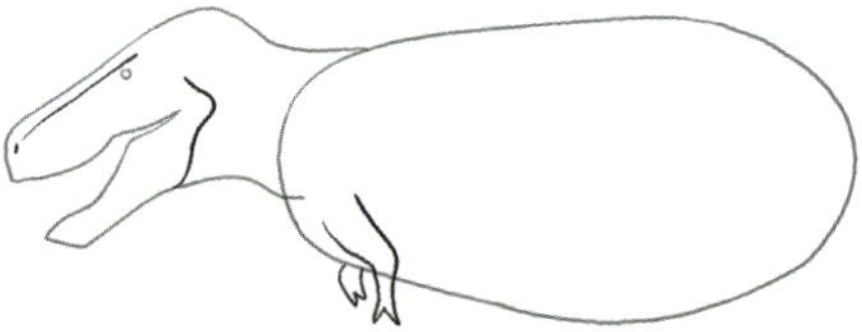
4. 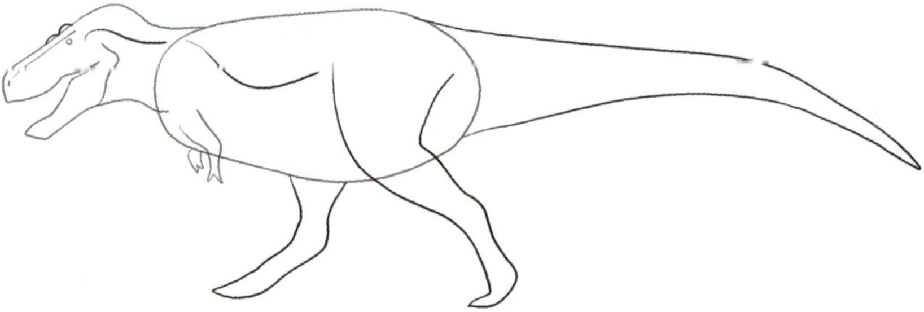
5.

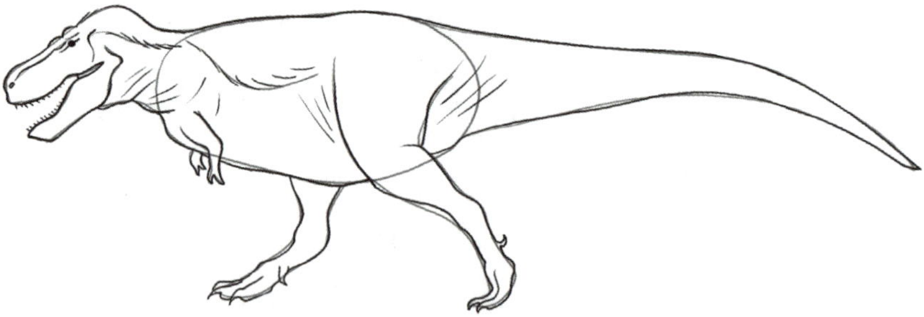

295 주청티라누스

296 주청티라누스

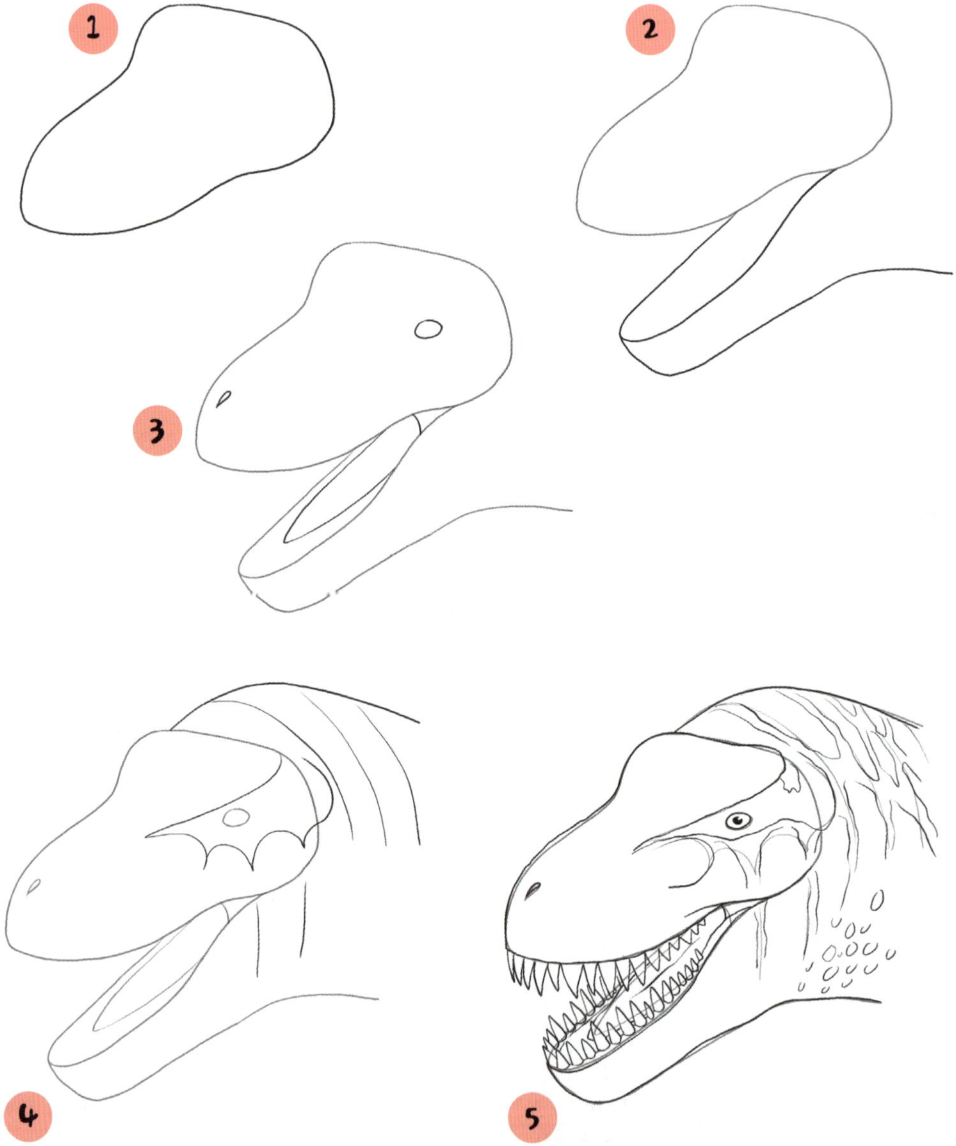

297 주니케라톱스

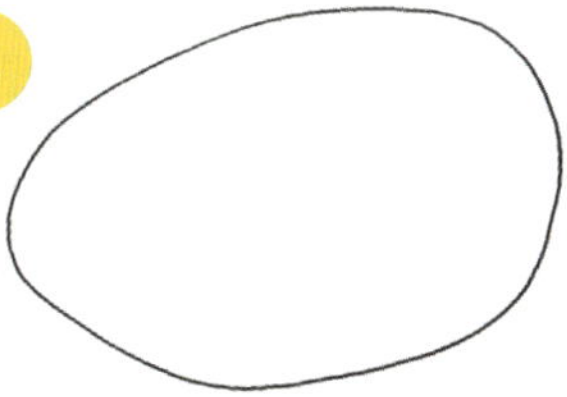

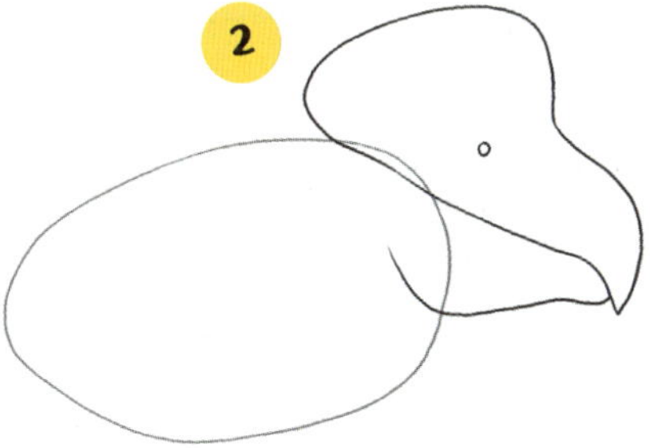

주니케라톱스

298

1

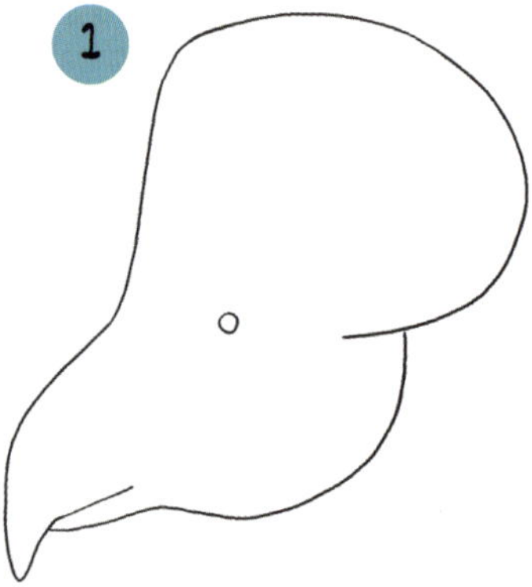

2

3

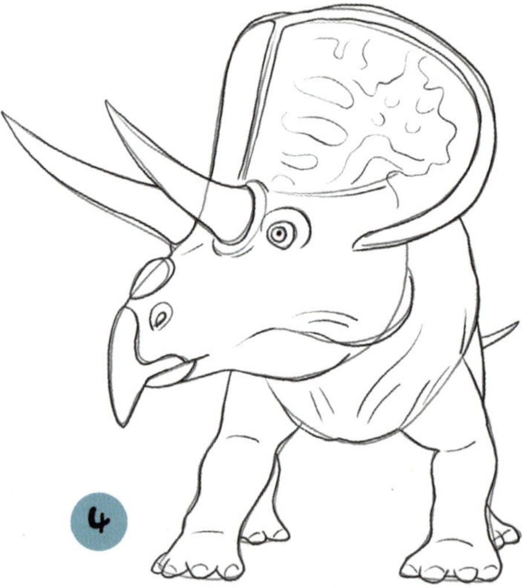

4

주파이사우루스

300 주파이사우루스

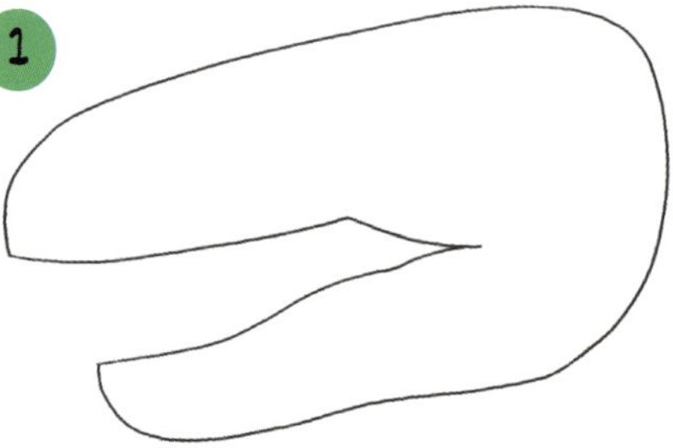

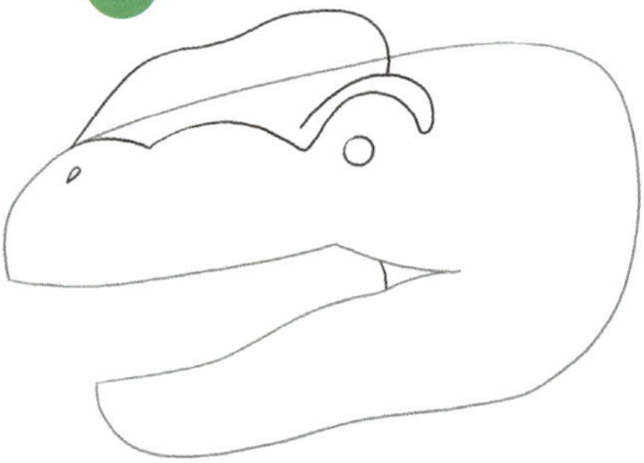